PERSONALIZE YOUR FENG SHUI

A step-by-step guide to the Pillars of Destiny

Evelyn Lip

平安国际出版社
HEIAN INTERNATIONAL, INC.

by Evelyn Lip

Text is in British English

First American Edition 1997

HEIAN INTERNATIONAL, INC.
Publishers
1815 W. 205th St. Ste #301
Torrance, CA 90501

ISBN: 0-89346-848-7

Printed in Singapore

Contents

PART FOUR

CHARTS

Introduction

Since time immemorial people have asked questions about fate and destiny.

- Can an individual control his or her destiny?
- How true is the Asian belief that a child's fate is sealed the moment he or she is born?
- How do the year, month, day and hour of birth affect a person's fate?
- Is a person born at an auspicious time assured of living a glorious, successful, long and fulfilled life?
- Will a person born at an inauspicious moment live an unhappy, poverty-stricken and difficult life?

This book hopes to answer some of these complex questions.

When my first book on feng shui was published in 1979, the subject was relatively unknown in the Western world. Now feng shui has become an universal subject. Its theory and application are being read, researched and studied throughout the world.

Feng shui is a complex subject that involves many aspects of the design of living, built and landscaped environments. Deeply embedded in Asian culture, feng shui combines the skills of science, art, design and philosophy with the understanding of how earthly and cosmological forces affect the living things on earth.

Feng shui evaluation involves the analysis not just of the site, surroundings and design of a building, but also of the nature of the individual or corporation within the building. The first step in understanding the nature of the individual is to analyse the 八字 *bazhi* (Eight Characters), also known as the 四柱 *sizhu*—the Four Pillars of Destiny. The Pillars of Destiny, which are determined by a person's time of birth, are made up of yin and yang variations of the Five Elements (Wood, Earth, Fire, Water and Gold). By analysing the compatibility of the elements of your Pillars of Destiny, you can learn about your nature and destiny. Feng shui experts apply this knowledge to feng shui readings in order to gain a more personalised reading for an individual.

This book aims to unveil some of the mysteries of how the year, month, day and hour of birth influence one's life. Part One explains the basic concepts of Heavenly Stems and Earthly Branches, yin and yang, and the Five Elements. Part Two takes you through the simplest method of working out your Pillars of

Destiny. Once the Eight Characters are paired into the Four Pillars of Destiny, the elements of the characters are analysed. The compatibility or incompatibility of these elements reveal your true nature. The next step is to calculate the lucky and unlucky periods in your life.

Your nature and compatible and incompatible elements, as revealed by the Pillars of Destiny, can also be used to find your most compatible and auspicious partners, colours, housing designs, directions, professions, flowers, gemstones, shapes and symbols. This is explained in Part Three. Part Four contains case studies that demonstrate how the Pillars of Destiny can be used to identify and overcome feng shui problems.

I must clearly state that no astrological method is definitive, and this method should be treated as diagnostic and not always binding. A person's success is based on a combination of five areas of influence:

- 命 *ming*—fate and destiny, which are decided at birth and cannot be easily changed
- 运 *yun*—luck, which fluctuates during the different phases of life
- 风水 *feng shui*—the art of arranging the physical environment to harmonise with the nature of the individual or group
- 道德 *daode*—virtues such as strength of character, integrity, kindness, generosity, rectitude and compassion
- 读书 *dushu*—education, which includes good upbringing, useful experience, beneficial exposure, dynamic management, strategy, and planning

Your future is in your own hands. Knowledge opens the doors of success and the windows of fortune.

China's most successful Warring States era strategist, Sunzi, won countless wars by following this principle:

知彼知己者，百战不殆；不知彼而知己，一胜一负；不知彼不知己，每战必殆。

"Zhibi zhiji zhe, baizhan budai; buzhi bier zhiji, yisheng yifu; buzhi bi, buzhi ji, meizhan bidai."

This phrase means that if you know your enemy as well as yourself, you have a good chance of overcoming your enemy. If you know only your own strength and weakness, you have equal chances of winning or losing. But if you are ignorant about both yourself and your enemy, you have no chance whatsoever of winning. Everyone wishes to be a winner in life. To succeed it is important that you know yourself in every aspect and are able to deal with the adversities in life.

PART ONE

BASIC CONCEPTS

This section will introduce you to the basic concepts of geomancy that you will need to analyse your Pillars of Destiny and your Luck Eras.

Heavenly Stems and Earthly Branches

The study of feng shui involves the evaluation of 气 *qi*, or energies, that influence success and failure. There are three types of qi: the heavenly, the earthly, and the human.

The heavenly qi is influenced by the weather. The qi of the weather is felt when there are storms, rain, wind, snow or heat waves. Astronomy, astrology and the cycle of seasons reveal the workings of the cosmos. When these ideas were developed, most Chinese were peasants and farmers, so the knowledge of where, how and when to plant and harvest their crops was of vital importance. The seasons and cyclical changes of the weather were closely studied, and the studies showed that it was necessary to conform to the order of nature and to work *with* natural forces, rather against them. To facilitate this, the lunar calendar called the 通书 *tongshu* (Chinese almanac) was written. As early as the 3rd century B.C. a cycle of 60 years was devised, with each year being represented by a combination of two characters—a "Heavenly Stem" and an "Earthly Branch". Collectively, they are known as the Ten Heavenly Stems and the Twelve Earthly Branches.

The stems and branches express each year in the 60 year cycle in terms of the Five Elements and yin and yang. The stems are also associated with parts of the body, and the branches are associated with the hours of the day and with the animals of the Chinese zodiac. This information is summarised in the following charts:

STEM		ELEMENT	SEASON CONCEPT	PARTS OF THE BODY
甲	*jia*	yang Wood	the beginning, growth	head
乙	*yi*	yin Wood	the triumph of life in Spring	shoulder
丙	*bing*	yang Fire	the root of growth	forehead
丁	*ding*	yin Fire	maturing of growth	tongue and teeth
戊	*wu*	yang Earth	fullness	nose and face
己	*ji*	yin Earth	hibernation	—
庚	*geng*	yang Gold	overgrowth, need for change	muscles
辛	*xin*	yin Gold	the need for restoration	chest
壬	*ren*	yang Water	the height of development	bones
癸	*kui*	yin Water	preparing for the beginning	legs

BRANCH	ELEMENT	SEASON CONCEPT	HOURS	ANIMALS
子 *zi*	yang Water	the bud of growth	11pm–1am	rat
丑 *chou*	yin Earth	growth	1am–3am	ox
寅 *yin*	yang Wood	spread of growth	3am–5am	tiger
卯 *mao*	yin Wood	the stem	5am–7am	rabbit
辰 *chen*	yang Earth	beginning and progress	7am–9am	dragon
巳 *si*	yin Fire	renewed state	9am–11am	snake
午 *wu*	yang Fire	matured state	11am–1pm	horse
未 *wei*	yin Earth	scent of maturity	1pm–3pm	goat
申 *shen*	yang Gold	expanded form of maturity	3pm–5pm	monkey
酉 *you*	yin Gold	ripeness	5pm–7pm	rooster
戌 *shu*	yang Earth	withered state	7pm–9pm	dog
亥 *hai*	yin Water	the nucleus	9pm–11pm	boar

By combining the Ten Heavenly Stems and the Twelve Earthly Branches the 甲子年*jiazi nian* is formed. In Chart 1 (at the back of this book) you can see how the 甲子年*jiazi nian* corresponds with Western calendar years.

The practice of using the stems and branches to predict future events was started in the Tang dynasty (A.D. 618–907) by the scholar Li Xuzhong, and the practice of using them for finding the Four Pillars of Destiny was started by Xu Ziping in the Song dynasty (960–1279).

Auspicious combinations of the stems and branches bring good fortune, whereas inauspicious combinations bring poor luck. Auspicious combinations are those whose elements are productive, while inauspicious combinations have elements that are destructive.

Yin and Yang

Good life is achieved when a person is in harmony with the flux of yin and yang. The universe is made up of yin and yang elements and the balance of these elements is essential for harmony and success. The co-relationship of yin and yang applies to all aspects of life and landscape.

What is yin? Yin is the feminine quality, the woman, the moon, the night, the valley, the dark and shadowed side of hills and things, the cool colours, the broken lines, the negative and the intuitive.

What is yang? Yang is the masculine quality, the man, the sun, the day, the peak, the sunlit side of hills and things, the warm colours, the solid lines, the positive and the scientific.

Everything under the sky can be classified as either yin or yang. Odd numbers are yang while even numbers are yin.

The directions, seasons and colours can be classified under yin/yang as follows:

	DIRECTIONS	SEASONS	COLOURS
Yin	North, East	Autumn, Winter	Black, green
Yang	South, West	Spring, Summer	Red, yellow, white

It is important to know that in every yin there is some yang and in the yang there is yin. When a yin becomes extreme it turns into yang; when yang becomes extreme it turns into yin. When yin is combined with yang there will be growth.

The taiji symbol on the next page shows the perfect balance of yin and yang.

In the Neijing classics it is recorded that the heavens were created by a concentration of yang, and the earth by a concentration of yin. While yang energises life, yin sustains it. When the body or a physical state is in inequilibrium, disorder results. Inequilibrium in the yin and yang of the elements of a person's Pillars of Destiny suggests that the nature of a person may also be characterised by imbalance. The balance of yin and yang must also be supported by the balance of the Five Elements.

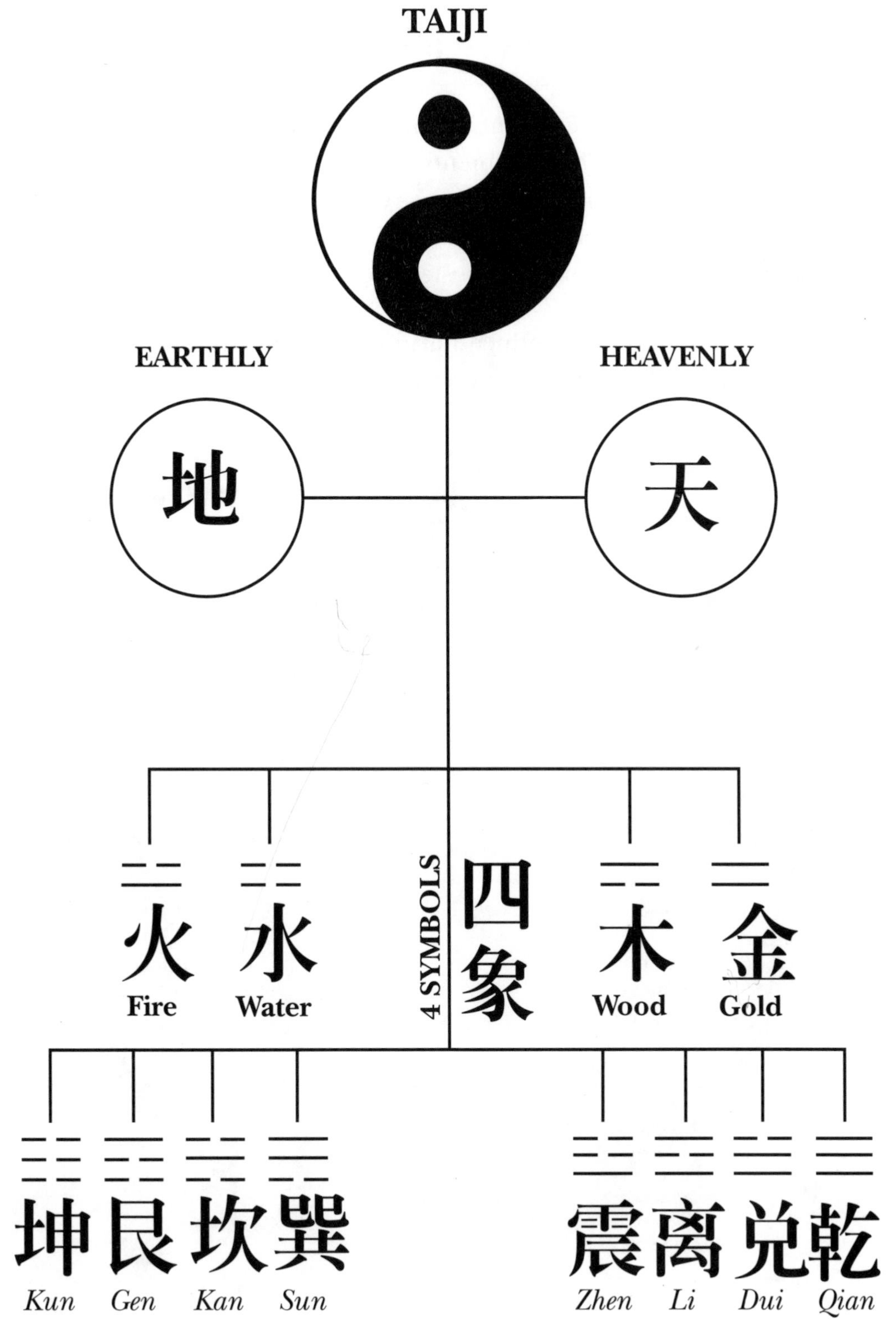
TAIJI
EARTHLY
HEAVENLY
地
天
4 SYMBOLS
四象
火
水
木
金
Fire
Water
Wood
Gold
坤
艮
坎
巽
震
离
兑
乾
Kun
Gen
Kan
Sun
Zhen
Li
Dui
Qian

The Five Elements

The concept of the Five Elements was introduced by the Chinese as early as the 4th century b.c. These elements—金*jin* (Gold), 木*mu* (Wood), 水*shui* (Water), 土*tu* (Earth) and 火*hua* (Fire)—represent natural forces. Gold has the nature of quietness, Wood is the evidence of growth, Water is coolness, Fire is heat, and Earth has the quality of sustenance.

Elements may combine to produce harmonious and productive results or disharmonious and destructive results, as shown in the diagrams below.

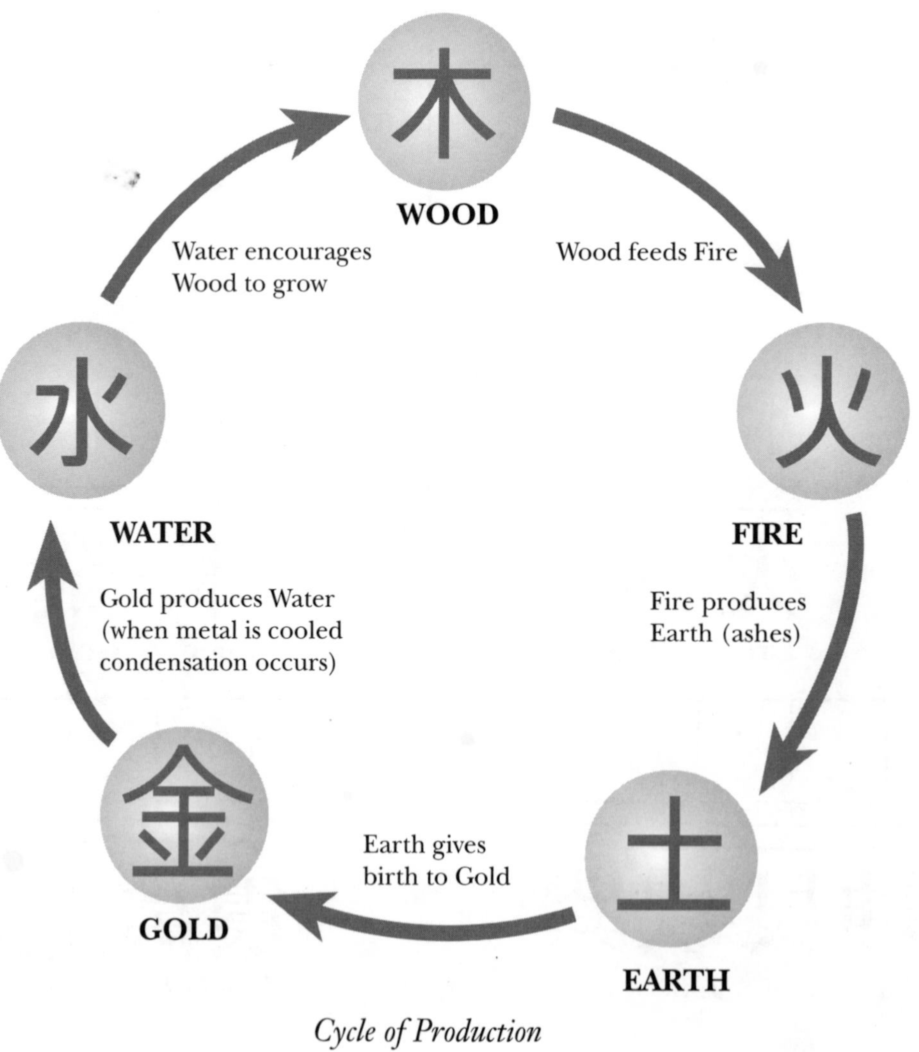

Cycle of Production

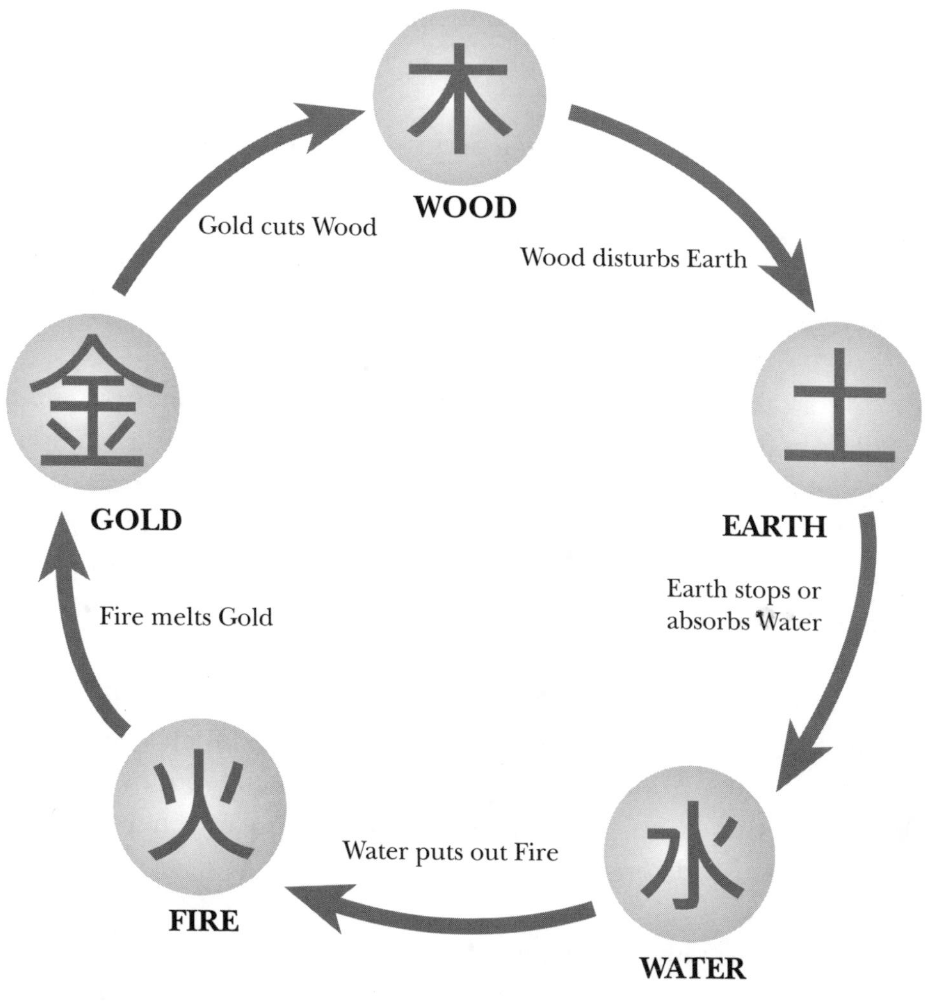

Cycle of Destruction

Such cycles of production and destruction are found in nature and in human relationships. The mutual productivity and destructiveness of the Five Elements can be applied to assess the relationship of people and things. The Heavenly Stems and Earthly Branches are classified under the Five Elements.

Analysing the elements of the stems and branches of a person's Pillars of Destiny reveals that person's nature and his or her compatibility with other people and things.

While the cycles of production and destruction seem straightforward, keep in mind that when an element is very strong it can control an element that is supposed to destroy it. For example:

- The strong presence of Fire in a person's Four Pillars can overcome Water, even though Water is supposed to threaten Fire.
- Similarly, when there is a lot of Water, Earth may be controlled.
- When there is a lot of Earth, it can overcome Wood.
- When there is a lot of Wood, Gold is controlled.

This can work to a person's advantage if an auspicious element in a person's Four Pillars is able to overcome the presence of an inauspicious element.

On the other hand, if there is too much of one element it may overwhelm the beneficial element that produces it. When the product is present in excessively large amounts, it draws energy away from the producer and exhausts or overwhelms it. For example:

- Even though Gold produces Water (making Water and Gold compatible elements), Gold may be submerged if there is too much Water.
- Water nourishes Wood, but when there is too much Wood, Water dries up.
- Wood produces Fire, but when there is too much Fire, Wood is overwhelmed and consumed.

The Ten Heavenly Stems and Twelve Earthly Branches as well as the directions and colours can be classified under the Five Elements as shown below.

ELEMENTS	STEMS		BRANCHES		DIRECTION	COLOUR
Wood	甲 *jia*	乙 *yi*	寅 *yin*	卯 *mao*	East	Green
Fire	丙 *bing*	丁 *ding*	巳 *si*	午 *wu*	South	Red
Earth	戊 *wu*	己 *ji*	丑 *chou*	辰 *chen*	Centre	Yellow
Gold	庚 *geng*	辛 *xin*	未 *wei*	戌 *shu*	West	White
Water	壬 *ren*	癸 *kui*	申 *shen*	酉 *you*	North	Black
			子 *zi*	亥 *hai*		

The strength of the Five Elements also changes with the seasons:

	SPRING	SUMMER	AUTUMN	WINTER
Gold	Destroyed	Born	Strongest	Weak
Wood	Flourishes	Weak	Withers	Born
Water	Weak	Dries	Born	Abundant
Fire	Born	Flourishes	Weak	Dies
Earth	Strong throughout the year			

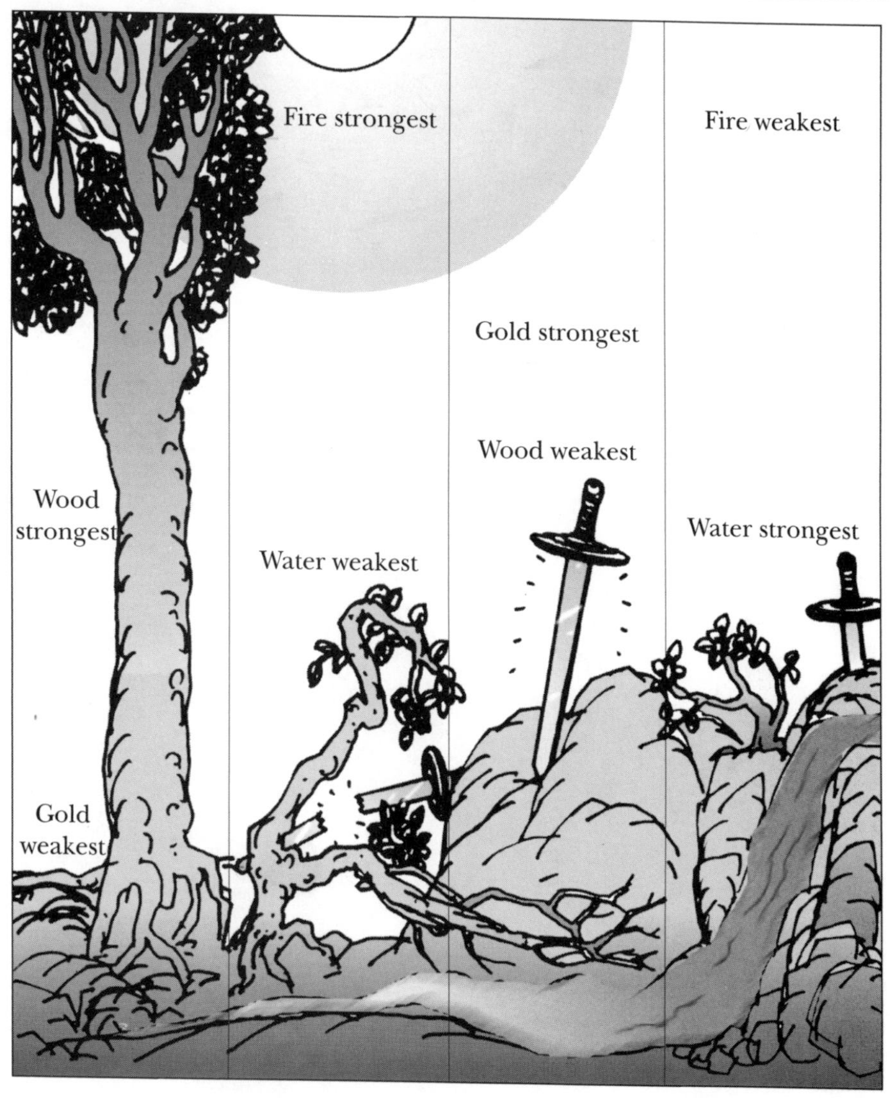

PART TWO

THE PILLARS OF DESTINY

The art of assessing an individual's nature by analysing his or her time of birth was first practised during the Tang dynasty (A.D. 618–907). The art was a closely guarded secret that was handed down from father to son or from expert to disciple. In the modern world it is still a guarded art, and very few people know the step-by-step method of calculation or the authentic process of analysis.

The Four Pillars are made up of the Eight Characters of birth—two from the year, two from the month, two from the day and two from the hour of birth. The characters in each Pillar consist of a Heavenly Stem and an Earthly Branch. The combination of a stem and a branch that makes up one Pillar is referred to as a "binomial". Each of the Eight Characters (four stems and four branches) is associated with one of the Five Elements and with either yin or yang. Each binomial also has an element that represents the combined essence of that binomial.

In addition to revealing the person's fundamental nature, the Pillars of Destiny are also used to evaluate a person's potential and fortune during 10-year periods of his or her life. In this book, these periods are called "Luck Eras".

Finding Your Pillars of Destiny

This book features the simplest method of calculating your Four Pillars of Destiny. All the hard work has been done for you—all you have to do is look up your year, month, day and hour of birth in the charts at the back of the book.

Follow this step-by-step method. You can write your Eight Characters and their elements in the chart below.

	HOUR	DAY	MONTH	YEAR
Heavenly Stem Element				
Earthly Branch Element				
Essence of the Binomials				

STEPS

1 **Year.** Look up the binomial of your year of birth in Chart 1. (The binomial of the year is also written at the top of each year in Chart 3.) You can write it in the chart above.

2 **Day.** Look up your day of birth in Chart 3. This chart also tells you in which lunar month you were born.

3 **Month.** Look up the binomial of your month of birth in Chart 2.

4 **Hour.** To work out the binomials of the hour of birth, use Chart 4. You will need to know the first character (stem) of your day of birth. For

example, if the binomial happens to be 庚寅 *geng yin*, you will need to use 庚 *geng*. Find 庚 *geng* along the top of the chart, and run your finger down the vertical column. Look across horizontally from your hour of birth (e.g. 10 pm, which falls under 亥 *hai*), The box where the two meet contains the binomial of the hour of birth (in this case, 丁亥 *ding hai*).

Example:

Mr X was born at midday on 9 December 1936. Following steps 1 to 4, he calculates his Four Pillars, which are as follows:

HOUR	DAY	MONTH	YEAR
壬 *ren* 午 *wu*	乙 *yi* 丑 *chou*	己 *ji* 亥 *hai*	丙 *bing* 子 *zi*

Note that the Pillars are traditionally written from right (year) to left (day) and from top to bottom (so the Year Pillar is read 丙子 *bing zi*)

Once you have worked out your Eight Characters, note the elements of the characters (listed on pages 10 and 11) and the essence of the binomials (shown in Chart 5). Write them in your personal record. Mr X's findings look like this:

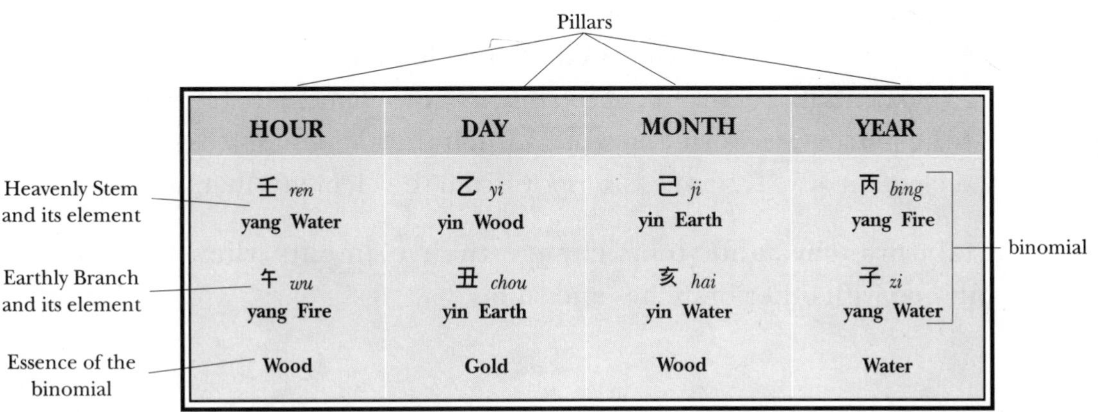

HOUR	DAY	MONTH	YEAR
壬 *ren* yang Water	乙 *yi* yin Wood	己 *ji* yin Earth	丙 *bing* yang Fire
午 *wu* yang Fire	丑 *chou* yin Earth	亥 *hai* yin Water	子 *zi* yang Water
Wood	Gold	Wood	Water

You now have all the details you need to start analysing your Pillars of Destiny.

Understanding Your Four Pillars

The fundamental concepts of analysing the Pillars of Destiny are as follows:

1 The **nature** of a person is revealed in the **stem of the day of birth**; this is the most important of the Eight Characters.*

2 When the other seven characters have harmonious elements and are balanced in yin and yang with the stem of the day of birth, the Pillars are considered auspicious and the person should experience good fortune in life.

3 The **branches of the year, month and hour of birth** are the most important characters to be examined in relation to the stem of the day of birth.

4 Too much of any element is not beneficial. Too little of something is also not desirable.

5 The element of the stem of the day of birth is said to be **strong** if:

- it is reinforced by the elements of other characters (such as elements that nourish it)
- the person was born in a season when the element is strong

When it is strong, this element may flourish, even if there are conflicting elements among the Eight Characters. However, too much nourishment is not beneficial for an extremely strong element.

6 The element of the stem of the day of birth is said to be **weak** if:

- it is threatened or exhausted by the elements of other characters (elements that destroy it, or too much of the element that it produces)
- the person was born in a season when the element is weak

If the element is weak, it needs support from the elements that nourish it.

7 Certain branches and stems change their elements when they are combined with other branches and stems.

*Some geomancers treat the element of the essence of the binomial as the principal factor in assessing a person's horoscope. Others analyse only the day and hour of birth, or only the year. However, the traditional and most accurate way is to treat the stem of the day of birth and the branches of the year, month and hour of birth as the principal factors.

STRONG ELEMENTS AND WEAK ELEMENTS

Excessively strong elements need to have their influence reduced, while weak elements need to be strengthened by other elements. This chart shows the moderating elements needed by strong and weak elements:

ELEMENTS	ELEMENTS REQUIRED
Weak Gold	Earth, Gold
Weak Wood	Water, Wood
Weak Water	Gold, Water
Weak Fire	Wood, Fire
Weak Earth	Fire, Earth
Strong Gold	Fire, Wood
Strong Wood	Gold, Earth
Strong Water	Earth, Fire
Strong Fire	Water, Gold
Strong Earth	Wood, Water

The seasons influence the strength of the element of the stem of the day of birth, as shown below:

- A Gold person has stronger Gold if he or she is born during autumn but weaker Gold if born during spring.
- A Wood person has stronger Wood if he or she is born during spring but weaker Wood if born during autumn.
- A Water person has stronger Water if he or she is born during winter but weaker Water if born during summer.
- A Fire person has stronger Fire if he or she is born during summer but weaker Fire if born during winter.

COMBINATIONS OF ELEMENTS

When you examine the stems and branches in your Four Pillars of Destiny and your Luck Eras, it is necessary to assess them in combination with other stems and branches. They cannot be assessed in isolation.

Certain stems change their element when they combine with other stems. The individual elements of the stem do not manifest themselves; the resultant element should be considered instead. As these pairs of stems are in affinity, they are considered auspicious, and it is particularly lucky to have these combinations in your year or hour of birth. These stems and the elements produced as a result of their affinity are shown in the following chart:

STEMS IN AFFINITY	ELEMENT PRODUCED AS A RESULT
甲 *jia* and 己 *ji*	Earth
乙 *yi* and 庚 *geng*	Gold
丙 *bing* and 辛 *xin*	Water
丁 *ding* and 壬 *ren*	Wood
戊 *wu* and 癸 *kui*	Fire

Similarly, when two Earthly Branches combine they manifest themselves as shown below:

BRANCHES IN AFFINITY	ELEMENT PRODUCED AS A RESULT
午 *wu* and 未 *wei*	Fire
子 *zi* and 丑 *chou*	Earth
寅 *yin* and 亥 *hai*	Wood
卯 *mao* and 戌 *shu*	Fire
辰 *chen* and 酉 *you*	Gold
巳 *si* and 申 *shen*	Water

Certain combinations of stems and branches are in harmony at different times of the year and are therefore auspicious for people born during these seasons:

- During spring the Earthly Branches of 寅*yin*, 卯*mao* and 辰*chen* are in harmony with the Heavenly Stems of 甲*jia* and 乙*yi*.
- During summer the Earthly Branches of 巳*si*, 午*wu* and 未*wei* are in harmony with the stems of 丙*bing* and 丁*ding*.
- During autumn the branches of 申*shen*, 酉*you* and 戌*shu* are in harmony with the stems of 庚*geng* and 辛*xin*.
- During winter the branches of 丑*chou*, 巳*si* and 亥*hai* are in harmony with the stems of 壬*ren* and 癸*kui*.

SYMBOLISM OF THE ELEMENTS

To relate the elements in the Four Pillars and the Luck Eras to everyday life, the elements are associated with particular family relationships and aspects of life.

The system of associating the elements with family relationships reflects ancient Chinese attitudes to family roles and gender. The self is represented by the element of the stem of the day of birth. The mother is represented by the element that gives birth to the self. The father is symbolised by the character that the self conquers. These relationships are the same for both men and women. However, the elements symbolising the spouse and the child differ for men and women. For a man, his wife is symbolised by the element that the self conquers, and his child is symbolised by the element that conquers his "self" element. For a woman, the element that conquers her "self" element represents her husband, while her child is represented by the element that her own element produces. These relationships are shown in the charts below.

SELF(Man)	MOTHER	WIFE OR FATHER	CHILD
Gold	Earth	Wood	Fire
Wood	Water	Earth	Gold
Water	Gold	Fire	Earth
Fire	Wood	Gold	Water
Earth	Fire	Water	Wood

SELF(Woman)	MOTHER	FATHER	HUSBAND	CHILD
Gold	Earth	Wood	Fire	Water
Wood	Water	Earth	Gold	Fire
Water	Gold	Fire	Earth	Wood
Fire	Wood	Gold	Water	Earth
Earth	Fire	Water	Wood	Gold

The elements also represent different aspects of life. A person's basic element represents friends, colleagues and competitors. The element that produces the self and encourages growth represents that person's support and resources. The element that the self destroys symbolises that person's wealth and achievements. This element in turn produces the element that leads to status, power, and also pressure. The element that the self produces provides an outlet for the self's energy and thus represents freedom, expression and intelligence.

SELF	FRIENDS, COMPETITORS	SUPPORT	WEALTH	STATUS, POWER & PRESSURE	FREEDOM, INTELLIGENCE
Gold	Earth	Earth	Wood	Fire	Water
Wood	Water	Water	Earth	Gold	Fire
Water	Gold	Gold	Fire	Earth	Wood
Fire	Wood	Wood	Gold	Water	Earth
Earth	Fire	Fire	Water	Wood	Gold

Example 1:
Let's go back to Mr X, born on 9 December 1936. His Pillars were as follows:

HOUR	DAY	MONTH	YEAR
壬 *ren* **yang Water**	乙 *yi* **yin Wood**	己 *ji* **yin Earth**	丙 *bing* **yang Fire**
午 *wu* **yang Fire**	丑 *chou* **yin Earth**	亥 *hai* **yin Water**	子 *zi* **yang Water**
Wood	**Gold**	**Wood**	**Water**

Mr X has three Water, two Fire, two Earth and one Wood in his Eight Characters. From his stem of the day of birth, we can see that his nature is yin Wood.

Mr X was born in winter, when Wood is quite weak. However, this weakness due to the season of his birth is amply compensated for by the nourishing Water in the branches of the year and month of birth and in the essence of the year (Water nourishes Wood in the cycle of production). The Wood in the essence of the hour and month also strengthens his nature. Therefore, Mr X becomes a person of reasonably strong Wood.

As the Wood in his day of birth is strong, it is not harmed by the Gold in the essence of the day (Gold normally has the power to cut Wood). However, the Fire in the hour of birth is dominant as it is supported by Wood in the essence of the Binomial. As Wood produces Fire, the presence of Fire in Mr X's Pillars has an exhausting influence on the Wood of the day of birth.

Despite his reasonably strong Wood, he still needs Water and Wood to help to strengthen the Wood and compensate for the weakness caused by the season of birth.

Example 2:

Mr Y was born at 11.30 pm on 25 November 1978. By making reference to Charts 1–5, the stems and branches of birth and their elements are found:

HOUR	DAY	MONTH	YEAR
戊 *wu* **yang Earth**	辛 *xin* **yin Gold**	癸 *kui* **yin Water**	戊 *wu* **yang Earth**
子 *zi* **yang Water**	卯 *mao* **yin Wood**	亥 *hai* **yin Water**	午 *wu* **yang Fire**
Fire	**Wood**	**Water**	**Fire**

This man, whose nature is yin Gold, has lucky combinations of stems and branches for his year and month of birth because the branches (Fire and Water) firmly support the stems (Earth and Water respectively). Although the branch of the hour of birth (Water) may be absorbed by the stem (Earth), the branch remains strong because it is supported by the abundant Water in the Four Pillars.

Mr Y was born in autumn, when Gold is strongest. The Gold is strengthened by the two Earth elements. The elements of the branches of month and hour are both Water, which is compatible with Gold. There is only one Fire, in the branch of the year. This Fire helps to balance his personality, and the Water helps to drain the excessive Gold energy.

BRIEF SUMMARY OF THE NATURE OF THE ELEMENTS

This summary will help you identify how directions, seasons, and other factors relate to your basic element as revealed in the stem of your day of birth.

Nature of Wood

Element: 甲*jia* – yang Wood　乙*yi* – yin Wood
Direction: East
Flourishes during: Spring
Withers during: Autumn
Nourishes: Fire (丙*bing*, 丁*ding*, 巳*si*, 戊*wu*)
Nourished by: Water (壬*ren*, 癸*kui*, 亥*hai*, 子*zi*)
Controls: Earth (午*wu*, 己*ji*, 辰*chen*, 戌*shu*, 丑*chou*, 未*wei*)
Controlled by: Gold (庚*geng*, 辛*xin*, 申*shen*, 酉*you*)
Best shapes/colours: Green, black, rectangles, wavelike patterns

Nature of Fire

Element: 丙*bing* – yang fire　丁*ding* – yin fire
Direction: South
Flourishes during: Summer
Withers during: Winter
Nourishes: Earth (午*wu*, 己*ji*, 辰*chen*, 戌*shu*, 丑*chou*, 未*wei*)
Nourished by: Wood (甲*jia*, 乙*yi*, 寅*yin*, 卯*mao*)
Controls: Gold (庚*geng*, 辛*xin*, 申*shen*, 酉*you*)
Controlled by: Water (壬*ren*, 癸*kui*, 亥*hai*, 子*zi*)
Best shapes/colours: Red, green, triangles, rectangles

Nature of Earth

Element: 午*wu* – yang Earth　己*ji* – yin Earth
Direction: Centre
Flourishes throughout the year
Does not wither but is slightly weak during spring
Nourishes: Gold (庚*geng*, 辛*xin*, 申*shen*, 酉*you*)
Nourished by: Fire (丙*bing*, 丁*ding*, 巳*si*, 戊*wu*)
Controls: Water (壬*ren*, 癸*kui*, 亥*hai*, 子*zi*)
Controlled by: Wood (甲*jia*, 乙*yi*, 寅*yin*, 卯*mao*)
Best shapes/colours: Yellow, red, squares, triangles

Nature of Gold

Element: 庚*geng* – yang Gold 辛*xin* – yin Gold
Direction: West
Flourishes during: Autumn
Withers during: Summer
Nourishes: Water (壬*ren*, 葵*kui*, 亥*hai*, 子*zi*)
Nourished by: Earth (午*wu*, 己*ji*, 辰*chen*, 戌*shu*, 丑*chou*, 未*wei*)
Controls: Wood (甲*jia*, 乙*yi*, 寅*yin*, 卯*mao*)
Controlled by: Fire (丙*bing*, 丁*ding*, 巳*si*, 戊*wu*)
Best shapes/colours: White, yellow, circles, squares

Nature of Water

Element: 壬*ren* – yang Wood 葵*kui* – yin Wood
Direction: North
Flourishes during: Winter
Withers during: Spring
Nourishes: Wood (甲*jia*, 乙*yi*, 寅*yin*, 卯*mao*)
Nourished by: Gold (庚*geng*, 辛*xin*, 申*shen*, 酉*you*)
Controls: Fire (丙*bing*, 丁*ding*, 巳*si*, 戊*wu*)
Controlled by: Earth (午*wu*, 己*ji*, 辰*chen*, 戌*shu*, 丑*chou*, 未*wei*)
Best shapes/colours: Black, white, wavelike patterns, circles

Q. To read the Four Pillars of Destiny, is it necessary to know the year, month, day and time of birth?

A. Preferably so, as these reveal the four pairs of binomials or the Eight Characters of birth which give the clues to the inner self, nature and temperament of the person. If only the year of birth is known the information is incomplete as the most important Pillar is that of the day of birth. The Month and Hour Pillars are as important as the Year Pillar.

Q. If two people are born at the same time, on the same day, during the same month and in the same year, will they have the same destiny?

A. Not necessarily. They may have different parents and family backgrounds, different educational backgrounds and so on. Remember that a person's destiny is affected by fate, lucky and unlucky spells, feng shui, virtue and education.

Finding Your Luck Eras

Besides knowing how the Eight Characters of the Pillars of Destiny react with one another, you can also find out your lucky and unlucky periods. Each period spreads over 10 years.

To find out when each of your 10-year Luck Eras starts, make a simple calculation based on the month of birth and refer to Charts 6 and 7. Apply the traditional formula in the step-by-step method shown below

STEPS

1 Work out your Pillars of Destiny, as described on pages 20–21.

2 Note down your binomial of the month of birth.

3 Look up the binomial of the month in Chart 6 to find its "magic number".

4 Using Chart 3, count from your binomial of day to the day of the magic number in the next Western month.

5 Divide the number of days by 3. Ignore the remainder, if there is one. The final answer is the starting year for your 10-year Luck Eras.

6 Starting with this number, note down your Luck Eras. If the resulting number was 6, your Luck Eras would look like this:

6–15 16–25 26–35 36–45 46–55 56–65 66–75

7
- If you are a male born in a year with a yang stem or a female born in a year of yin stem, use Chart 7 (Column A) to find the binomials of your Luck Eras.
- If you are a male born in a year of yin stem or a female born in a year of yang stem, refer to Chart 7 (Column B).

Starting from the binomial after your month of birth, list the sequence of the binomials under your Luck Eras.

Reminder: The yang Heavenly Stems are 甲 *jia*, 丙 *bing*, 戊 *wu*, 庚 *geng*, and 壬 *ren*.
The yin Heavenly Stems are 乙 *yi*, 丁 *ding*, 己 *ji*, 辛 *xin*, and 癸 *kui*.

8 Write down the elements of the binomials to give the complete Luck Eras.

Following this method, a man born at 6 am on 13 September 1950 would calculate his Luck Eras as follows:

1. His Pillars of Destiny are:

HOUR	DAY	MONTH	YEAR
辛 *xin* yin Gold	辛 *xin* yin Gold	乙 *yi* yin Wood	庚 *geng* yang Gold
卯 *mao* yin Wood	亥 *hai* yin Water	酉 *you* yin Gold	寅 *yin* yang Wood
Wood	Gold	Water	Wood

2. The binomial of the month is 乙酉 *yi you.*

3. Using Chart 6, he finds that the magic number of 乙酉 *yi you* is 8.

4. Using Chart 3, he counts from his day of birth (辛亥 *xin hai*) to the 8th day of the following month, (丙子 *bing zi*). The number of days is 25.

5. Divide 25 by 3. The answer is 8 (ignore the remainder).

6. His 10-year Luck Eras therefore start from the age of 8:
   8–17 18–27 28–37 38–47 48–57 58–67

7. Since he is a man born during a year of yang stem, he refers to Column A of Chart 7 to find the sequence of the binomials. Starting from the day after his month of birth, 乙酉 *yi you*, he writes:
   丙戌 *bing shu* 丁亥 *ding hai* 戊子 *wu zi* 己丑 *ji chou* 庚寅 *geng yin* 辛卯 *xin mao*

8. The elements of the characters are then added to give his complete Luck Eras:

8 – 17	18 – 27	28 – 37	38 – 47	48 – 57	58 – 67
丙 *bing* Fire	丁 *ding* Fire	戊 *wu* Earth	己 *ji* Earth	庚 *geng* Gold	辛 *xin* Gold
戌 *shu* Earth	亥 *hai* Water	子 *zi* Water	丑 *chou* Earth	寅 *yin* Water	卯 *mao* Water

Understanding Your Luck Eras

Assessing your Luck Eras involves the same principles as assessing the Pillars of Destiny. In the case of the Pillars of Destiny, when the element of the stem of the day of birth is in harmony with the elements of the branches of year, month and hour, the Four Pillars are considered auspicious and the person's life is likely to be good. In assessing the Luck Eras, the binomials of the Luck Eras are examined in relation to the element of the stem of the day of birth, using the same principles of compatible and incompatible elements and weak and strong elements.

Example 1

Let's go back to Mr Z from the previous page, whose Pillars and Luck Eras were as follows:

HOUR	DAY	MONTH	YEAR
辛 *xin* **yin Gold**	辛 *xin* **yin Gold**	乙 *yi* **yin Wood**	庚 *geng* **yang Gold**
卯 *mao* **yin Wood**	亥 *hai* **yin Water**	酉 *you* **yin Gold**	寅 *yin* **yang Wood**
Wood	**Gold**	**Water**	**Wood**

8 – 17	18 – 27	28 – 37	38 – 47	48 – 57	58 – 67
丙 *bing* **Fire**	丁 *ding* **Fire**	戊 *wu* **Earth**	己 *ji* **Earth**	庚 *geng* **Gold**	辛 *xin* **Gold**
戌 *shu* **Earth**	亥 *hai* **Water**	子 *zi* **Water**	丑 *chou* **Earth**	寅 *yin* **Water**	卯 *mao* **Water**

Mr Z is a man of Gold element born in the season when Gold is strongest. His Gold is supported by Gold in the branch of the month and in the stems of the hour and year. There is no Fire to control the Gold and only one Water to drain the energy of Gold. The only other element in his Pillars, Wood, is dominated by Gold. Moreover, the stems 庚*geng* and 乙*yi* in the year and month of birth combine to form more Gold. Therefore, he is a man of excessively strong Gold. He needs Fire to bring balance to his elements. Wood, which produces Fire, also helps him. His unfavourable elements are Earth and Gold.

His first Luck Era starts at the age of 8 and ends at 17. This is a period of mixed fortune for him, as the Fire is beneficial to him but the Earth encourages his excessively strong Gold. The second era (from 18 to 27) is slightly better; the Fire element balances his excessive Gold and the Water element drains energy away from the Gold. However, Fire is in conflict with Water.

The third era is dominated by Earth and Water, which are in conflict and which are not complementary to his basic element. At the age of 38 he enters a Luck Era dominated by Earth, which makes his Gold even more excessive. This increases the level of activity in his life and may cause him to suffer from ill health.

The fourth and fifth eras (48–57 and 58–67) are dominated by Gold and Water. For a person of strong Gold, these elements symbolise competitors and freedom respectively. During this period he may be forced to retire due to keen competition.

Example 2

This time the person is a woman, Miss D, born during a year of yang stem at 3.15 pm on 17 May 1948. Her Four Pillars of Destiny are as follows:

HOUR	DAY	MONTH	YEAR
戊 *wu* **yang Earth**	壬 *ren* **yang Water**	丁 *ding* **yin Fire**	戊 *wu* **yang Earth**
申 *shen* **yang Gold**	寅 *yin* **yang Wood**	巳 *si* **yin Fire**	子 *zi* **yang Water**
Earth	**Gold**	**Earth**	**Fire**

The next step is to calculate Miss D's Lucky Periods by referring to Chart 6 for the magic number of the binomial. In this case the binomial of the month is 丁巳 *ding si* and the magic number is 5. Count starting from the day of her birth (after 壬寅 *ren yin*) to the 5th day of the following month. In this case the number of days is 19. Divide 19 by 3. The answer is 6 (the remainder is 1; ignore it).

Note down the Luck Eras, starting at the age of 6. Since Miss D is a woman born in a year of yang stem, use Chart 7 (Column B) to list the binomials in reverse sequence, starting from the binomial of the month:

6 – 15	16 – 25	26 – 35	36 – 45	46 – 55	56 – 65
丙 *bing* **Fire**	乙 *yi* **Wood**	甲 *jia* **Wood**	癸 *kui* **Water**	壬 *ren* **Water**	辛 *xin* **Gold**
辰 *chen* **Earth**	卯 *mao* **Wood**	寅 *yin* **Wood**	丑 *chou* **Earth**	子 *zi* **Water**	亥 *hai* **Water**

Miss D is a Water person born during a month when Water is very weak and Fire is strongest. This weak Water is surrounded by two Fires in the month of birth. Fortunately, the branches of the year and hour of birth are Water and Gold respectively. These make her Water element stronger. Water acts like a friend or colleague and Gold represents resource and support. The stems of the month and day of birth combine to produce Wood, which exhausts Water.

Overall, her Water element is weak. She needs Gold and Water to help strengthen it. Wood (which exhausts Water) and Earth (which destroys Water) are not favourable to her. Fire is also not beneficial to her, as it is in conflict with Water.

Her first era does not bring her luck as the elements Fire and Earth are not beneficial to her. The second and third eras (16–25 and 26–35) are heavily dominated by Wood, which symbolise freedom and expression; however, the Wood may also exhaust her energy as her Water is weak. At the age of 36 she enters an era of Water and Earth. The Water gives her the strength to overcome difficulties and the Earth, while increasing pressure on her, will improve her status in society. From the age of 46 she enters an era dominated by Water, which will increase her strength, and at 56 this is combined with Gold, which further strengthens her Water and suggests that she will have good resources and support in her life at this time.

Example 3

Mr B was born at 4.48 pm on 16 December 1963. His Four Pillars are as follows:

HOUR	DAY	MONTH	YEAR
庚 *geng* **yang Gold**	癸 *kui* **yin Water**	甲 *jia* **yang Wood**	癸 *kui* **yin Water**
申 *shen* **yang Gold**	巳 *si* **yin Fire**	子 *zi* **yang Water**	卯 *mao* **yin Wood**
Wood	**Water**	**Gold**	**Gold**

Calculate Mr B's Luck Eras by referring to Chart 6 for the magic number of the binomial. In this case the Binomial of the month is 甲子 *jia zi* and the magic number is 5. Count starting from the day of his birth to the 5th day of the following month. The number of days is 20. Divide 20 by 3. The answer is 6 (the remainder is 2; ignore it).

Note down his Luck Eras as follows:

6–15 16–25 26–35 36–45 46–55 56–65

The next step is to list the binomials starting from after 甲子 *jia zi*. He is a male born in a year of yin stem, so he uses Column B of Chart 7.

6 – 15	16 – 25	26 – 35	36 – 45	46 – 55	56 – 65
癸 *kui* **Water**	壬 *ren* **Water**	辛 *xin* **Gold**	庚 *geng* **Gold**	己 *ji* **Earth**	戊 *wu* **Earth**
亥 *hai* **Water**	戌 *shu* **Earth**	酉 *you* **Gold**	申 *shen* **Gold**	未 *wei* **Earth**	午 *wu* **Fire**

Mr B is a yin Water person born during a month when Water is abundant. His Four Pillars are well-balanced, with plenty of Water and Gold to strengthen his basic element and Wood to draw away excess energy. The Fire in the Day Pillar does not support the stem, but he has adequate support from the other elements. There is no Earth to destroy him. Gold and Water are beneficial to him.

His first Luck Era is dominated by Water, which brings strength to his Water element and represents the importance of friends at this time of his life. The period from 16–25 brings some conflict, but his Water element is strong enough to cope with the destructive influence of Earth. At 26 he enters 20 years of very good luck dominated by Gold, which brings plenty of support to his self element. He will have a major change in his life when he reaches 46, as he moves into an era dominated by Earth. Earth destroys his self element and will bring pressure to his life. At 56 the stems 癸 *kui* in his Day Pillar and 戊 *wu* in the Luck Era combine to form Fire. This era of double Fire represents his wealth, which will increase during this period.

PART THREE

PERSONALISE YOUR FENG SHUI

With the knowledge of your basic element in hand, you can discover your most auspicious colours, shapes, directions, room plans, flowers, gemstones, professions and more.

Colours

The colour scheme of a room influences the mood of the users. Therefore, it is very important to select an appropriate colour scheme for your living environment. Compatible colours should be combined to produce a harmonious scheme. Colours can be classified under the Five Elements as listed below:

ELEMENTS	COLOURS	SUPPLEMENTARY COLOURS
Wood	Green	Blue, brown
Fire	Red	Purple, pink
Earth	Yellow	Beige
Gold	White	Metallic, silver, gold
Water	Black	Grey

This means that green is most suitable for those who are of Wood element while red is auspicious for those of Fire element. Yellow is the lucky colour for those of Earth, and white is lucky for Gold. Black is lucky for those of Water element. Since Water nourishes Wood, Black is also good for those of Wood element. Similarly, Fire produces Earth and so red is also good for those of Earth element. Earth produces Gold but absorbs Water, so yellow is good for those of Gold but not so lucky for those of Water.

A black car may be fine for those of Water element, but for those of Gold element a white car is more favourable. Similarly, the favourable colours of cars, lorries and aeroplanes may be decided in accordance with the elements of the owners. An owner who is of Wood element may like his truck to be light green, while an owner of a small plane may like it red if he is of Fire element.

Q. I am of Fire element, but I don't like the colour red. What other colours are auspicious for me?

A. If you don't like red or its supplementary colours (pink and purple), you may prefer green, which is the colour of Wood. Since Wood produces fire and makes it stronger, green complements red. Applying the same theory, if a person of Earth element does not like yellow or cream, he or she may choose red, the colour of Fire, which produces Earth. However, green would not be suitable for this Earth person, as Wood (green) destroys Earth (yellow) in the Cycle of Destruction.

Shapes and Symbols

Shapes and symbols can also be classified under the Five Elements as shown in the chart below:

ELEMENT	SHAPE
Earth	Square
Gold	Circle
Fire	Triangle
Wood	Rectangle
Water	Wavelike shape

This means that people of Earth element are better suited to square rooms, and squares are better shapes for their logo designs. People of Gold element may like circular shapes more than other shapes. People of Fire element may find triangular spaces auspicious. People of Wood element are more comfortable in rectangular spaces. Intuitively-shaped spaces may be welcomed by people of Water element.

Here are some auspicious tile patterns that incorporate these principles:

Q. Which symbols should I use for my company logo if I am of Gold element?
A. You can use white or yellow circles and squares. Circles represent Gold and squares represent Earth, which precedes Gold in the cycle of production and therefore reinforces Gold. White is for Gold and yellow is for Earth.

Q. If one partner of a company is of Fire element and the other is of Water, which symbols should they use for the design of their company logo?
A. It is clear that Fire and Water elements clash, so their relationship may not be very harmonious in the first place. For their logo, it is best to avoid triangles and fluid patterns altogether. Instead, the symbol may be a stylised version of their product or service. Use red to represent Fire and black to represent Water, and bring in green (the colour of Wood, which comes between Fire and Water in the Cycle of Production) to neutralise them.

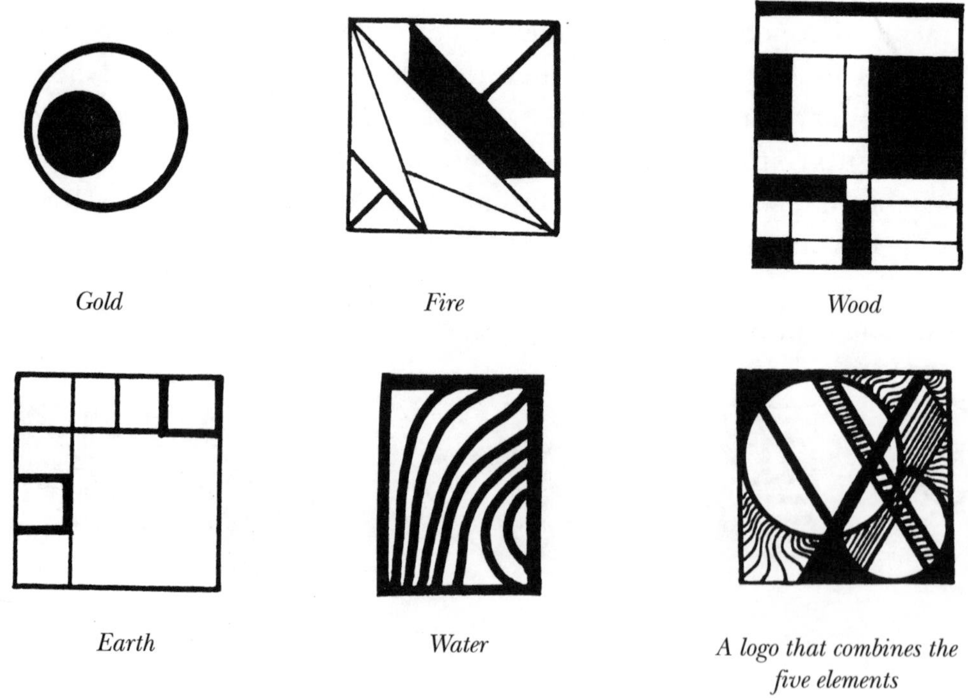

Gold *Fire* *Wood*

Earth *Water* *A logo that combines the five elements*

Similarly, the favourable graphic patterns for clothing are determined in accordance to the shapes of the elements and the colours of the elements. For example, for those of Fire element the graphic patterns may be triangular while those of Earth be squarish. For those of Water may be wavelike and for those of Gold may be round while rectangular for those of Wood.

Directions

It is believed that different directions and locations have different 气qi (energy). The qi of a particular spot nourishes people differently depending on the elements and also on the cycle of seasons. There is living and dead qi. The art of feng shui is applied to detect this qi location.

The elements relate to directions in the following way:

ELEMENT	DIRECTIONS
Wood	East
Fire	South
Earth	Central
Gold	West
Water	North

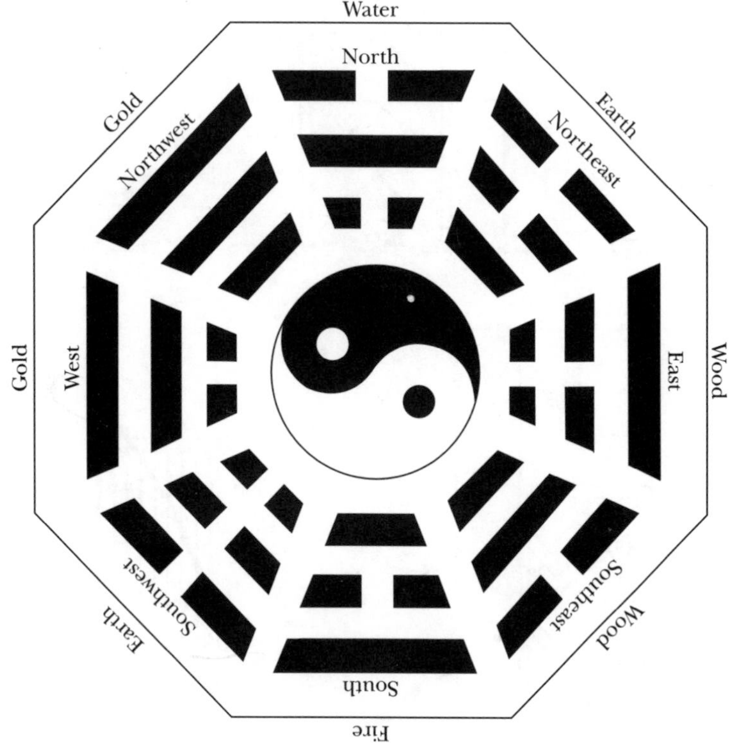

Spaces

The overall design of a space should reflect the nature of the user. The colour scheme, the form, the shape, the space and the detailing should be orchestrated to form a unified whole and the placement of elements should reflect harmony and balance.

Front Doors

The front door is a very important element of a house. It can be designed to portray the nature of the house owner. For example, a timber door with elongated horizontal or vertical strips is in harmony with the Wood element, while one with square patterns is in tune with the Earth element. A round "moon gate" is of Gold element and a door with triangular motifs is of Fire element. A door with wavy or intuitive patterns is of Water element.

Earth *Fire* *Gold*

Water *Wood*

Kitchen

The kitchen is where food is prepared daily. You are what you eat, so it is a very important space in a house. The kitchen should be carefully planned and should have sufficient ventilation and lighting. Work and storage spaces should be efficiently planned. The distances between the sink, the refrigerator and the stove should be suitably placed to form an effective working triangle.

A triangular plan, although it may be welcomed by a person of Fire element, is impractical. A round plan (Gold element) is seldom designed unless the house is circular in theme. An intuitive plan (Water element) is also rarely used unless the house is built of reinforced concrete in a fluid design. The practical forms are the square (Earth element) and the rectangle (Wood element).

The stove can be placed in a favourable position by taking into account the nature element of the cook—to the east for people of Wood nature, north for Water, west for Gold and south for Fire. People of Earth nature can build the cooking appliances into a service island in the centre of the kitchen.

For people of Earth nature, cooking appliances can be built into a service island in the centre of the kitchen.

Triangular shapes do not go well with circular forms as Fire melts Gold.

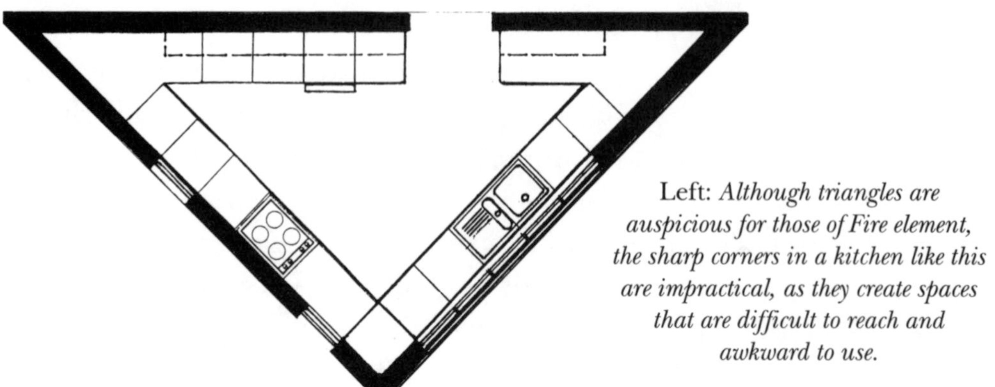

Left: *Although triangles are auspicious for those of Fire element, the sharp corners in a kitchen like this are impractical, as they create spaces that are difficult to reach and awkward to use.*

Right: *This kitchen was designed for a person of Wood element. The stove is in the east. The stove, the fridge and the sink form a good working triangle.*

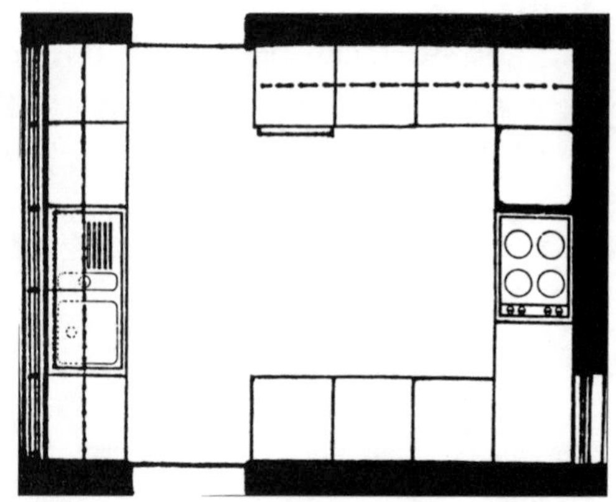

Below: *A dining room for a person of Wood element. Notice the elongated ceiling strips, the elegant dining chairs made with long vertical timber panels, and the rectangular dining table.*

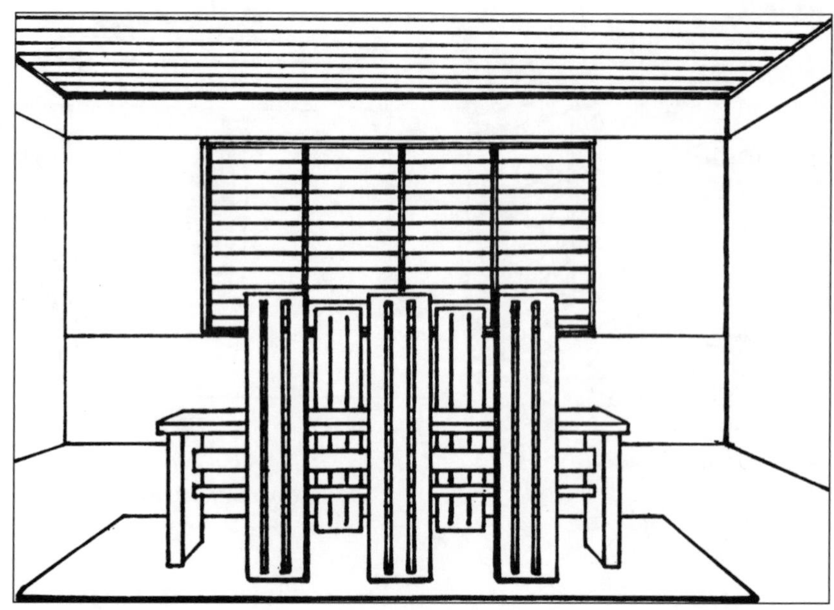

Bedroom

The bed in the master bedroom may be placed to be in harmony with the nature of the user. For a person of Gold element the bed may be placed to face west. For a person of Wood it may be placed to face north. For one of Water element it may face north or west. For a person of Fire element it may be placed to face south or east. The person of Earth may have his or her bed facing south.

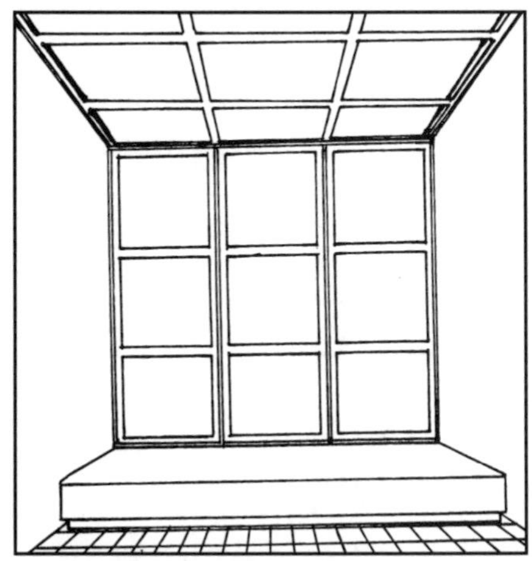

Above: *A Japanese-inspired bedroom with square panels for a person of Earth element. The bed is on the south.*

Above: *This attic space may be fine for people of Fire or Earth element, but there is too little space above the head of the bed, and the room would be hot in the tropics.*

Above: *Elongated shapes are of Wood element.*

Left: *Pyramids are associated with Fire element. This room would be unsuitable for a person of Gold element, as Fire destroys Gold.*

Flowers

Flowers should be classified in relation to the Five Elements according to the time or season in which they bloom and flourish. Even though their colours are also related to the Five Elements, it is more logical to classify them according to the seasons because there are hardly any flowers that are black (the colour of Water element). In some cases, auspicious flowers can be decided on the basis of both colour and season.

For example, red flowers that bloom all year, such as scarlet sage, are of Earth element. Red flowers that flourish in summer are of Fire element. Flowers that bloom during autumn are of Gold element. Those such as geranium that flourish during winter are of Water element, even though they are red. So if you wish to present flowers to a lady of Fire element, give her red rose campions or blood lilies or snapdragons. If you visit a sick friend of Earth element in hospital and you wish to bring her luck, consider giving her some scarlet sage. To wish someone of Water element a happy birthday you may give her some red belladonna lilies.

Flowers and their elements are shown below:

Gold: baby's-breath, bag-flower, shrimp plant, lesser periwinkle, cornflower, naked boys, mignonette, white China aster, love-in-a-mist, white poppy anemone, white farewell-to-spring, white Madagascar jasmine, xian or jing flower

The xian or jing flower is a good symbol for those of Gold element.

Wood: orchid, iris, alkanet bugloss, lily of the Nile, Madagascar jasmine, wake-robin, wild jonquil, pincushion-flower, breeches, herbaceous peony, purple gill flower, blue carnation, indoor plants such as mother-in-law's tongue

Water: bamboo, common dahlia, geranium, canna, narcissus, daffodil, blackish-red imperial morning glory, blanket-flower, Japanese pink, nasturtium, snowdrop, belladonna lily, Christmas cactus, Christmas rose, plum, pyrus, white spider lily

Fire: love-lies-bleeding (tassel flower), blood lily, begonia, globular cacti, pot marigold, cockscomb, rose campion, yarrow, day lily, flowering flax, cardinal flower, snapdragon, musk, red acalypha

Earth: golden wave, African marigold, freesia refracta, monkey musk, Joseph's-coat, scarlet sage, sunflower, strawflower, yellow oleander

The red hibiscus is a symbol for those of Fire element.

Some flowers have a number of varieties that bloom at different times of the year. For example, there are many varieties of orchids. Those that bloom in spring are for people of Wood, while those that bloom in summer are for those of Fire element. This means that it is best to present a red orchid that blooms in summer to a person of Fire element. It is appropriate to present a yellow flower which flourishes during most of the year to a person of Earth element. Although chrysanthemum is essentially an autumn/winter flower, it is also a flower for Earth people because it is yellow.

White Madagascar jasmine is auspicious for those of Gold element.

Lotus fruits help to strengthen the spleen, so they are good for people of Earth element. The flower is also auspicious for people of Water element.

Mother-in-law's tongue is a symbol for those of Wood element.

Gemstones

Wearing gemstones as symbols of luck started in ancient times when priests wore gowns adorned with precious stones. It is believed that gemstones exert some influence on their users, although such influence may not be felt physically. In the Western tradition, people select stones according to their birthdate. These gemstones can also be classified under the Five Elements, as shown in the chart below.

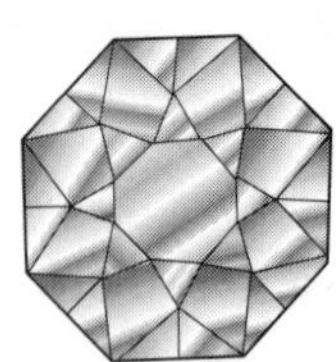

Fire

GEMSTONE	MONTH OF BIRTH	ELEMENT OF PERSON
Garnet	January	Fire
Amethyst	February	Fire
Aquamarine	March	Water
Diamond	April	Gold
Emerald	May	Wood
Pearl	June	Gold
Ruby	July	Fire
Peridot	August	Wood
Sapphire	September	Fire (red sapphire), Water (blue sapphire)
Opal	October	Earth (yellowish), Gold (white), Water (blue)
Topaz	November	Earth (yellow), Water (blue)
Turquoise	December	Water

- Garnets represent "drive in life".
- Amethysts are symbols of peace, intelligence, comfort, kindness and honesty. They were the favoured gemstones of the ancient Greeks as they represent everlasting love.
- Aquamarines are favourites of seafarers as their colour is as clear as the clearest blue sea and they symbolise calmness. They are believed to protect their users from intestinal, throat and liver ailments.
- Diamonds are everyone's best friends. They are not only the hardest but also the most brilliant stones on earth. Thus, they represent eternal love.
- Emeralds are believed to have healing and antiseptic powers. They represent analytical and observation powers.
- Pearls and rubies are symbols of feminine charm and love.

Earth

In the past people wore ruby rings to improve their intellectual power.

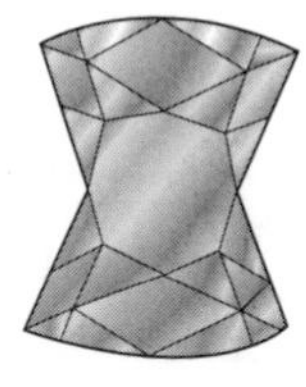

Water

- Peridots and sapphires are symbols of drive in life and rejuvenation.
- The significance of an opal or a topaz depends on its colour and cut, which determine its element.
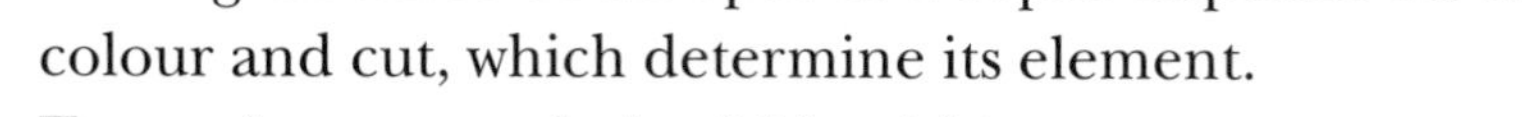
- Turquoises are symbols of friendship.
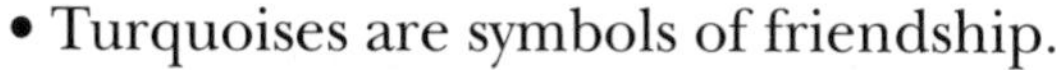
- Cat's eyes may also be made auspicious by cutting and setting them to suit the wearer. Cat's eyes are quite powerful as they are believed to have the power to improve eyesight and mental perception.
- A coral or a jade pendant can be worn as a necklace to protect a person from harm or illness.

With reference to the theory of the Five Elements, gemstones favourable to the elements of the wearer may be selected according to the colour and the setting of the stones. Basically, green is for those of Wood element, red for Fire, yellow for Earth, white for Gold and black for Water. But gems of the same type of stone may be of various colours. In these instances, how does one choose a favourable gemstone? A simple guide is given in the chart below.

Gold: white fish-eye stone, pearl, crystal, white pure diamond

Wood: emerald, green opal, jade, hiddenite, green jasper

Water: elimite, white opal, lapis lazuli, cat's eye, blue sapphire

Gold

Fire: kunzite, red ruby, emertise, red agate

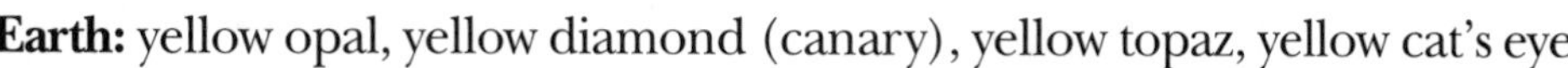

Earth: yellow opal, yellow diamond (canary), yellow topaz, yellow cat's eye

Wood

The cutting and setting of the stone is also relevant when choosing a stone for someone of a particular element. Square gems with square facets are suitable for a person of Earth element. Round or dome-shaped stones are for a Gold person. Rectangular stones are for a Wood person. Intuitive or free-formed stones are for a Water person, while star-shaped stones are for a Fire person.

Compatible Associates

It is true that some people are compatible and others are completely incompatible with one another. The reasons for this may be numerous and complex. However, a compatibility chart according to the binomial of the year of birth can be drawn as follows:

BINOMIAL		MOST COMPATIBLE WITH:	
甲子	*jia zi*	壬申 *ren shen*	癸酉 *kui you*
乙丑	*yi chou*	壬申 *ren shen*	癸酉 *kui you*
丙寅	*bing yin*	己巳 *ji si*	乙丑 *yi chou*
丁卯	*ding mao*	甲戌 *jia shu*	乙亥 *yi hai*
戊辰	*wu chen*	庚午 *geng wu*	癸酉 *kui you*
己巳	*ji si*	辛未 *xin wei*	甲戌 *jia shu*
庚午	*geng wu*	戊寅 *wu yin*	己卯 *ji mao*
辛未	*xin wei*	壬申 *ren shen*	癸酉 *kui you*
壬申	*ren shen*	甲戌 *jia shu*	丁丑 *ding chou*
癸酉	*kui you*	乙亥 *yi hai*	庚辰 *geng chen*
甲戌	*jia shu*	己卯 *ji mao*	壬午 *ren wu*
乙亥	*yi hai*	戊寅 *wu yin*	庚寅 *geng yin*
丙子	*bing zi*	甲申 *jia shen*	乙酉 *yi you*
丁丑	*ding chou*	甲申 *jia shen*	乙酉 *yi you*
戊寅	*wu yin*	丁亥 *ding hai*	
巳卯	*ji mao*	辛巳 *xin si*	丙戌 *bing shu*
庚辰	*geng chen*	己酉 *ji you*	壬午 *ren wu*
辛巳	*xin si*	癸未 *kui wei*	丙戌 *bing shu*
壬午	*ren wu*	庚寅 *geng yin*	辛卯 *xin mao*
癸未	*kui wei*	甲申 *jia shen*	乙酉 *yi you*
甲申	*jia shen*	丙戌 *bing shu*	己丑 *ji chou*
乙酉	*yi you*	壬辰 *ren chen*	癸巳 *kui si*
丙戌	*bing shu*	辛卯 *xin mao*	甲午 *jia wu*
丁亥	*ding hai*	戊子 *wu zi*	
戊子	*wu zi*	庚寅 *geng yin*	丙申 *bing shen*
己丑	*ji chou*	丙申 *bing shen*	丁酉 *ding you*
庚寅	*geng yin*	戊戌 *wu shu*	己亥 *ji hai*
辛卯	*xin mao*	戊戌 *wu shu*	丙午 *bing wu*
壬辰	*ren chen*	丁酉 *ding you*	乙巳 *yi si*
癸巳	*kui si*	戊戌 *wu shu*	辛丑 *xin chou*

BINOMIAL		MOST COMPATIBLE BINOMIALS:	
甲午	*jia wu*	壬寅 *ren yin*	癸卯 *kui mao*
乙未	*yi wei*	丙申 *bing shen*	丁酉 *ding you*
丙申	*bing shen*	辛丑 *xin chou*	甲辰 *jia chen*
丁酉	*ding you*	甲辰 *jia chen*	乙巳 *yi si*
戊戌	*wu shu*	癸卯 *kui mao*	丙午 *bing wu*
己亥	*ji hai*	甲寅 *jia yin*	
庚子	*geng zi*	壬寅 *ren yin*	己酉 *ji you*
辛丑	*xin chou*	戊申 *wu shen*	己酉 *ji you*
壬寅	*ren yin*	辛亥 *xin hai*	
癸卯	*kui mao*	癸戌 *geng shu*	辛亥 *xin hai*
甲辰	*jia chen*	丙戊 *bing wu*	己酉 *ji you*
乙巳	*yi si*	丁未 *ding wei*	庚戌 *geng shu*
丙午	*bing wu*	甲寅 *jia yin*	乙卯 *yi mao*
丁未	*ding wei*	戊申 *wu shen*	己酉 *ji you*
戊申	*wu shen*	庚戌 *geng shu*	丙辰 *bing chen*
己酉	*ji you*	丙辰 *bing chen*	丁巳 *ding si*
庚戌	*geng shu*	乙卯 *yi mao*	戊午 *wu wu*
辛亥	*xin hai*	丙寅 *bing yin*	
壬子	*ren zi*	甲寅 *jia yin*	辛酉 *xin you*
癸丑	*kui chou*	庚申 *geng shen*	甲子 *jia zi*
甲寅	*jia yin*	癸亥 *kui hai*	
乙卯	*yi mao*	丁巳 *ding si*	癸亥 *kui hai*
丙辰	*bing chen*	戊午 *wu wu*	辛酉 *xin you*
丁巳	*ding si*	己未 *ji wei*	乙丑 *yi chou*
戊午	*wu wu*	丙寅 *bing yin*	丁卯 *ding mao*
己未	*ji wei*	庚申 *geng shen*	辛酉 *xin you*
庚申	*geng shen*	乙丑 *yi chou*	戊辰 *wu chen*
辛酉	*xin you*	戊辰 *wu chen*	己巳 *ji si*
壬戌	*ren shu*	丁卯 *ding mao*	庚午 *geng wu*
癸亥	*kui hai*	戊寅 *wu yin*	

When the Five Elements are applied to the suitability of marriage partners, geomancers suggest that the element of the essence of the binomial of the year of birth should be compatible.

MALE	FEMALE
yang Gold	yin Gold or yin Earth
yin Gold	yang Gold or yang Earth
yang Wood	yin Wood or yin Water
yin Wood	yang Wood or yang Water
yang Water	yin Water or yin Gold
yin Water	yang Water or yang Gold
yang Fire	yin Fire or yin Wood
yin Fire	yang Fire or yang Wood
yang Earth	yin Earth or yin Fire
yin Earth	yang Earth or yang Fire

Accordingly, if the man was born in 1938, a year with the essence of yang Earth, his marriage partner would best be born in a year of yin Earth (e.g. 1939) or yin Fire (e.g. 1949). Generally, the principles of the cycles of production and destruction apply.

However, it must be noted that the charts are not binding because a relationship between people requires nurturing and understanding. There is no easy solution or formula for the positive development of human relationships and friendship.

Professions

In a highly competitive world, it is important for a person to pursue a profession that is favourable to his or her nature. The pressure to succeed in life is now greater than ever. How does knowledge of the compatibility of elements help?

People of Gold element are best dealing with metallic goods such as swords, scissors and metal utensils. They are good goldsmiths, blacksmiths, hardware dealers, financial controllers, bankers and mechanical engineers.

People of Wood element are best dealing with goods made of wood such as wooden furniture, timber building materials and wooden utensils. They can also be doctors and fortune-tellers. They may be manufacturers of garments or rattan goods.

People of Water element may be successful business managers of factories producing canned seafood, cooking oil or tea leaves. They may also have a passion for the sea and become sailors.

People of Fire element may be great musicians, artists, writers or actors. They may also have a passion for antiques or for electronics.

People of Earth element are best dealing with goods made of clay or things from nature. They may be potters, sculptors or builders.

Different types of weather can be classified under the Five Elements:

- **Windy weather is Wood**
- **Hot weather is Fire**
- **Thunder is Earth**
- **Cold weather is Gold**
- **Rain is Water**

Tastes can also be classified:
- **Salty is Wood**
- **Bitterness is Fire**
- **Sweetness is Earth**
- **Pungent taste is Gold**
- **Sourness is Water.**

Health

Every organ in the body is classified under the Five Elements. A chart showing the main organs is shown below:

ELEMENTS	INTERNAL ORGANS	SENSORY ORGANS
Wood	Liver	Eye
Fire	Heart	Tongue
Earth	Spleen	Mouth
Gold	lung	Nose
Water	Kidney	Ear

People of Wood element are more likely to get illnesses related to the liver and eye. Fruits that are red in colour such as Chinese red dates are good for people of Wood element.

Those born of Fire element have a tendency to suffer from heart and tongue ailments. Fruits and vegetables that are good for reducing excessive cholesterol, such as mushrooms, are good for these people. Apricots, which are good for blood circulation, are also recommended.

Those of Earth element are prone to having sore throats and sores on the lips and are likely to suffer from diseases of the spleen. Apples are good for them.

Those born on days with the stem of Water are likely to have illnesses related to the kidney and the ear. Lotus fruits and luohan fruits are good for people with kidney ailments.

CASE STUDIES

You now know how to evaluate your Pillars of Destiny, find the element that represents your nature, and apply that knowledge to make your physical environment more auspicious. This section shows how this knowledge can improve the feng shui of a house, apartment or business premise.

Case Study 1

The house plan shown below is based on that of Mr A, who was born at 12.30 pm on 25 November 1966. Mr A's stems and branches of birth and their elements are shown below:

HOUR	DAY	MONTH	YEAR
壬 ren **Water**	戊 wu **Earth**	己 ji **Earth**	丙 bing **Fire**
子 zi **Water**	子 zi **Water**	亥 hai **Water**	午 wu **Fire**

Mr A is therefore a person of Earth nature.

The house was poorly designed and orientated for Mr A as the front door was orientated East (the direction of Wood, which destroys Earth in the cycle of destruction) and Mr A's bedroom was also in the eastern location. The colour scheme was light green and white (Wood and Gold colours). The windows of the master bedroom were exposed to the morning sun as they were not sheltered at all from the weathering elements. The interior colour scheme of the living room was also basically white, with a dark green leather sofa and built-in display shelves and cupboards painted in dark green. The living space is elongated

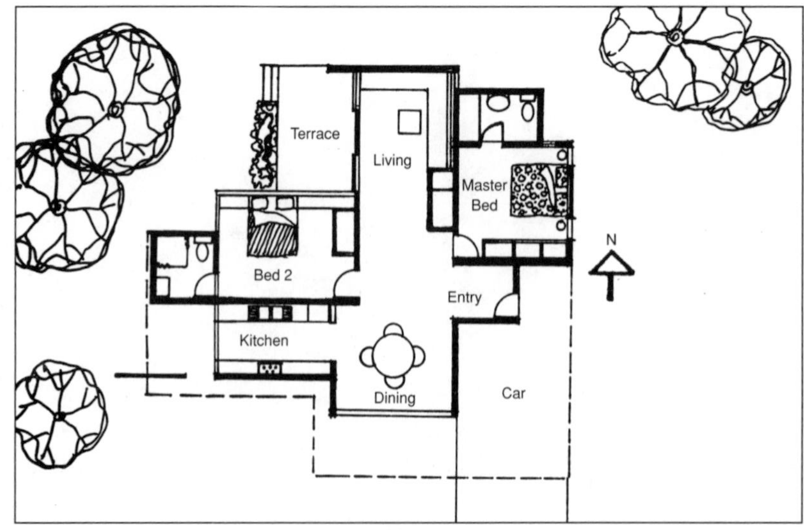

Case 1: Before

like a rectangular Wood element. Mr A went through a series of illnesses and he finally consulted an expert and made some drastic changes, after which his health improved tremendously.

The alterations made are shown in the plans below:

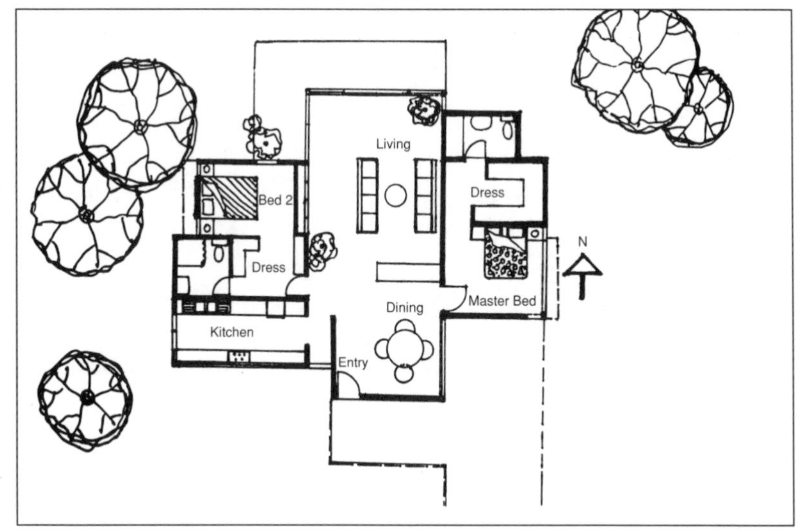

Case 1: After

The main door was moved to the south and the living room was enlarged to be more squarish. The 10-year-old furniture and sofa were sold and a new set finished with leather of light cream was bought to brighten the room. The colour scheme of his bedroom was also repainted cream with a few strips of light yellow (the colour of Earth) for hanging photos and pictures. Fire produces Earth (making Fire beneficial to Mr A), so a couple of red vases were placed to give the room some highlights. Since his favourable direction is towards the south, his bed was moved to face south. The living room and dining room were brightened with red flowers.

A man who is yang Earth in nature may tend to develop sores on the lips or have frequent sore throats or have diseases related to the spleen. Therefore, awnings were added to give shade to the windows and reduce heat which may cause ill health.

Case Study 2

The house plan as shown below was based on that of Miss B who was born at 2.30 pm on 2 November 1970. Miss B's stems and branches of birth and their elements are shown below:

HOUR	DAY	MONTH	YEAR
乙 *yi* **yin Wood**	丙 *bing* **yang Fire**	丁 *ding* **yin Fire**	庚 *geng* **yang Gold**
未 *wei* **yin Earth**	戌 *shu* **yang Earth**	亥 *hai* **yin Water**	戌 *shu* **yang Earth**

Miss B is therefore of Fire nature.

The timber-framed Tudor house was poorly designed and orientated for Miss B as the front door was orientated north (a Water direction) and Miss B's bedroom was also in the north. The colour scheme was black and white (Water and Gold colours). The interior colour scheme of the living room was also basically black and white with a set of dark brown wooden furniture. The living space is squarish like an Earth element (Earth exhausts Fire). Miss B went through a period of hard times with ups and downs and she consulted a feng shui expert and sold the house. She bought another house in which she enjoyed more peace and success.

The main door of her new house faces south and the living room is elongated (the shape of Wood, which feeds Fire). The expert advised her to use a set of furniture finished with light apple- green leather, as green is a Wood colour. The colour scheme of her bedroom is light green with a few strips of red. Red vases are placed to enhance the room. The living room and dining room may also be made brighter with red flowers.

Case Study 3

This study is based on the Eight Characters of a man, Mr D, whose Four Pillars are as follows:

HOUR	DAY	MONTH	YEAR
壬 *ren* **yang Water**	辛 *xin* **yin Gold**	乙 *yi* **yin Wood**	庚 *geng* **yang Gold**
辰 *chen* **yang Earth**	亥 *hai* **yin Water**	酉 *you* **yin Gold**	寅 *yin* **yang Wood**

In this case Mr D is a man of Gold element and elements such as Gold and Earth are good for him. The picture below shows a proposed house that is suitable for Mr D. It has the main door located on the western side of the house (a Gold direction). His bedroom, although not in the dead centre of the house, is towards the centre. The colour scheme should be white (Gold) or yellowish (Earth). The living space should be round or squarish. The living room and dining room may be brightened with yellow flowers.

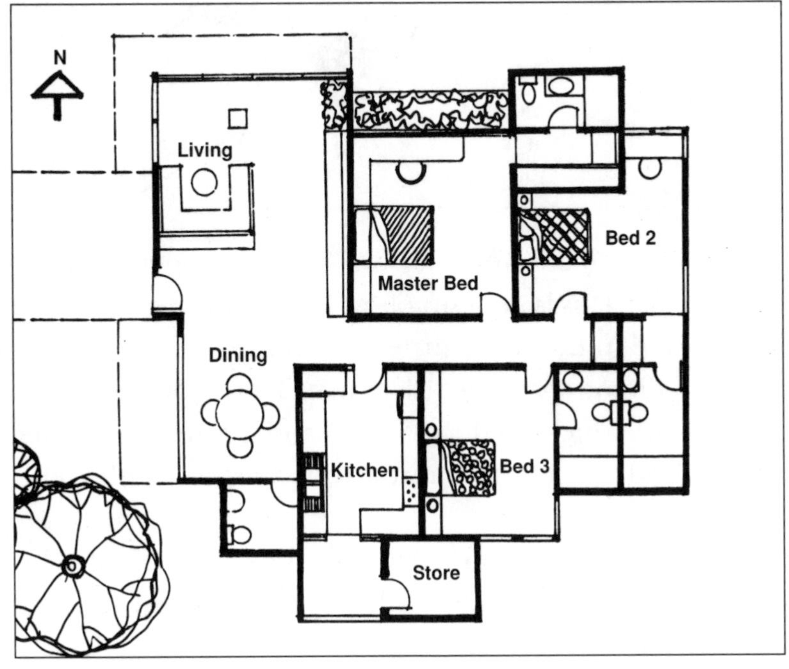

Case Study 4

Mr C is basically of Water nature. The plan of his house is drawn below:

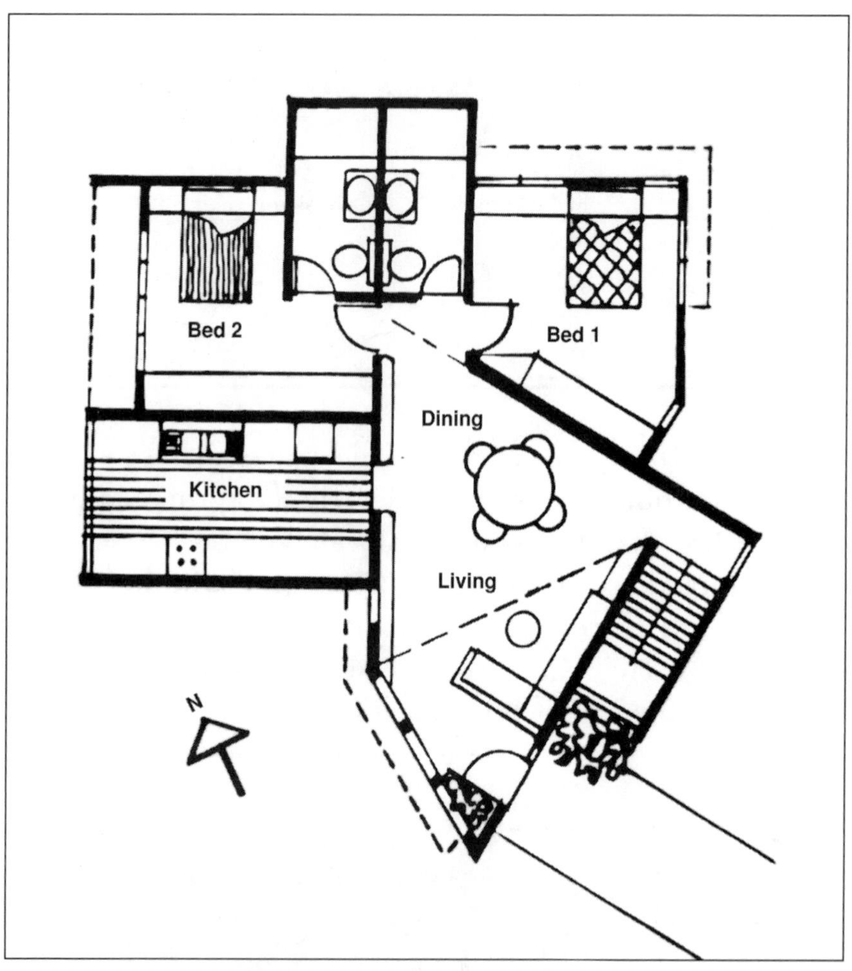

This house is not suitable for a person of Water element. Part of the house is triangular in shape. This is undesirable as Fire and Water are in conflict. The main door is located in the south instead of being in the north or west. The interior living and dining spaces are triangular. The colour scheme is generally white (Gold element, which produces water) and is fine. The master bedroom is in the east (Wood) which does not favour the Water element, as Wood exhausts Water.

After staying in the house for a few years Mr C lost his job. He consulted an expert and renovated his house with a limited budget. The second plan shows how the house is used now.

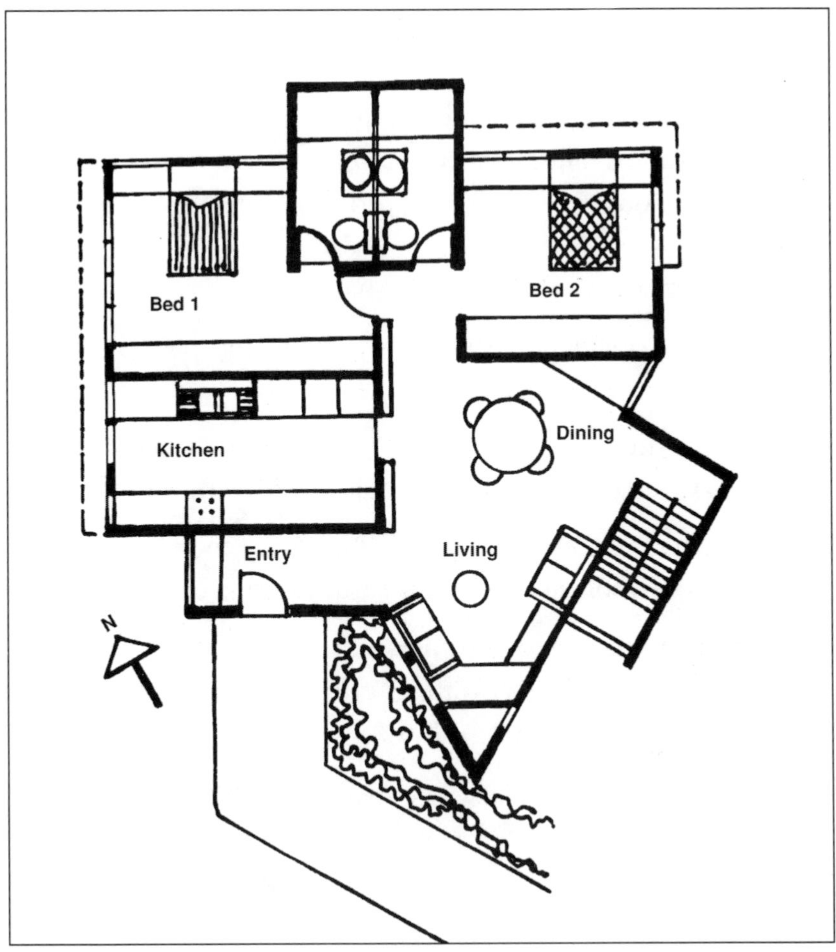

The front door was moved to the west (a Gold direction) and Mr C moved to sleep in the room located in the north. The colour scheme remains. The sharp corners of the living/dining areas are used as storage spaces.

Case Study 5

The apartment shown below belongs to Mr E, whose stem of day of birth is Wood. His business failed after he stayed in this apartment for a few years. The apartment was analysed and was found to be unsuitable for the following reasons:

(1) The living room is awkward in shape.

(2) The main door, which opens onto the living space, is in the west (the direction of Gold, which destroys Wood).

(3) Although the master bedroom is in the east (a beneficial direction), it has a white door. This is the colour of Gold, which destroys Wood.

(4) The kitchen is poorly planned—the sink is too far from the windows, the cooker is too near the sink, and there is insufficient work space.

(5) The fish tank is located in the south. An object associated with water is auspicious to him, as Water nourishes Wood, but it should not be located in the direction of Fire.

(6) The colour scheme is fine but the curtains are red, the colour of Fire.

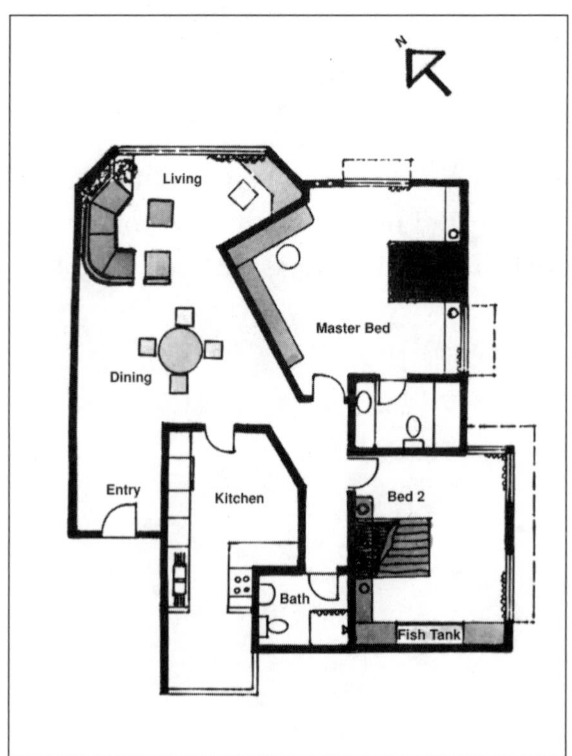

Alterations and changes were made to improve the apartment as shown in the drawing below.

(1) The shape of the living room is altered.

(2) The entry to the main door in the living space is adjusted to block the negative energy.

(3) The door of the master bedroom is in the east is repainted green.

(4) The kitchen is re-planned.

(5) The fish tank is relocated in the north, the direction of Water, which nourishes wood.

(6) The red curtains are replaced with green ones.

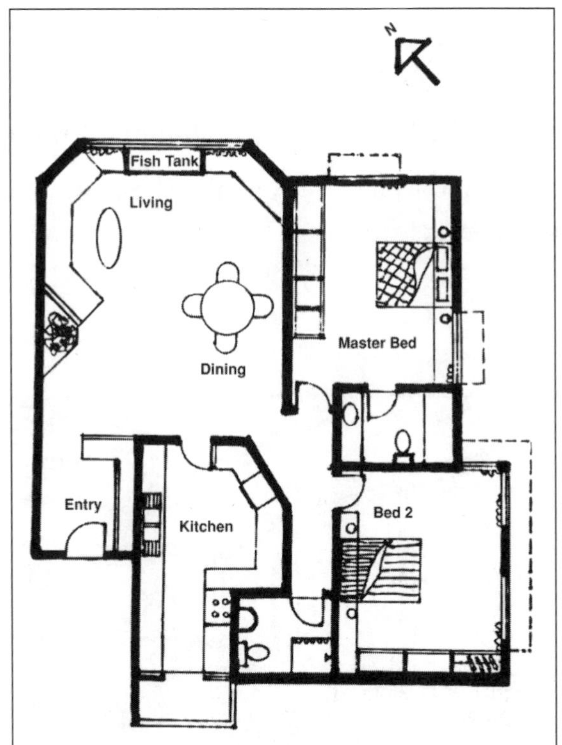

Case Study 6

The drawing below shows a restaurant belonging to Miss G, whose stem of day of birth is of Wood element. Her first five years of business were poor, so she consulted an expert when she decided to renovate it. The expert assessed her Pillars of Destiny and advised her to change the planning and colour scheme of the interior. The renovated restaurant is shown below and the changes made are as follows:

(1) The main door has been moved to the east, the direction of Wood.

(2) The natural lighting and view from the restaurant have been increased.

(3) The colour scheme has been changed from brownish-grey to light green, which is an auspicious colour for a person of Wood nature.

(4) The stove in the kitchen has been relocated to the east.

(5) The carpet on the floor has been changed from red to green.

(6) New seating in a wavelike design (the shape of water, which nourishes Wood) is introduced.

Case Study 7

The drawing below shows an apartment belonging to Miss J whose stem of day of birth is of Fire element. After she moved into the apartment she realised that her new residence was not favourable and she often found herself tired and short of breath. She consulted her physician and she recovered her energy, only to lose it within weeks. She had her apartment assessed by a consultant of the Pillars of Destiny. From the assessment of her Eight Characters she was advised to change the planning and colour scheme of the her apartment. The renovated apartment is shown below. The changes made are as follows:

(1) The colour of her bedroom was changed to a greenish tint with a couple of pink lines.

(2) The kitchen, which originally had little natural lighting and ventilation, was improved in these areas.

(3) The kitchen stove was shifted to the south, the direction of Fire.

(4) The fluid patterns on the wallpaper (representative of Water, which destroys Fire) are not favourable, so the wallpaper was replaced.

(5) The carpet on the floor was changed from grey to red.

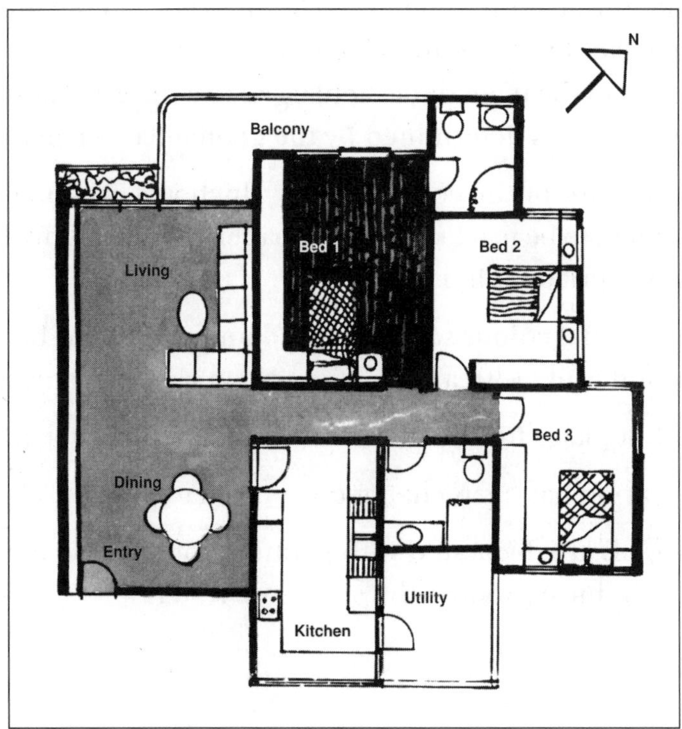

Case Study 8

The drawing below shows a coffee house belonging to Mrs H, whose stem of day of birth is of Water element. From the moment she started business she became quite sickly. The plan of the coffee house is shown below.

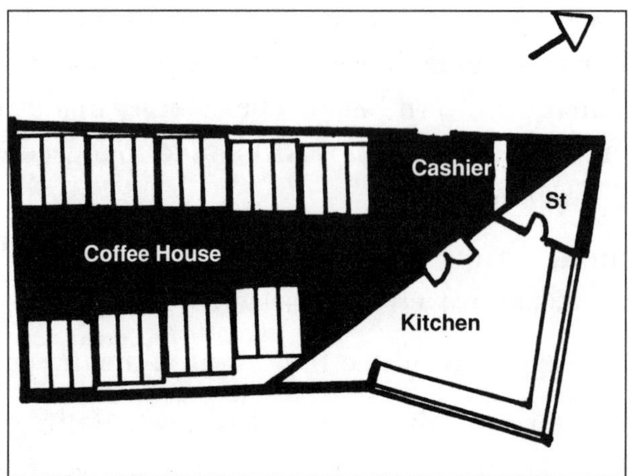

After some consultation with her uncle, an expert on the intangible aspect of design, she makes the following changes:

(1) The size of the main door is enlarged to a measurement of auspicious dimensions, as determined by the geomancer's ruler.

(2) The interior of the coffee house, which was originally triangular, is renovated to be in a fluid flowing pattern with seats made comfortable by appropriate upholstery.

(3) The original colour scheme of red and yellow has been changed to grey and white with a dash of green on ash trays and vases.

(4) The hot plates for the coffee are located in the north.

(5) The carpet has been changed from red to grey.

(6) The walls are decorated with paintings of bamboo and plum, which flourish during winter, the season of Water.

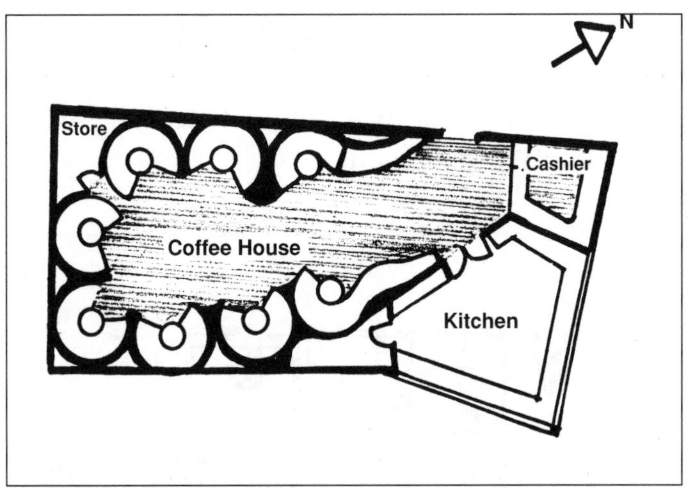

Case Study 9

Mr K is a person of Gold element. The house he has built was originally triangulated in the living and cooking spaces. Months after he moved into the house, his health became poor. He consulted a geomancer, who advised him to change the shape of his living and cooking area so that is would be in harmony with his Gold element. The revised floor plan is shown below.

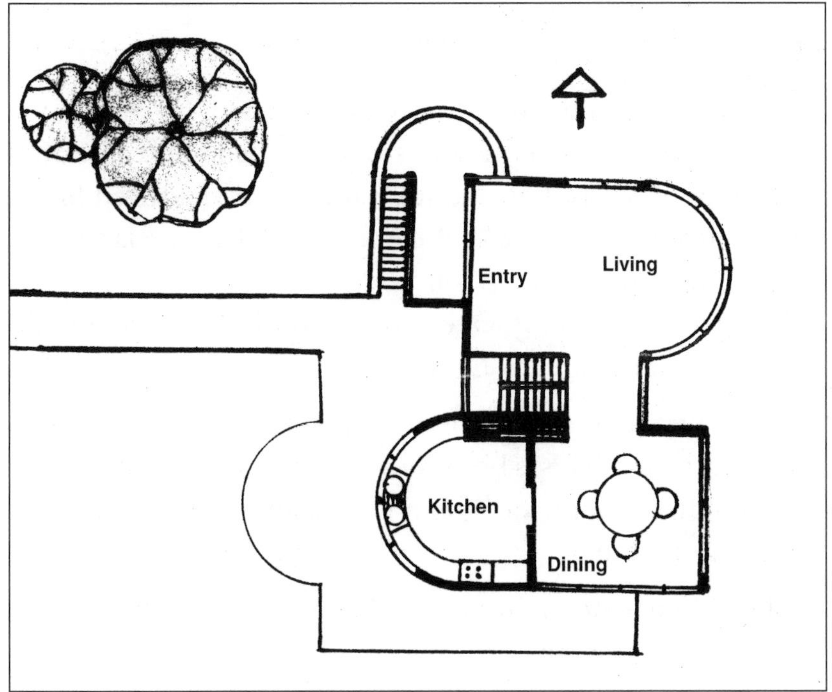

Case Study 10

The drawing below shows a courtyard house belonging to Mr I, whose stem of day of birth is of Earth element.

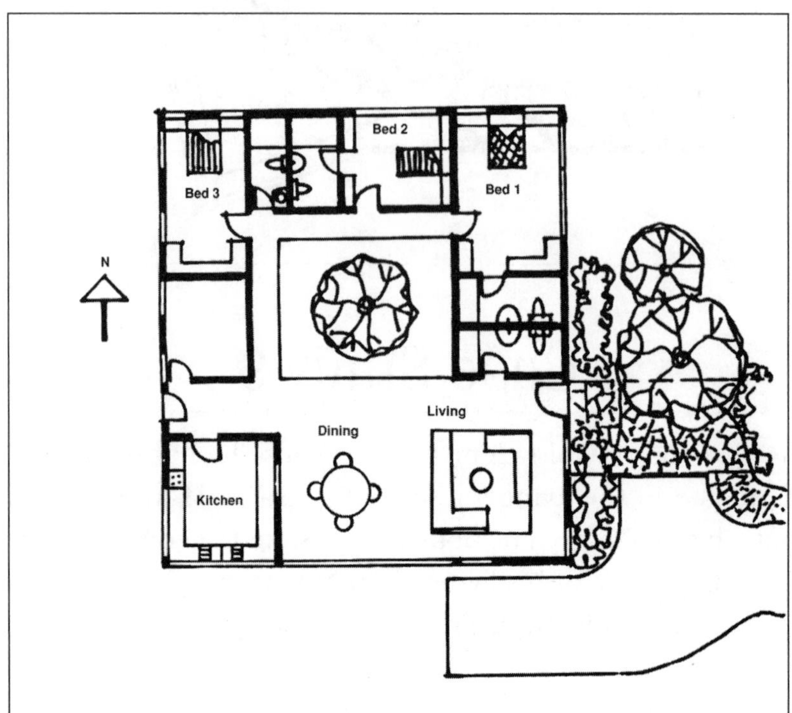

Since he moved into the new house he has had a car accident and lost a substantial sum in the share market. So he consulted an expert on the Pillars of Luck. The expert assessed his Eight Characters and advised him to change the planning and colour scheme of the house as well as the landscaping of the garden. The changes made are as follows:

(1) The main door is relocated to the south. South is the direction of Fire, which is beneficial to Earth.

(2) The central courtyard, originally planted with a huge tree, has been re-landscaped. This is because a tree in a central courtyard resembles the Chinese character 困 *kun* (口 = mouth, 木 = tree), which means "imprisonment".

(3) The colour scheme has been changed to light cream instead of its original light green.

(4) The stove in the kitchen is relocated to the south.

(5) The external landscaping is also improved by planting in appropriate locations.

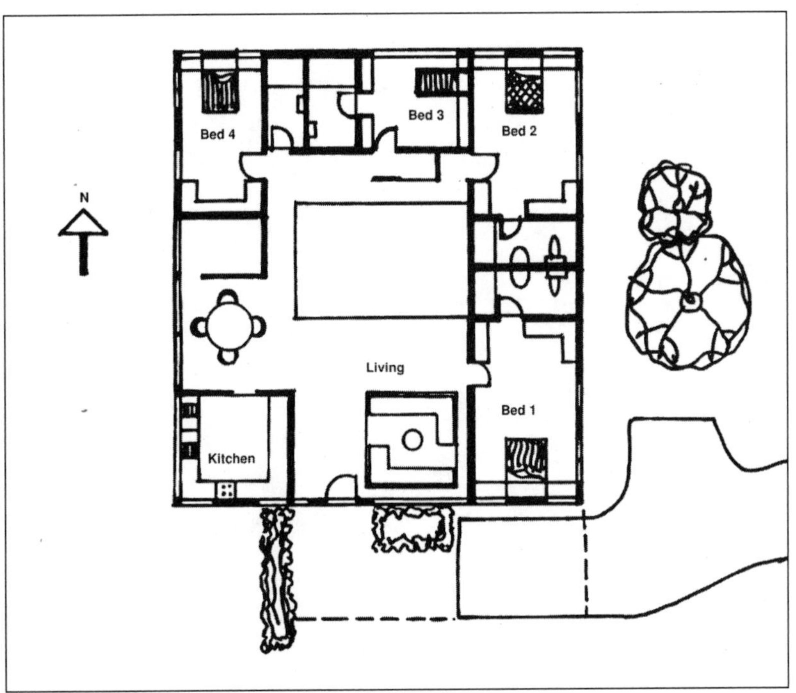

Case Study 11

Miss L opened a boutique three years ago. Her designer proposed a hi-tech theme with triangular panels for the display of her best clothes. At first business was extremely poor. She consulted an expert who analysed her Pillars of Destiny. She was told that her basic element was Water and that triangles represent Fire, which works against her Water element. Miss L has her interior designer change the design of her boutique to a flowing, intuitive and dynamic theme, and her business improved.

CHARTS

Chart 1 – Year of Birth

YEAR OF BIRTH	HOROSCOPES	BINOMIALS OF YEAR
from 24.1.36 to 10.2.37	Rat	丙子 *bing zi*
from 11.2.37 to 30.1.38	Ox	丁丑 *ding chou*
from 31.1.38 to 18.2.39	Tiger	戊寅 *wu yin*
from 19.2.39 to 7.2.40	Rabbit	己卯 *ji mao*
from 8.2.40 to 26.1.41	Dragon	庚辰 *geng chen*
from 27.1 41 to 14.2.42	Snake	辛巳 *xin si*
from 15.2.42 to 4.2.43	Horse	壬午 *ren wu*
from 5.2.43 to 24.1.44	Goat	癸未 *kui wei*
from 25.1.44 to 12.2.45	Monkey	甲申 *jia shen*
from 13.2.45 to 1.2.46	Rooster	乙酉 *yi you*
from 2.2.46 to 21.1.47	Dog	丙戌 *bing shu*
from 22.1.47 to 9.2.48	Pig	丁亥 *ding hai*
from 10.2.48 to 28.1 49	Rat	戊子 *wu zi*
from 29.1.49 to 16.2.50	Ox	己丑 *ji chou*
from 17.2.50 to 5.2.51	Tiger	庚寅 *geng yin*
from 6.2.51 to 26.1.52	Rabbit	辛卯 *xin mao*
from 27.1.52 to 13.2.53	Dragon	壬辰 *ren chen*
from 14.2.53 to 2.2.54	Snake	癸巳 *kui si*
from 3.2.54 to 23.1.55	Horse	甲午 *jia wu*
from 24.1.55 to 11.2.56	Goat	乙未 *yi wei*
from 12.2.56 to 30.1.57	Monkey	丙申 *bing shen*
from 31.1.57 to 17.2.58	Rooster	丁酉 *ding you*
from 18.2.58 to 7.2.59	Dog	戊戌 *wu shu*
from 8.2.59 to 27.1.60	Pig	己亥 *ji hai*
from 28.1.60 to 14.2.61	Rat	庚子 *geng zi*
from 15.2.61 to 4.2.62	Ox	辛丑 *xin chou*
from 5.2.62 to 24.1.63	Tiger	壬寅 *ren yin*
from 25.1.63 to 12.2.64	Rabbit	癸卯 *kui mao*
from 13.2.64 to 1.2.65	Dragon	甲辰 *jia chen*
from 2.2.65 to 20.1.66	Snake	乙巳 *yi si*
from 21.1.66 to 8.2.67	Horse	丙午 *bing wu*
from 9.2.67 to 29.1.68	Goat	丁未 *ding wei*

YEAR OF BIRTH	HOROSCOPES	BINOMIALS OF YEAR
from 30.1.68 to 16.2.69	Monkey	戊申 *wu shen*
from 17.2.69 to 5.2.70	Rooster	己酉 *ji you*
from 6.2.70 to 26.1.71	Dog	庚戌 *geng shu*
from 27.1.71 to 14.2.72	Pig	辛亥 *xin hai*
from 15.2.72 to 2.2.73	Rat	壬子 *ren zi*
from 3.2.73 to 22.1.74	Ox	癸丑 *kui chou*
from 23.1.74 to 10.2.75	Tiger	甲寅 *jia yin*
from 11.2.75 to 30.1.76	Rabbit	乙卯 *yi mao*
from 31.1.76 to 17.2.77	Dragon	丙辰 *bing chen*
from 18.2.77 to 6.2.78	Snake	丁巳 *ding si*
from 7.2.78 to 27.1.79	Horse	戊午 *wu wu*
from 28.1.79 to 15.2.80	Goat	己未 *ji wei*
from 16.2.80 to 4.2.81	Monkey	庚申 *geng shen*
from 5.2.81 to 24.1.82	Rooster	辛酉 *xin you*
from 25.1.82 to 12.2.83	Dog	壬戌 *ren shu*
from 13.2.83 to 1.2.84	Pig	癸亥 *kui hai*
from 2.2.84 to 19.2.85	Rat	甲子 *jia zi*
from 20.2.85 to 8.2.86	Ox	乙丑 *yi chou*
from 9.2.86 to 28.1.87	Tiger	丙寅 *bing yin*
from 29.1.87 to 16.2.88	Rabbit	丁卯 *ding mao*
from 17.2.88 to 5.2.89	Dragon	戊辰 *wu chen*
from 6.2.89 to 26.1.90	Snake	己巳 *ji si*
from 27.1.90 to 14.2.91	Horse	庚午 *geng wu*
from 15.2.91 to 3.2.92	Goat	辛未 *xin wei*
from 4.2.92 to 22.1.93	Monkey	壬申 *ren shen*
from 23.1.93 to 9.2.94	Rooster	癸酉 *kui you*
from 10.2.94 to 30.1.95	Dog	甲戌 *jia shu*
from 31.1.95 to 18.2.96	Pig	乙亥 *yi hai*
from 19.2.96 to 6.2.97	Rat	丙子 *bing zi*
from 7.2.97 to 27.1.98	Ox	丁丑 *ding chou*
from 28.1.98 to 15.2.99	Tiger	戊寅 *wu yin*
from 16.2.99 to 4.2.2000	Rabbit	己卯 *ji mao*

Chart 2 – Month of Birth

1936, 1941, 1946, 1951, 1956, 1961, 1966, 1971, 1976, 1981, 1986, 1991, 1996

LUNAR MONTH	BINOMIALS OF MONTH
1st	庚 寅 *geng yin*
2nd	辛 卯 *xin mao*
3rd	壬 辰 *ren chen*
4th	癸 巳 *kui si*
5th	甲 午 *jia wu*
6th	乙 未 *yi wei*
7th	丙 申 *bing shen*
8th	丁 酉 *ding you*
9th	戊 戌 *wu shu*
10th	己 亥 *ji hai*
11th	庚 子 *geng zi*
12th (falls in the next year)	辛 丑 *xin chou*

1937, 1942, 1947, 1952, 1957, 1962, 1967, 1972, 1977, 1982, 1987, 1992, 1997

LUNAR MONTH	BINOMIALS OF MONTH
1st	壬 寅 *ren yin*
2nd	癸 卯 *kui mao*
3rd	甲 辰 *jia chen*
4th	乙 巳 *yi si*
5th	丙 午 *bing wu*
6th	丁 未 *ding wei*
7th	戊 申 *wu shen*
8th	己 酉 *ji you*
9th	庚 戌 *geng shu*
10th	辛 亥 *xin hai*
11th	壬 子 *ren zi*
12th (falls in the next year)	癸 丑 *kui chou*

1938, 1943, 1948, 1953, 1958, 1963, 1968, 1973, 1978, 1983, 1988, 1993, 1998

LUNAR MONTH	BINOMIALS OF MONTH
1st	甲寅 *jia yin*
2nd	乙卯 *yi mao*
3rd	丙辰 *bing chen*
4th	丁巳 *ding si*
5th	戊午 *wu wu*
6th	己未 *ji wei*
7th	庚申 *geng shen*
8th	辛酉 *xin you*
9th	壬戌 *ren shu*
10th	癸亥 *kui hai*
11th	甲子 *jia zi*
12th (falls in the next year)	乙丑 *yi chou*

1939, 1944, 1949, 1954, 1959, 1964, 1969, 1974, 1979, 1984, 1994, 1999

LUNAR MONTH	BINOMIALS OF MONTH
1st	丙寅 *bing yin*
2nd	丁卯 *ding mao*
3rd	戊辰 *wu chen*
4th	己巳 *ji si*
5th	庚午 *geng wu*
6th	辛未 *xin wei*
7th	壬申 *ren shen*
8th	癸酉 *kui you*
9th	甲戌 *jia shu*
10th	乙亥 *yi hai*
11th	丙子 *bing zi*
12th (falls in the next year)	丁丑 *ding chou*

1940, 1945, 1950, 1955, 1960, 1965, 1970, 1975, 1980, 1985, 1990, 1995, 2000

LUNAR MONTH	BINOMIALS OF MONTH	
1st	戊寅	*wu yin*
2nd	己卯	*ji mao*
3rd	庚辰	*geng chen*
4th	辛巳	*xin si*
5th	壬午	*ren wu*
6th	癸未	*kui wei*
7th	甲申	*jia shen*
8th	乙酉	*yi you*
9th	丙戌	*bing shu*
10th	丁亥	*ding hai*
11th	戊子	*wu zi*
12th (falls in the next year)	己丑	*ji chou*

Chart 3 – Day of Birth

The chart on the next pages lists the binomials for every day from 1 January 1936 until 31 December 1999. To conserve space, the chart uses only the romanised (pinyin) names of the binomials. The Chinese characters for each Heavenly Stem (the first syllable) and Earthly Branch (the second syllable) are listed below.

Heavenly Stems:	**Earthly Branches:**
甲 *jia*	子 *zi*
乙 *yi*	丑 *chou*
丙 *bing*	寅 *yin*
丁 *ding*	卯 *mao*
午 *wu*	辰 *chen*
己 *ji*	巳 *si*
庚 *geng*	午 *wu*
辛 *xin*	未 *wei*
壬 *ren*	申 *shen*
葵 *kui*	酉 *you*
	戌 *shu*
	亥 *hai*

1936 YEAR OF THE RAT 丙子 *bing zi*

	JAN	FEB	MAR	APRIL	MAY	JUNE	JULY	AUG	SEPT	OCT	NOV	DEC
1	[Year of the Pig] ren wu	kui chou	ren wu	kui chou	kui wei	jia yin	jia shen	yi mao	bing shu	bing chen	ding hai	ding si
2	kui wei	jia yin	kui wei	jia yin	jia shen	yi mao	yi you	bing chen	ding hai	ding si	wu zi	wu wu
3	jia shen	yi mao	jia shen	yi mao	yi you	bing chen	bing shu	ding si	wu zi	wu wu	ji chou	ji wei
4	yi you	bing chen	yi you	bing chen	bing shu	ding si	ding hai	wu wu	ji chou	ji wei	geng yin	geng shen
5	bing shu	ding si	bing shu	ding si	ding hai	wu wu	wu zi	ji wei	geng yin	geng shen	xin mao	xin you
6	ding hai	wu wu	ding hai	wu wu	wu zi	ji wei	ji chou	geng shen	xin mao	xin you	ren chen	ren shu
7	wu zi	ji wei	wu zi	ji wei	ji chou	geng shen	geng yin	xin you	ren chen	ren shu	kui si	kui hai
8	ji chou	geng shen	ji chou	geng shen	geng yin	xin you	xin mao	ren shu	kui si	kui hai	jia wu	jia zi
9	geng yin	xin you	geng yin	xin you	xin mao	ren shu	ren chen	kui hai	jia wu	jia zi	yi wei	yi chou
10	xin mao	ren shu	xin mao	ren shu	ren chen	kui hai	kui si	jia zi	yi wei	yi chou	bing shen	bing yin
11	ren chen	kui hai	ren chen	kui hai	kui si	jia zi	jia wu	yi chou	bing shen	bing yin	ding you	ding mao
12	kui si	jia zi	kui si	jia zi	jia wu	yi chou	yi wei	bing yin	ding you	ding mao	wu shu	wu chen
13	jia wu	yi chou	jia wu	yi chou	yi wei	bing yin	bing shen	ding mao	wu shu	wu chen	ji hai	ji si
14	yi wei	bing yin	yi wei	bing yin	bing shen	ding mao	ding you	wu chen	ji hai	ji si	[10th] geng zi	[11th] geng wu
15	bing shen	ding mao	bing shen	ding mao	ding you	wu chen	wu shu	ji si	geng zi	[9th] geng wu	xin chou	xin wei
16	ding you	wu chen	ding you	wu chen	wu shu	ji si	ji hai	geng wu	[8th] xin chou	xin wei	ren yin	ren shen
17	wu shu	ji si	wu shu	ji si	ji hai	geng wu	geng zi	[7th] xin wei	ren yin	ren shen	kui mao	kui you
18	ji hai	geng wu	ji hai	geng wu	geng zi	xin wei	[6th] xin chou	ren shen	kui mao	kui you	jia chen	jia shu
19	geng zi	xin wei	geng zi	xin wei	xin chou	[5th] ren shen	ren yin	kui you	jia chen	jia shu	yi si	yi hai
20	xin chou	ren shen	xin chou	ren shen	ren yin	kui you	kui mao	jia shu	yi si	yi hai	bing wu	bing zi
21	ren yin	kui you	ren yin	[intercalary 3rd] kui you	[4th] kui mao	jia shu	jia chen	yi hai	bing wu	bing zi	ding wei	ding chou
22	kui mao	jia shu	kui mao	jia shu	jia chen	yi hai	yi si	bing zi	ding wei	ding chou	wu shen	wu yin
23	jia chen	[2nd] yi hai	[3rd] jia chen	yi hai	yi si	bing zi	bing wu	ding chou	wu shen	wu yin	ji you	ji mao
24	[1st month of Rat year] yi si	bing zi	yi si	bing zi	bing wu	ding chou	ding wei	wu yin	ji you	ji mao	geng shu	geng chen
25	bing wu	ding chou	bing wu	ding chou	ding wei	wu yin	wu shen	ji mao	geng shu	geng chen	xin hai	xin si
26	ding wei	wu yin	ding wei	wu yin	wu shen	ji mao	ji you	geng chen	xin hai	xin si	ren zi	ren wu
27	wu shen	ji mao	wu shen	ji mao	ji you	geng chen	geng shu	xin si	ren zi	ren wu	kui chou	kui wei
28	ji you	geng chen	ji you	geng chen	geng shu	xin si	xin hai	ren wu	kui chou	kui wei	jia yin	jia shen
29	geng shu	xin si	geng shu	xin si	xin hai	ren wu	ren zi	kui wei	jia yin	jia shen	yi mao	yi you
30	xin hai		xin hai	ren wu	ren zi	kui wei	kui chou	jia shen	yi mao	yi you	bing chen	bing shu
31	ren zi		ren zi		kui chou		jia yin	yi you		bing shu		ding hai

1937 YEAR OF THE OX 丁丑 *ding chou*

	JAN	FEB	MAR	APRIL	MAY	JUNE	JULY	AUG	SEPT	OCT	NOV	DEC
1	[11th] wu zi	ji wei	ding hai	wu wu	wu zi	ji wei	ji chou	geng shen	xin mao	xin you	ren chen	ren shu
2	ji chou	geng shen	wu zi	ji wei	ji chou	geng shen	geng yin	xin you	ren chen	ren shu	kui si	kui hai
3	geng yin	xin you	ji chou	geng shen	geng yin	xin you	xin mao	ren shu	kui si	kui hai	[10th] jia wu	[11th] jia zi
4	xin mao	ren shu	geng yin	xin you	xin mao	ren shu	ren chen	kui hai	jia wu	[9th] jia zi	yi wei	yi chou
5	ren chen	kui hai	xin mao	ren shu	ren chen	kui hai	kui si	jia zi	[8th] yi wei	yi chou	bing shen	bing yin
6	kui si	jia zi	ren chen	kui hai	kui si	jia zi	jia wu	[7th] yi chou	bing shen	bing yin	ding you	ding mao
7	jia wu	yi chou	kui si	jia zi	jia wu	yi chou	yi wei	bing yin	ding you	ding mao	wu shu	wu chen
8	yi wei	bing yin	jia wu	yi chou	yi wei	bing yin	[6th] bing shen	ding mao	wu shu	wu chen	ji hai	ji si
9	bing shen	ding mao	yi wei	bing yin	bing shen	[5th] ding mao	ding you	wu chen	ji hai	ji si	geng zi	geng wu
10	ding you	wu chen	bing shen	ding mao	[4th] ding you	wu chen	wu shu	ji si	geng zi	geng wu	xin chou	xin wei
11	wu shu	[1st month of Ox year] ji si	ding you	[3rd] wu chen	wu shu	ji si	ji hai	geng wu	xin chou	xin wei	ren yin	ren shen
12	[12th month of Rat year] ji hai	geng wu	wu shu	ji si	ji hai	geng wu	geng zi	xin wei	ren yin	ren shen	kui mao	kui you
13	geng zi	xin wei	[2nd] ji hai	geng wu	geng zi	xin wei	xin chou	ren shen	kui mao	kui you	jia chen	jia shu
14	xin chou	ren shen	geng zi	xin wei	xin chou	ren shen	ren yin	kui you	jia chen	jia shu	yi si	yi hai
15	ren yin	kui you	xin chou	ren shen	ren yin	kui you	kui mao	jia shu	yi si	yi hai	bing wu	bing zi
16	kui mao	jia shu	ren yin	kui you	kui mao	jia shu	jia chen	yi hai	bing wu	bing zi	ding wei	ding chou
17	jia chen	yi hai	kui mao	jia shu	jia chen	yi hai	yi si	bing zi	ding wei	ding chou	wu shen	wu yin
18	yi si	bing zi	jia chen	yi hai	yi si	bing zi	bing wu	ding chou	wu shen	wu yin	ji you	ji mao
19	bing wu	ding chou	yi si	bing zi	bing wu	ding chou	ding wei	wu yin	ji you	ji mao	geng shu	geng chen
20	ding wei	wu yin	bing wu	ding chou	ding wei	wu yin	wu shen	ji mao	geng shu	geng chen	xin hai	xin si
21	wu shen	ji mao	ding wei	wu yin	wu shen	ji mao	ji you	geng chen	xin hai	xin si	ren zi	ren wu
22	ji you	geng chen	wu shen	ji mao	ji you	geng chen	geng shu	xin si	ren zi	ren wu	kui chou	kui wei
23	geng shu	xin si	ji you	geng chen	geng shu	xin si	xin hai	ren wu	kui chou	kui wei	jia yin	jia shen
24	xin hai	ren wu	geng shu	xin si	xin hai	ren wu	ren zi	kui wei	jia yin	jia shen	yi mao	yi you
25	ren zi	kui wei	xin hai	ren wu	ren zi	kui wei	kui chou	jia shen	yi mao	yi you	bing chen	bing shu
26	kui chou	jia shen	ren zi	kui wei	kui chou	jia shen	jia yin	yi you	bing chen	bing shu	ding si	ding hai
27	jia yin	yi you	kui chou	jia shen	jia yin	yi you	yi mao	bing shu	ding si	ding hai	wu wu	wu zi
28	yi mao	bing shu	jia yin	yi you	yi mao	bing shu	bing chen	ding hai	wu wu	wu zi	ji wei	ji chou
29	bing chen		yi mao	bing shu	bing chen	ding hai	ding si	wu zi	ji wei	ji chou	geng shen	geng yin
30	ding si		bing chen	ding hai	ding si	wu zi	wu wu	ji chou	geng shen	geng yin	xin you	xin mao
31	wu wu		ding si		wu wu		ji wei	geng yin		xin mao		ren chen

1938 YEAR OF THE TIGER 戊寅 *ding chou*

	JAN	FEB	MAR	APRIL	MAY	JUNE	JULY	AUG	SEPT	OCT	NOV	DEC
1	kui si (12th month of Ox year)	jia zi (1st month of Tiger year)	ren chen	kui hai (3rd)	kui si	jia zi	jia wu	yi chou	bing shen	bing yin	ding you	ding mao
2	jia wu	yi chou	kui si (2nd)	jia zi	jia wu	yi chou	yi wei	bing yin	ding you	ding mao	wu shu	wu chen
3	yi wei	bing yin	jia wu	yi chou	yi wei	bing yin	bing shen	ding mao	wu shu	wu chen	ji hai	ji si
4	bing shen	ding mao	yi wei	bing yin	bing shen	ding mao	ding you	wu chen	ji hai	ji si	geng zi	geng wu
5	ding you	wu chen	bing shen	ding mao	ding you	wu chen	wu shu	ji si	geng zi	geng wu	xin chou	xin wei
6	wu shu	ji si	ding you	wu chen	wu shu	ji si	ji hai	geng wu	xin chou	xin wei	ren yin	ren shen
7	ji hai	geng wu	wu shu	ji si	ji hai	geng wu	geng zi	xin wei	ren yin	ren shen	kui mao	kui you
8	geng zi	xin wei	ji hai	geng wu	geng zi	xin wei	xin chou	ren shen	kui mao	kui you	jia chen	jia shu
9	xin chou	ren shen	geng zi	xin wei	xin chou	ren shen	ren yin	kui you	jia chen	jia shu	yi si	yi hai
10	ren yin	kui you	xin chou	ren shen	ren yin	kui you	kui mao	jia shu	yi si	yi hai	bing wu	bing zi
11	kui mao	jia shu	ren yin	kui you	kui mao	jia shu	jia chen	yi hai	bing wu	bing zi	ding wei	ding chou
12	jia chen	yi hai	kui mao	jia shu	jia chen	yi hai	yi si	bing zi	ding wei	ding chou	wu shen	wu yin
13	yi si	bing zi	jia chen	yi hai	yi si	bing zi	bing wu	ding chou	wu shen	wu yin	ji you	ji mao
14	bing wu	ding chou	yi si	bing zi	bing wu	ding chou	ding wei	wu yin	ji you	ji mao	geng shu	geng chen
15	ding wei	wu yin	bing wu	ding chou	ding wei	wu yin	wu shen	ji mao	geng shu	geng chen	xin hai	xin si
16	wu shen	ji mao	ding wei	wu yin	wu shen	ji mao	ji you	geng chen	xin hai	xin si	ren zi	ren wu
17	ji you	geng chen	wu shen	ji mao	ji you	geng chen	geng shu	xin si	ren zi	ren wu	kui chou	kui wei
18	geng shu	xin si	ji you	geng chen	geng shu	xin si	xin hai	ren wu	kui chou	kui wei	jia yin	jia shen
19	xin hai	ren wu	geng shu	xin si	xin hai	ren wu	ren zi	kui wei	jia yin	jia shen	yi mao	yi you
20	ren zi	kui wei	xin hai	ren wu	ren zi	kui wei	kui chou	jia shen	yi mao	yi you	bing chen	bing shu
21	kui chou	jia shen	ren zi	kui wei	kui chou	jia shen	jia yin	yi you	bing chen	bing shu	ding si	ding hai
22	jia yin	yi you	kui chou	jia shen	jia yin	yi you	yi mao	bing shu	ding si	ding hai	wu wu (10th)	wu zi (11th)
23	yi mao	bing shu	jia yin	yi you	yi mao	bing shu	bing chen	ding hai	wu wu	wu zi (9th)	ji wei	ji chou
24	bing chen	ding hai	yi mao	bing shu	bing chen	ding hai	ding si	wu zi	ji wei (8th)	ji chou	geng shen	geng yin
25	ding si	wu zi	bing chen	ding hai	ding si	wu zi	wu wu	ji chou (intercalary 7th)	geng shen	geng yin	xin you	xin mao
26	wu wu	ji chou	ding si	wu zi	wu wu	ji chou	ji wei	geng yin	xin you	xin mao	ren shu	ren chen
27	ji wei	geng yin	wu wu	ji chou	ji wei	geng yin	geng shen (7th)	xin mao	ren shu	ren chen	kui hai	kui si
28	geng shen	xin mao	ji wei	geng yin	geng shen	xin mao (6th)	xin you	ren chen	kui hai	kui si	jia zi	jia wu
29	xin you		geng shen	xin mao	xin you (5th)	ren chen	ren shu	kui si	jia zi	jia wu	yi chou	yi wei
30	ren shu		xin you	ren chen (4th)	ren shu	kui si	kui hai	jia wu	yi chou	yi wei	bing yin	bing shen
31	kui hai (1st)		ren shu		kui hai		jia zi	yi wei		bing shen		ding you

1939 YEAR OF THE RABBIT 己卯 *ji mao*

	JAN	FEB	MAR	APRIL	MAY	JUNE	JULY	AUG	SEPT	OCT	NOV	DEC
1	wu shu (11th)	ji si (12th month of Tiger year)	ding you	wu chen	wu shu	ji si	ji hai	geng wu	xin chou	xin wei	ren yin	ren shen
2	ji hai	geng wu	wu shu	ji si	ji hai	geng wu	geng zi	xin wei	ren yin	ren shen	kui mao	kui you
3	geng zi	xin wei	ji hai	geng wu	geng zi	xin wei	xin chou	ren shen	kui mao	kui you	jia chen	jia shu
4	xin chou	ren shen	geng zi	xin wei	xin chou	ren shen	ren yin	kui you	jia chen	jia shu	yi si	yi hai
5	ren yin	kui you	xin chou	ren shen	ren yin	kui you	kui mao	jia shu	yi si	yi hai	bing wu	bing zi
6	kui mao	jia shu	ren yin	kui you	kui mao	jia shu	jia chen	yi hai	bing wu	bing zi	ding wei	ding chou
7	jia chen	yi hai	kui mao	jia shu	jia chen	yi hai	yi si	bing zi	ding wei	ding chou	wu shen	wu yin
8	yi si	bing zi	jia chen	yi hai	yi si	bing zi	bing wu	ding chou	wu shen	wu yin	ji you	ji mao
9	bing wu	ding chou	yi si	bing zi	bing wu	ding chou	ding wei	wu yin	ji you	ji mao	geng shu	geng chen
10	ding wei	wu yin	bing wu	ding chou	ding wei	wu yin	wu shen	ji mao	geng shu	geng chen	xin hai	xin si
11	wu shen	ji mao	ding wei	wu yin	wu shen	ji mao	ji you	geng chen	xin hai	xin si	ren zi (10th)	ren wu (11th)
12	ji you	geng chen	wu shen	ji mao	ji you	geng chen	geng shu	xin si	ren zi	ren wu	kui chou	kui wei
13	geng shu	xin si	ji you	geng chen	geng shu	xin si	xin hai	ren wu	kui chou (8th)	kui wei (9th)	jia yin	jia shen
14	xin hai	ren wu	geng shu	xin si	xin hai	ren wu	ren zi	kui wei	jia yin	jia shen	yi mao	yi you
15	ren zi	kui wei	xin hai	ren wu	ren zi	kui wei	kui chou	jia shen (7th)	yi mao	yi you	bing chen	bing shu
16	kui chou	jia shen	ren zi	kui wei	kui chou	jia shen	jia yin	yi you	bing chen	bing shu	ding si	ding hai
17	jia yin	yi you	kui chou	jia shen	jia yin	yi you (5th)	yi mao (6th)	bing shu	ding si	ding hai	wu wu	wu zi
18	yi mao	bing shu	jia yin	yi you	yi mao	bing shu	bing chen	ding hai	wu wu	wu zi	ji wei	ji chou
19	bing chen	ding hai (1st month of Rabbit year)	yi mao	bing shu	bing chen (4th)	ding hai	ding si	wu zi	ji wei	ji chou	geng shen	geng yin
20	ding si (12th)	wu zi	bing chen	ding hai (3rd)	ding si	wu zi	wu wu	ji chou	geng shen	geng yin	xin you	xin mao
21	wu wu	ji chou	ding si (2nd)	wu zi	wu wu	ji chou	ji wei	geng yin	xin you	xin mao	ren shu	ren chen
22	ji wei	geng yin	wu wu	ji chou	ji wei	geng yin	geng shen	xin mao	ren shu	ren chen	kui hai	kui si
23	geng shen	xin mao	ji wei	geng yin	geng shen	xin mao	xin you	ren chen	kui hai	kui si	jia zi	jia wu
24	xin you	ren chen	geng shen	xin mao	xin you	ren chen	ren shu	kui si	jia zi	jia wu	yi chou	yi wei
25	ren shu	kui si	xin you	ren chen	ren shu	kui si	kui hai	jia wu	yi chou	yi wei	bing yin	bing shen
26	kui hai	jia wu	ren shu	kui si	kui hai	jia wu	jia zi	yi wei	bing yin	bing shen	ding mao	ding you
27	jia zi	yi wei	kui hai	jia wu	jia zi	yi wei	yi chou	bing shen	ding mao	ding you	wu chen	wu shu
28	yi chou	bing shen	jia zi	yi wei	yi chou	bing shen	bing yin	ding you	wu chen	wu shu	ji si	ji hai
29	bing yin		yi chou	bing shen	bing yin	ding you	ding mao	wu shu	ji si	ji hai	geng wu	geng zi
30	ding mao		bing yin	ding you	ding mao	wu shu	wu chen	ji hai	geng wu	geng zi	xin wei	xin chou
31	wu chen		ding mao		wu chen		ji si	geng zi		xin chou		ren yin

1940 YEAR OF THE DRAGON 庚辰 *geng chen*

	JAN	FEB	MAR	APRIL	MAY	JUNE	JULY	AUG	SEPT	OCT	NOV	DEC
1	kui mao	jia shu	kui mao	jia shu	jia chen	yi hai	yi si	bing zi	ding wei	ding chou	wu shen	wu yin
2	jia chen	yi hai	jia chen	yi hai	yi si	bing zi	bing wu	ding chou	wu shen	wu yin	ji you	ji mao
3	yi si	bing zi	yi si	bing zi	bing wu	ding chou	ding wei	wu yin	ji you	ji mao	geng shu	geng chen
4	bing wu	ding chou	bing wu	ding chou	ding wei	wu yin	wu shen	ji mao	geng shu	geng chen	xin hai	xin si
5	ding wei	wu yin	ding wei	wu yin	wu shen	ji mao	ji you	geng chen	xin hai	xin si	ren zi	ren wu
6	wu shen	ji mao	wu shen	ji mao	ji you	geng chen	geng shu	xin si	ren zi	ren wu	kui chou	kui wei
7	ji you	geng chen	ji you	geng chen	geng shu	xin si	xin hai	ren wu	kui chou	kui wei	jia yin	jia shen
8	geng shu	xin si	geng shu	xin si	xin hai	ren wu	ren zi	kui wei	jia yin	jia shen	yi mao	yi you
9	xin hai	ren wu	xin hai	ren wu	ren zi	kui wei	kui chou	jia shen	yi mao	yi you	bing chen	bing shu
10	ren zi	kui wei	ren zi	kui wei	kui chou	jia shen	jia yin	yi you	bing chen	bing shu	ding si	ding hai
11	kui chou	jia shen	kui chou	jia shen	jia yin	yi you	yi mao	bing shu	ding si	ding hai	wu wu	wu zi
12	jia yin	yi you	jia yin	yi you	yi mao	bing shu	bing chen	ding hai	wu wu	wu zi	ji wei	ji chou
13	yi mao	bing shu	yi mao	bing shu	bing chen	ding hai	ding si	wu zi	ji wei	ji chou	geng shen	geng yin
14	bing chen	ding hai	bing chen	ding hai	ding si	wu zi	wu wu	ji chou	geng shen	geng yin	xin you	xin mao
15	ding si	wu zi	ding si	wu zi	wu wu	ji chou	ji wei	geng yin	xin you	xin mao	ren shu	ren chen
16	wu wu	ji chou	wu wu	ji chou	ji wei	geng yin	geng shen	xin mao	ren shu	ren chen	kui hai	kui si
17	ji wei	geng yin	ji wei	geng yin	geng shen	xin mao	xin you	ren chen	kui hai	kui si	jia zi	jia wu
18	geng shen	xin mao	geng shen	xin mao	xin you	ren chen	ren shu	kui si	jia zi	jia wu	yi chou	yi wei
19	xin you	ren chen	xin you	ren chen	ren shu	kui si	kui hai	jia wu	yi chou	yi wei	bing yin	bing shen
20	ren shu	kui si	ren shu	kui si	kui hai	jia wu	jia zi	yi wei	bing yin	bing shen	ding mao	ding you
21	kui hai	jia wu	kui hai	jia wu	jia zi	yi wei	yi chou	bing shen	ding mao	ding you	wu chen	wu shu
22	jia zi	yi wei	jia zi	yi wei	yi chou	bing shen	bing yin	ding you	wu chen	wu shu	ji si	ji hai
23	yi chou	bing shen	yi chou	bing shen	bing yin	ding you	ding mao	wu shu	ji si	ji hai	geng wu	geng zi
24	bing yin	ding you	bing yin	ding you	ding mao	wu shu	wu chen	ji hai	geng wu	geng zi	xin wei	xin chou
25	ding mao	wu shu	ding mao	wu shu	wu chen	ji hai	ji si	geng zi	xin wei	xin chou	ren shen	ren yin
26	wu chen	ji hai	wu chen	ji hai	ji si	geng zi	geng wu	xin chou	ren shen	ren yin	kui you	kui mao
27	ji si	geng zi	ji si	geng zi	geng wu	xin chou	xin wei	ren yin	kui you	kui mao	jia shu	jia chen
28	geng wu	xin chou	geng wu	xin chou	xin wei	ren yin	ren shen	kui mao	jia shu	jia chen	yi hai	yi si
29	xin wei	ren yin	xin wei	ren yin	ren shen	kui mao	kui you	jia chen	yi hai	yi si	bing zi	bing wu
30	ren shen		ren shen	kui mao	kui you	jia chen	jia shu	yi si	bing zi	bing wu	ding chou	ding wei
31	kui you		kui you		jia shu		yi hai	bing wu		ding wei		wu shen

Lunar month markers: JAN 11th (1–8), 12th month of Rabbit year (from 9); FEB 1st month of Dragon year (from 8); MAR 2nd (from 9); APRIL 3rd (from 8); MAY 4th (from 7); JUNE 5th (from 6); JULY 6th (from 5); AUG 7th (from 4); SEPT 8th (from 2); OCT 9th (from 1), 10th (from 31); NOV 11th (from 29); DEC 12th (from 29).

1941 YEAR OF THE SNAKE 辛巳 *xin si*

	JAN	FEB	MAR	APRIL	MAY	JUNE	JULY	AUG	SEPT	OCT	NOV	DEC
1	ji you	geng chen	wu shen	ji mao	ji you	geng chen	geng shu	xin si	ren zi	ren wu	kui chou	kui wei
2	geng shu	xin si	ji you	geng chen	geng shu	xin si	xin hai	ren wu	kui chou	kui wei	jia yin	jia shen
3	xin hai	ren wu	geng shu	xin si	xin hai	ren wu	ren zi	kui wei	jia yin	jia shen	yi mao	yi you
4	ren zi	kui wei	xin hai	ren wu	ren zi	kui wei	kui chou	jia shen	yi mao	yi you	bing chen	bing shu
5	kui chou	jia shen	ren zi	kui wei	kui chou	jia shen	jia yin	yi you	bing chen	bing shu	ding si	ding hai
6	jia yin	yi you	kui chou	jia shen	jia yin	yi you	yi mao	bing shu	ding si	ding hai	wu wu	wu zi
7	yi mao	bing shu	jia yin	yi you	yi mao	bing shu	bing chen	ding hai	wu wu	wu zi	ji wei	ji chou
8	bing chen	ding hai	yi mao	bing shu	bing chen	ding hai	ding si	wu zi	ji wei	ji chou	geng shen	geng yin
9	ding si	wu zi	bing chen	ding hai	ding si	wu zi	wu wu	ji chou	geng shen	geng yin	xin you	xin mao
10	wu wu	ji chou	ding si	wu zi	wu wu	ji chou	ji wei	geng yin	xin you	xin mao	ren shu	ren chen
11	ji wei	geng yin	wu wu	ji chou	ji wei	geng yin	geng shen	xin mao	ren shu	ren chen	kui hai	kui si
12	geng shen	xin mao	ji wei	geng yin	geng shen	xin mao	xin you	ren chen	kui hai	kui si	jia zi	jia wu
13	xin you	ren chen	geng shen	xin mao	xin you	ren chen	ren shu	kui si	jia zi	jia wu	yi chou	yi wei
14	ren shu	kui si	xin you	ren chen	ren shu	kui si	kui hai	jia wu	yi chou	yi wei	bing yin	bing shen
15	kui hai	jia wu	ren shu	kui si	kui hai	jia wu	jia zi	yi wei	bing yin	bing shen	ding mao	ding you
16	jia zi	yi wei	kui hai	jia wu	jia zi	yi wei	yi chou	bing shen	ding mao	ding you	wu chen	wu shu
17	yi chou	bing shen	jia zi	yi wei	yi chou	bing shen	bing yin	ding you	wu chen	wu shu	ji si	ji hai
18	bing yin	ding you	yi chou	bing shen	bing yin	ding you	ding mao	wu shu	ji si	ji hai	geng wu	geng zi
19	ding mao	wu shu	bing yin	ding you	ding mao	wu shu	wu chen	ji hai	geng wu	geng zi	xin wei	xin chou
20	wu chen	ji hai	ding mao	wu shu	wu chen	ji hai	ji si	geng zi	xin wei	xin chou	ren shen	ren yin
21	ji si	geng zi	wu chen	ji hai	ji si	geng zi	geng wu	xin chou	ren shen	ren yin	kui you	kui mao
22	geng wu	xin chou	ji si	geng zi	geng wu	xin chou	xin wei	ren yin	kui you	kui mao	jia shu	jia chen
23	xin wei	ren yin	geng wu	xin chou	xin wei	ren yin	ren shen	kui mao	jia shu	jia chen	yi hai	yi si
24	ren shen	kui mao	xin wei	ren yin	ren shen	kui mao	kui you	jia chen	yi hai	yi si	bing zi	bing wu
25	kui you	jia chen	ren shen	kui mao	kui you	jia chen	jia shu	yi si	bing zi	bing wu	ding chou	ding wei
26	jia shu	yi si	kui you	jia chen	jia shu	yi si	yi hai	bing wu	ding chou	ding wei	wu yin	wu shen
27	yi hai	bing wu	jia shu	yi si	yi hai	bing wu	bing zi	ding wei	wu yin	wu shen	ji mao	ji you
28	bing zi	ding wei	yi hai	bing wu	bing zi	ding wei	ding chou	wu shen	ji mao	ji you	geng chen	geng shu
29	ding chou		bing zi	ding wei	ding chou	wu shen	wu yin	ji you	geng chen	geng shu	xin si	xin hai
30	wu yin		ding chou	wu shen	wu yin	ji you	ji mao	geng shu	xin si	xin hai	ren wu	ren zi
31	ji mao		wu yin		ji mao		geng chen	xin hai		ren zi		kui chou

Lunar month markers: JAN 12th month of Dragon year (1–26), 1st (from 27); FEB 1st month of Snake year (1–25), 2nd (from 26); MAR 3rd (from 28); APRIL 4th (from 26); MAY 5th (from 25); JUNE 6th (from 25); JULY intercalary 6th (from 24); AUG 7th (from 23); SEPT 8th (from 21); OCT 9th (from 20); NOV 10th (from 19); DEC 11th (from 18).

1942 YEAR OF THE HORSE 壬午 *ren wu*

	JAN	FEB	MAR	APRIL	MAY	JUNE	JULY	AUG	SEPT	OCT	NOV	DEC
1	jia yin	yi you	kui chou	jia shen	jia yin	yi you	yi mao	bing shu	ding si	ding hai	wu wu	wu zi
2	yi mao	bing shu	jia yin	yi you	yi mao	bing shu	bing chen	ding hai	wu wu	wu zi	ji wei	ji chou
3	bing chen	ding hai	yi mao	bing shu	bing chen	ding hai	ding si	wu zi	ji wei	ji chou	geng shen	geng yin
4	ding si	wu zi	bing chen	ding hai	ding si	wu zi	wu wu	ji chou	geng shen	geng yin	xin you	xin mao
5	wu wu	ji chou	ding si	wu zi	wu wu	ji chou	ji wei	geng yin	xin you	xin mao	ren shu	ren chen
6	ji wei	geng yin	wu wu	ji chou	ji wei	geng yin	geng shen	xin mao	ren shu	ren chen	kui hai	kui si
7	geng shen	xin mao	ji wei	geng yin	geng shen	xin mao	xin you	ren chen	kui hai	kui si	jia zi	jia wu
8	xin you	ren chen	geng shen	xin mao	xin you	ren chen	ren shu	kui si	jia zi	jia wu	**10th** yi chou	**11th** yi wei
9	ren shu	kui si	xin you	ren chen	ren shu	kui si	kui hai	jia wu	yi chou	yi wei	bing yin	bing shen
10	kui hai	jia wu	ren shu	kui si	kui hai	jia wu	jia zi	yi wei	**8th** bing yin	**9th** bing shen	ding mao	ding you
11	jia zi	yi wei	kui hai	jia wu	jia zi	yi wei	yi chou	bing shen	ding mao	ding you	wu chen	wu shu
12	yi chou	bing shen	jia zi	yi wei	yi chou	bing shen	bing yin	**7th** ding you	wu chen	wu shu	ji si	ji hai
13	bing yin	ding you	yi chou	bing shen	bing yin	ding you	**6th** ding mao	wu shu	ji si	ji hai	geng wu	geng zi
14	ding mao	wu shu	bing yin	ding you	ding mao	**5th** wu shu	wu chen	ji hai	geng wu	geng zi	xin wei	xin chou
15	**11th** wu chen	**1st month of Horse year** ji hai	ding mao	**3rd** wu shu	**4th** wu chen	ji hai	ji si	geng zi	xin wei	xin chou	ren shen	ren yin
16	ji si	geng zi	wu chen	ji hai	ji si	geng zi	geng wu	xin chou	ren shen	ren yin	kui you	kui mao
17	**12th month of Snake year** geng wu	xin chou	**2nd** ji si	geng zi	geng wu	xin chou	xin wei	ren yin	kui you	kui mao	jia shu	jia chen
18	xin wei	ren yin	geng wu	xin chou	xin wei	ren yin	ren shen	kui mao	jia shu	jia chen	yi hai	yi si
19	ren shen	kui mao	xin wei	ren yin	ren shen	kui mao	kui you	jia chen	yi hai	yi si	bing zi	bing wu
20	kui you	jia chen	ren shen	kui mao	kui you	jia chen	jia shu	yi si	bing zi	bing wu	ding chou	ding wei
21	jia shu	yi si	kui you	jia chen	jia shu	yi si	yi hai	bing wu	ding chou	ding wei	wu yin	wu shen
22	yi hai	bing wu	jia shu	yi si	yi hai	bing wu	bing zi	ding wei	wu yin	wu shen	ji mao	ji you
23	bing zi	ding wei	yi hai	bing wu	bing zi	ding wei	ding chou	wu shen	ji mao	ji you	geng chen	geng shu
24	ding chou	wu shen	bing zi	ding wei	ding chou	wu shen	wu yin	ji you	geng chen	geng shu	xin si	xin hai
25	wu yin	ji you	ding chou	wu shen	wu yin	ji you	ji mao	geng shu	xin si	xin hai	ren wu	ren zi
26	ji mao	geng shu	wu yin	ji you	ji mao	geng shu	geng chen	xin hai	ren wu	ren zi	kui wei	kui chou
27	geng chen	xin hai	ji mao	geng shu	geng chen	xin hai	xin si	ren zi	kui wei	kui chou	jia shen	jia yin
28	xin si	ren zi	geng chen	xin hai	xin si	ren zi	ren wu	kui chou	jia shen	jia yin	yi you	yi mao
29	ren wu		xin si	ren zi	ren wu	kui chou	kui wei	jia yin	yi you	yi mao	bing shu	bing chen
30	kui wei		ren wu	kui chou	kui wei	jia yin	jia shen	yi mao	bing shu	bing chen	ding hai	ding si
31	jia shen		kui wei		jia shen		yi you	bing chen		ding si		wu wu

1943 YEAR OF THE GOAT 癸未 *kui wei*

	JAN	FEB	MAR	APRIL	MAY	JUNE	JULY	AUG	SEPT	OCT	NOV	DEC
1	ji wei	geng yin	wu wu	ji chou	ji wei	geng yin	geng shen	**7th** xin mao	ren shu	ren chen	kui hai	kui si
2	geng shen	xin mao	ji wei	geng yin	geng shen	xin mao	**6th** xin you	ren chen	kui hai	kui si	jia zi	jia wu
3	xin you	ren chen	geng shen	xin mao	xin you	**5th** ren chen	ren shu	kui si	jia zi	jia wu	yi chou	yi wei
4	ren shu	kui si	xin you	ren chen	ren shu	kui si	kui hai	jia wu	yi chou	yi wei	bing yin	bing shen
5	kui hai	**1st month of Goat year** jia wu	ren shu	**3rd** kui si	**4th** kui hai	jia wu	jia zi	yi wei	bing yin	bing shen	ding mao	ding you
6	**12th month of Horse year** jia zi	yi wei	**2nd** kui hai	jia wu	jia zi	yi wei	yi chou	bing shen	ding mao	ding you	wu chen	wu shu
7	yi chou	bing shen	jia zi	yi wei	yi chou	bing shen	bing yin	ding you	wu chen	wu shu	ji si	ji hai
8	bing yin	ding you	yi chou	bing shen	bing yin	ding you	ding mao	wu shu	ji hai		geng wu	geng zi
9	ding mao	wu shu	bing yin	ding you	ding mao	wu shu	wu chen	ji hai	geng wu	geng zi	xin wei	xin chou
10	wu chen	ji hai	ding mao	wu shu	wu chen	ji hai	ji si	geng zi	xin wei	xin chou	ren shen	ren yin
11	ji si	geng zi	wu chen	ji hai	ji si	geng zi	geng wu	xin chou	ren shen	ren yin	kui you	kui mao
12	geng wu	xin chou	ji si	geng zi	geng wu	xin chou	xin wei	ren yin	kui you	kui mao	jia shu	jia chen
13	xin wei	ren yin	geng wu	xin chou	xin wei	ren yin	ren shen	kui mao	jia shu	jia chen	yi hai	yi si
14	ren shen	kui mao	xin wei	ren yin	ren shen	kui mao	kui you	jia chen	yi hai	yi si	bing zi	bing wu
15	kui you	jia chen	ren shen	kui mao	kui you	jia chen	jia shu	yi si	bing zi	bing wu	ding chou	ding wei
16	jia shu	yi si	kui you	jia chen	jia shu	yi si	yi hai	bing wu	ding chou	ding wei	wu yin	wu shen
17	yi hai	bing wu	jia shu	yi si	yi hai	bing wu	bing zi	ding wei	wu yin	wu shen	ji mao	ji you
18	bing zi	ding wei	yi hai	bing wu	bing zi	ding wei	ding chou	wu shen	ji mao	ji you	geng chen	geng shu
19	ding chou	wu shen	bing zi	ding wei	ding chou	wu shen	wu yin	ji you	geng chen	geng shu	xin si	xin hai
20	wu yin	ji you	ding chou	wu shen	wu yin	ji you	ji mao	geng shu	xin si	xin hai	ren wu	ren zi
21	ji mao	geng shu	wu yin	ji you	ji mao	geng shu	geng chen	xin hai	ren wu	ren zi	kui wei	kui chou
22	geng chen	xin hai	ji mao	geng shu	geng chen	xin hai	xin si	ren zi	kui wei	kui chou	jia shen	jia yin
23	xin si	ren zi	geng chen	xin hai	xin si	ren zi	ren wu	kui chou	jia shen	jia yin	yi you	yi mao
24	ren wu	kui chou	xin si	ren zi	ren wu	kui chou	kui wei	jia yin	yi you	yi mao	bing shu	bing chen
25	kui wei	jia yin	ren wu	kui chou	kui wei	jia yin	jia shen	yi mao	bing shu	bing chen	ding hai	ding si
26	jia shen	yi mao	kui wei	jia yin	jia shen	yi mao	yi you	bing chen	ding hai	ding si	wu zi	wu wu
27	yi you	bing chen	jia shen	yi mao	yi you	bing chen	bing shu	ding si	wu zi	wu wu	**11th** ji chou	**12th** ji wei
28	bing shu	ding si	yi you	bing chen	bing shu	ding si	ding hai	wu wu	ji chou	ji wei	geng yin	geng shen
29	ding hai		bing shu	ding si	ding hai	wu wu	wu zi	ji wei	**9th** geng yin	**10th** geng shen	xin mao	xin you
30	wu zi		ding hai	wu wu	wu zi	ji wei	ji chou	geng shen	xin mao	xin you	ren chen	ren shu
31	ji chou		wu zi		ji chou		geng yin	**8th** xin you		ren shu		kui hai

1944 YEAR OF THE MONKEY 甲申 *jia shen*

	JAN	FEB	MAR	APRIL	MAY	JUNE	JULY	AUG	SEPT	OCT	NOV	DEC
1	jia zi (12th month of Goat year)	yi wei (1st month of Monkey year)	jia zi	yi wei	yi chou	bing shen	bing yin	ding you	wu chen	wu shu	ji si	ji hai
2	yi chou	bing shen	yi chou	bing shen	bing yin	ding you	ding mao	wu shu	ji si	ji hai	geng wu	geng zi
3	bing yin	ding you	bing yin	ding you	ding mao	wu shu	wu chen	ji hai	geng wu	geng zi	xin wei	xin chou
4	ding mao	wu shu	ding mao	wu shu	wu chen	ji hai	ji si	geng zi	xin wei	xin chou	ren shen	ren yin
5	wu chen	ji hai	wu chen	ji hai	ji si	geng zi	geng wu	xin chou	ren shen	ren yin	kui you	kui mao
6	ji si	geng zi	ji si	geng zi	geng wu	xin chou	xin wei	ren yin	kui you	kui mao	jia shu	jia chen
7	geng wu	xin chou	geng wu	xin chou	xin wei	ren yin	ren shen	kui mao	jia shu	jia chen	yi hai	yi si
8	xin wei	ren yin	xin wei	ren yin	ren shen	kui mao	kui you	jia chen	yi hai	yi si	bing zi	bing wu
9	ren shen	kui mao	ren shen	kui mao	kui you	jia chen	jia shu	yi si	bing zi	bing wu	ding chou	ding wei
10	kui you	jia chen	kui you	jia chen	jia shu	yi si	yi hai	bing wu	ding chou	ding wei	wu yin	wu shen
11	jia shu	yi si	jia shu	yi si	yi hai	bing wu	bing zi	ding wei	wu yin	wu shen	ji mao	ji you
12	yi hai	bing wu	yi hai	bing wu	bing zi	ding wei	ding chou	wu shen	ji mao	ji you	geng chen	geng shu
13	bing zi	ding wei	bing zi	ding wei	ding chou	wu shen	wu yin	ji you	geng chen	geng shu	xin si	xin hai
14	ding chou	wu shen	ding chou	wu shen	wu yin	ji you	ji mao	geng shu	xin si	xin hai	ren wu	ren zi
15	wu yin	ji you	wu yin	ji you	ji mao	geng shu	geng chen	xin hai	ren wu	ren zi	kui wei	kui chou (11th)
16	ji mao	geng shu	ji mao	geng shu	geng chen	xin hai	xin si	ren zi	kui wei	kui chou	jia shen (10th)	jia yin
17	geng chen	xin hai	geng chen	xin hai	xin si	ren zi	ren wu	kui chou	jia shen (8th)	jia yin (9th)	yi you	yi mao
18	xin si	ren zi	xin si	ren zi	ren wu	kui chou	kui wei	jia yin	yi you	yi mao	bing shu	bing chen
19	ren wu	kui chou	ren wu	kui chou	kui wei	jia yin	jia shen	yi mao (7th)	bing shu	bing chen	ding hai	ding si
20	kui wei	jia yin	kui wei	jia yin	jia shen	yi mao	yi you (6th)	bing chen	ding hai	ding si	wu zi	wu wu
21	jia shen	yi mao	jia shen	yi mao	yi you	bing chen (5th)	bing shu	ding si	wu zi	wu wu	ji chou	ji wei
22	yi you	bing chen	yi you	bing chen	bing shu (intercalary 4th)	ding si	ding hai	wu wu	ji chou	ji wei	geng yin	geng shen
23	bing shu	ding si	bing shu	ding si (4th)	ding hai	wu wu	wu zi	ji wei	geng yin	geng shen	xin mao	xin you ,
24	ding hai	wu wu (2nd)	ding hai (3rd)	wu wu	wu zi	ji wei	ji chou	geng shen	xin mao	xin you	ren chen	ren shu
25	wu zi (1st)	ji wei	wu zi	ji wei	ji chou	geng shen	geng yin	xin you	ren chen	ren shu	kui si	kui hai
26	ji chou	geng shen	ji chou	geng shen	geng yin	xin you	xin mao	ren shu	kui si	kui hai	jia wu	jia zi
27	geng yin	xin you	geng yin	xin you	xin mao	ren shu	ren chen	kui hai	jia wu	jia zi	yi wei	yi chou
28	xin mao	ren shu	xin mao	ren shu	ren chen	kui hai	kui si	jia zi	yi wei	yi chou	bing shen	bing yin
29	ren chen	kui hai	ren chen	kui hai	kui si	jia zi	jia wu	yi chou	bing shen	bing yin	ding you	ding mao
30	kui si		kui si	jia zi	jia wu	yi chou	yi wei	bing yin	ding you	ding mao	wu shu	wu chen
31	jia wu		jia wu		yi wei		bing shen	ding mao		wu chen		ji si

1945 YEAR OF THE ROOSTER 乙酉 *yi you*

	JAN	FEB	MAR	APRIL	MAY	JUNE	JULY	AUG	SEPT	OCT	NOV	DEC
1	geng wu (11th)	xin chou	ji si	geng zi	geng wu	xin chou	xin wei	ren yin	kui you	kui mao	jia shu	jia chen
2	xin wei	ren yin	geng wu	xin chou	xin wei	ren yin	ren shen	kui mao	jia shu	jia chen	yi hai	yi si
3	ren shen	kui mao	xin wei	ren yin	ren shen	kui mao	kui you	jia chen	yi hai	yi si	bing zi	bing wu
4	kui you	jia chen	ren shen	kui mao	kui you	jia chen	jia shu	yi si	bing zi	bing wu	ding chou	ding wei
5	jia shu	yi si	kui you	jia chen	jia shu	yi si	yi hai	bing wu	ding chou	ding wei	wu yin (10th)	wu shen (11th)
6	yi hai	bing wu	jia shu	yi si	yi hai	bing wu	bing zi	ding wei	wu yin (8th)	wu shen (9th)	ji mao	ji you
7	bing zi	ding wei	yi hai	bing wu	bing zi	ding wei	ding chou	wu shen	ji mao	ji you	geng chen	geng shu
8	ding chou	wu shen	bing zi	ding wei	ding chou	wu shen	wu yin	ji you (7th)	geng chen	geng shu	xin si	xin hai
9	wu yin	ji you	ding chou	wu shen	wu yin	ji you	ji mao (6th)	geng shu	xin si	xin hai	ren wu	ren zi
10	ji mao	geng shu	wu yin	ji you	ji mao	geng shu (5th)	geng chen	xin hai	ren wu	ren zi	kui wei	kui chou
11	geng chen	xin hai	ji mao	geng shu	geng chen	xin hai	xin si	ren zi	kui wei	kui chou	jia shen	jia yin
12	xin si	ren zi	geng chen	xin hai (3rd)	xin si (4th)	ren zi	ren wu	kui chou	jia shen	jia yin	yi you	yi mao
13	ren wu	kui chou (1st month of Rooster year)	xin si	ren zi	ren wu	kui chou	kui wei	jia yin	yi you	yi mao	bing shu	bing chen
14	kui wei (12th month of Monkey year)	jia yin	ren wu (2nd)	kui chou	kui wei	jia yin	jia shen	yi mao	bing shu	bing chen	ding hai	ding si
15	jia shen	yi mao	kui wei	jia yin	jia shen	yi mao	yi you	bing chen	ding hai	ding si	wu zi	wu wu
16	yi you	bing chen	jia shen	yi mao	yi you	bing chen	bing shu	ding si	wu zi	wu wu	ji chou	ji wei
17	bing shu	ding si	yi you	bing chen	bing shu	ding si	ding hai	wu wu	ji chou	ji wei	geng yin	geng shen
18	ding hai	wu wu	bing shu	ding si	ding hai	wu wu	wu zi	ji wei	geng yin	geng shen	xin mao	xin you
19	wu zi	ji wei	ding hai	wu wu	wu zi	ji wei	ji chou	geng shen	xin mao	xin you	ren chen	ren shu
20	ji chou	geng shen	wu zi	ji wei	ji chou	geng shen	geng yin	xin you	ren chen	ren shu	kui si	kui hai
21	geng yin	xin you	ji chou	geng shen	geng yin	xin you	xin mao	ren shu	kui si	kui hai	jia wu	jia zi
22	xin mao	ren shu	geng yin	xin you	xin mao	ren shu	ren chen	kui hai	jia wu	jia zi	yi wei	yi chou
23	ren chen	kui hai	xin mao	ren shu	ren chen	kui hai	kui si	jia zi	yi wei	yi chou	bing shen	bing yin
24	kui si	jia zi	ren chen	kui hai	kui si	jia zi	jia wu	yi chou	bing shen	bing yin	ding you	ding mao
25	jia wu	yi chou	kui si	jia zi	jia wu	yi chou	yi wei	bing yin	ding you	ding mao	wu shu	wu chen
26	yi wei	bing yin	jia wu	yi chou	yi wei	bing yin	bing shen	ding mao	wu shu	wu chen	ji hai	ji si
27	bing shen	ding mao	yi wei	bing yin	bing shen	ding mao	ding you	wu chen	ji hai	ji si	geng zi	geng wu
28	ding you	wu chen	bing shen	ding mao	ding you	wu chen	wu shu	ji si	geng zi	geng wu	xin chou	xin wei
29	wu shu		ding you	wu chen	wu shu	ji si	ji hai	geng wu	xin chou	xin wei	ren yin	ren shen
30	ji hai		wu shu	ji si	ji hai	geng wu	geng zi	xin wei	ren yin	ren shen	kui mao	kui you
31	geng zi		ji hai		geng zi		xin chou	ren shen		kui you		jia shu

1946 YEAR OF THE DOG 丙戌 *bing shu*

	JAN	FEB	MAR	APRIL	MAY	JUNE	JULY	AUG	SEPT	OCT	NOV	DEC
1	yi hai [11th]	bing wu	jia shu	yi si	yi hai [4th]	bing wu	bing zi	ding wei	wu yin	wu shen	ji mao	ji you
2	bing zi	ding wei [1st month of Dog year]	yi hai	bing wu [3rd]	bing zi	ding wei	ding chou	wu shen	ji mao	ji you	geng chen	geng shu
3	ding chou [12th month of Rooster year]	wu shen	bing zi	ding wei	ding chou	wu shen	wu yin	ji you	geng chen	geng shu	xin si	xin hai
4	wu yin	ji you	ding chou [2nd]	wu shen	wu yin	ji you	ji mao	geng shu	xin si	xin hai	ren wu	ren zi
5	ji mao	geng shu	wu yin	ji you	ji mao	geng shu	geng chen	xin hai	ren wu	ren zi	kui wei	kui chou
6	geng chen	xin hai	ji mao	geng shu	geng chen	xin hai	xin si	ren zi	kui wei	kui chou	jia shen	jia yin
7	xin si	ren zi	geng chen	xin hai	xin si	ren zi	ren wu	kui chou	jia shen	jia yin	yi you	yi mao
8	ren wu	kui chou	xin si	ren zi	ren wu	kui chou	kui wei	jia yin	yi you	yi mao	bing shu	bing chen
9	kui wei	jia yin	ren wu	kui chou	kui wei	jia yin	jia shen	yi mao	bing shu	bing chen	ding hai	ding si
10	jia shen	yi mao	kui wei	jia yin	jia shen	yi mao	yi you	bing chen	ding hai	ding si	wu zi	wu wu
11	yi you	bing chen	jia shen	yi mao	yi you	bing chen	bing shu	ding si	wu zi	wu wu	ji chou	ji wei
12	bing shu	ding si	yi you	bing chen	bing shu	ding si	ding hai	wu wu	ji chou	ji wei	geng yin	geng shen
13	ding hai	wu wu	bing shu	ding si	ding hai	wu wu	wu zi	ji wei	geng yin	geng shen	xin mao	xin you
14	wu zi	ji wei	ding hai	wu wu	wu zi	ji wei	ji chou	geng shen	xin mao	xin you	ren chen	ren shu
15	ji chou	geng shen	wu zi	ji wei	ji chou	geng shen	geng yin	xin you	ren chen	ren shu	kui si	kui hai
16	geng yin	xin you	ji chou	geng shen	geng yin	xin you	xin mao	ren shu	kui si	kui hai	jia wu	jia zi
17	xin mao	ren shu	geng yin	xin you	xin mao	ren shu	ren chen	kui hai	jia wu	jia zi	yi wei	yi chou
18	ren chen	kui hai	xin mao	ren shu	ren chen	kui hai	kui si	jia zi	yi wei	yi chou	bing shen	bing yin
19	kui si	jia zi	ren chen	kui hai	kui si	jia zi	jia wu	yi chou	bing shen	bing yin	ding you	ding mao
20	jia wu	yi chou	kui si	jia zi	jia wu	yi chou	yi wei	bing yin	ding you	ding mao	wu shu	wu chen
21	yi wei	bing yin	jia wu	yi chou	yi wei	bing yin	bing shen	ding mao	wu shu	wu chen	ji hai	ji si
22	bing shen	ding mao	yi wei	bing yin	bing shen	ding mao	ding you	wu chen	ji hai	ji si	geng zi	geng wu
23	ding you	wu chen	bing shen	ding mao	ding you	wu chen	wu shu	ji si	geng zi	geng wu	xin chou	xin wei [12th]
24	wu shu	ji si	ding you	wu chen	wu shu	ji si	ji hai	geng wu	xin chou	xin wei	ren yin [11th]	ren shen
25	ji hai	geng wu	wu shu	ji si	ji hai	geng wu	geng zi	xin wei	ren yin [9th]	ren shen [10th]	kui mao	kui you
26	geng zi	xin wei	ji hai	geng wu	geng zi	xin wei	xin chou	ren shen	kui mao	kui you	jia chen	jia shu
27	xin chou	ren shen	geng zi	xin wei	xin chou	ren shen	ren yin	kui you [8th]	jia chen	jia shu	yi si	yi hai
28	ren yin	kui you	xin chou	ren shen	ren yin	kui you	kui mao [7th]	jia shu	yi si	yi hai	bing wu	bing zi
29	kui mao		ren yin	kui you	kui mao	jia shu [6th]	jia chen	yi hai	bing wu	bing zi	ding wei	ding chou
30	jia chen		kui mao	jia shu	jia chen	yi hai	yi si	bing zi	ding wei	ding chou	wu shen	wu yin
31	yi si		jia chen		yi si [5th]		bing wu	ding chou		wu yin		ji mao

1947 YEAR OF THE PIG 丁亥 *ding hai*

	JAN	FEB	MAR	APRIL	MAY	JUNE	JULY	AUG	SEPT	OCT	NOV	DEC
1	geng chen	xin hai	ji mao	geng shu	geng chen	xin hai	xin si	ren zi	kui wei	kui chou	jia shen	jia yin
2	xin si	ren zi	geng chen	xin hai	xin si	ren zi	ren wu	kui chou	jia shen	jia yin	yi you	yi mao
3	ren wu	kui chou	xin si	ren zi	ren wu	kui chou	kui wei	jia yin	yi you	yi mao	bing shu	bing chen
4	kui wei	jia yin	ren wu	kui chou	kui wei	jia yin	jia shen	yi mao	bing shu	bing chen	ding hai	ding si
5	jia shen	yi mao	kui wei	jia yin	jia shen	yi mao	yi you	bing chen	ding hai	ding si	wu zi	wu wu
6	yi you	bing chen	jia shen	yi mao	yi you	bing chen	bing shu	ding si	wu zi	wu wu	ji chou	ji wei
7	bing shu	ding si	yi you	bing chen	bing shu	ding si	ding hai	wu wu	ji chou	ji wei	geng yin	geng shen
8	ding hai	wu wu	bing shu	ding si	ding hai	wu wu	wu zi	ji wei	geng yin	geng shen	xin mao	xin you
9	wu zi	ji wei	ding hai	wu wu	wu zi	ji wei	ji chou	geng shen	xin mao	xin you	ren chen	ren shu
10	ji chou	geng shen	wu zi	ji wei	ji chou	geng shen	geng yin	xin you	ren chen	ren shu	kui si	kui hai
11	geng yin	xin you	ji chou	geng shen	geng yin	xin you	xin mao	ren shu	kui si	kui hai	jia wu	jia zi
12	xin mao	ren shu	geng yin	xin you	xin mao	ren shu	ren chen	kui hai	jia wu	jia zi	yi wei	yi chou [11th]
13	ren chen	kui hai	xin mao	ren shu	ren chen	kui hai	kui si	jia zi	yi wei	yi chou	bing shen [10th]	bing yin
14	kui si	jia zi	ren chen	kui hai	kui si	jia zi	jia wu	yi chou	bing shen	bing yin [9th]	ding you	ding mao
15	jia wu	yi chou	kui si	jia zi	jia wu	yi chou	yi wei	bing yin	ding you [8th]	ding mao	wu shu	wu chen
16	yi wei	bing yin	jia wu	yi chou	yi wei	bing yin	bing shen	ding mao [7th]	wu shu	wu chen	ji hai	ji si
17	bing shen	ding mao	yi wei	bing yin	bing shen	ding mao	ding you	wu chen	ji hai	ji si	geng zi	geng wu
18	ding you	wu chen	bing shen	ding mao	ding you	wu chen	wu shu [6th]	ji si	geng zi	geng wu	xin chou	xin wei
19	wu shu	ji si	ding you	wu chen	wu shu	ji si [5th]	ji hai	geng wu	xin chou	xin wei	ren yin	ren shen
20	ji hai [12th month of Dog year]	geng wu	wu shu	ji si	ji hai [4th]	geng wu	geng zi	xin wei	ren yin	ren shen	kui mao	kui you
21	geng zi	xin wei [2nd]	ji hai	geng wu [3rd]	geng zi	xin wei	xin chou	ren shen	kui mao	kui you	jia chen	jia shu
22	xin chou [1st month of Pig year]	ren shen	geng zi	xin wei	xin chou	ren shen	ren yin	kui you	jia chen	jia shu	yi si	yi hai
23	ren yin	kui you	xin chou [intercalary 2nd]	ren shen	ren yin	kui you	kui mao	jia shu	yi si	yi hai	bing wu	bing zi
24	kui mao	jia shu	ren yin	kui you	kui mao	jia shu	jia chen	yi hai	bing wu	bing zi	ding wei	ding chou
25	jia chen	yi hai	kui mao	jia shu	jia chen	yi hai	yi si	bing zi	ding wei	ding chou	wu shen	wu yin
26	yi si	bing zi	jia chen	yi hai	yi si	bing zi	bing wu	ding chou	wu shen	wu yin	ji you	ji mao
27	bing wu	ding chou	yi si	bing zi	bing wu	ding chou	ding wei	wu yin	ji you	ji mao	geng shu	geng chen
28	ding wei	wu yin	bing wu	ding chou	ding wei	wu yin	wu shen	ji mao	geng shu	geng chen	xin hai	xin si
29	wu shen		ding wei	wu yin	wu shen	ji mao	ji you	geng chen	xin hai	xin si	ren zi	ren wu
30	ji you		wu shen	ji mao	ji you	geng chen	geng shu	xin si	ren zi	ren wu	kui chou	kui wei
31	geng shu		ji you		geng shu		xin hai	ren wu		kui wei		jia shen

1948 YEAR OF THE RAT 戊子 *wu zi*

	JAN	FEB	MAR	APRIL	MAY	JUNE	JULY	AUG	SEPT	OCT	NOV	DEC
1	yi you	bing chen	yi you	bing chen	bing shu	ding si	ding hai	wu wu	ji chou	ji wei	[10th] geng yin	[11th] geng shen
2	bing shu	ding si	bing shu	ding si	ding hai	wu wu	wu zi	ji wei	geng yin	geng shen	xin mao	xin you
3	ding hai	wu wu	ding hai	wu wu	wu zi	ji wei	ji chou	geng shen	[8th] xin mao	[9th] xin you	ren chen	ren shu
4	wu zi	ji wei	wu zi	ji wei	ji chou	geng shen	geng yin	xin you	ren chen	ren shu	kui si	kui hai
5	ji chou	geng shen	ji chou	geng shen	geng yin	xin you	xin mao	[7th] ren shu	kui si	kui hai	jia wu	jia zi
6	geng yin	xin you	geng yin	xin you	xin mao	ren shu	ren chen	kui hai	jia wu	jia zi	yi wei	yi chou
7	xin mao	ren shu	xin mao	ren shu	ren chen	[5th] kui hai	[6th] kui si	jia zi	yi wei	yi chou	bing shen	bing yin
8	ren chen	kui hai	ren chen	kui hai	kui si	jia zi	jia wu	yi chou	bing shen	bing yin	ding you	ding mao
9	[11th] kui si	jia zi	kui si	[3rd] jia zi	[4th] jia wu	yi chou	yi wei	bing yin	ding you	ding mao	wu shu	wu chen
10	jia wu	[1st month of Rat year] yi chou	jia wu	yi chou	yi wei	bing yin	bing shen	ding mao	wu shu	wu chen	ji hai	ji si
11	[12th month of Pig year] yi wei	bing yin	[2nd] yi wei	bing yin	bing shen	ding mao	ding you	wu chen	ji hai	ji si	geng zi	geng wu
12	bing shen	ding mao	bing shen	ding mao	ding you	wu chen	wu shu	ji si	geng zi	geng wu	xin chou	xin wei
13	ding you	wu chen	ding you	wu chen	wu shu	ji si	ji hai	geng wu	xin chou	xin wei	ren yin	ren shen
14	wu shu	ji si	wu shu	ji si	ji hai	geng wu	geng zi	xin wei	ren yin	ren shen	kui mao	kui you
15	ji hai	geng wu	ji hai	geng wu	geng zi	xin wei	xin chou	ren shen	kui mao	kui you	jia chen	jia shu
16	geng zi	xin wei	geng zi	xin wei	xin chou	ren shen	ren yin	kui you	jia chen	jia shu	yi si	yi hai
17	xin chou	ren shen	xin chou	ren shen	ren yin	kui you	kui mao	jia shu	yi si	yi hai	bing wu	bing zi
18	ren yin	kui you	ren yin	kui you	kui mao	jia shu	jia chen	yi hai	bing wu	bing zi	ding wei	ding chou
19	kui mao	jia shu	kui mao	jia shu	jia chen	yi hai	yi si	bing zi	ding wei	ding chou	wu shen	wu yin
20	jia chen	yi hai	jia chen	yi hai	yi si	bing zi	bing wu	ding chou	wu shen	wu yin	ji you	ji mao
21	yi si	bing zi	yi si	bing zi	bing wu	ding chou	ding wei	wu yin	ji you	ji mao	geng shu	geng chen
22	bing wu	ding chou	bing wu	ding chou	ding wei	wu yin	wu shen	ji mao	geng shu	geng chen	xin hai	xin si
23	ding wei	wu yin	ding wei	wu yin	wu shen	ji mao	ji you	geng chen	xin hai	xin si	ren zi	ren wu
24	wu shen	ji mao	wu shen	ji mao	ji you	geng chen	geng shu	xin si	ren zi	ren wu	kui chou	kui wei
25	ji you	geng chen	ji you	geng chen	geng shu	xin si	xin hai	ren wu	kui chou	kui wei	jia yin	jia shen
26	geng shu	xin si	geng shu	xin si	xin hai	ren wu	ren zi	kui wei	jia yin	jia shen	yi mao	yi you
27	xin hai	ren wu	xin hai	ren wu	ren zi	kui wei	kui chou	jia shen	yi mao	yi you	bing chen	bing shu
28	ren zi	kui wei	ren zi	kui wei	kui chou	jia shen	jia yin	yi you	bing chen	bing shu	ding si	ding hai
29	kui chou	jia shen	kui chou	jia shen	jia yin	yi you	yi mao	bing shu	ding si	ding hai	wu wu	wu zi
30	jia yin		jia yin	yi you	yi mao	bing shu	bing chen	ding hai	wu wu	wu zi	ji wei	ji chou
31	yi mao		yi mao		bing chen		ding si	wu zi		ji chou		geng yin

1949 YEAR OF THE OX 己丑 *ji chou*

	JAN	FEB	MAR	APRIL	MAY	JUNE	JULY	AUG	SEPT	OCT	NOV	DEC
1	xin mao	ren shu	geng yin	xin you	xin mao	ren shu	ren chen	kui hai	jia wu	jia zi	yi wei	yi chou
2	ren chen	kui hai	xin mao	ren shu	ren chen	kui hai	kui si	jia zi	yi wei	yi chou	bing shen	bing yin
3	kui si	jia zi	ren chen	kui hai	kui si	jia zi	jia wu	yi chou	bing shen	bing yin	ding you	ding mao
4	jia wu	yi chou	kui si	jia zi	jia wu	yi chou	yi wei	bing yin	ding you	ding mao	wu shu	wu chen
5	yi wei	bing yin	jia wu	yi chou	yi wei	bing yin	bing shen	ding mao	wu shu	wu chen	ji hai	ji si
6	bing shen	ding mao	yi wei	bing yin	bing shen	ding mao	ding you	wu chen	ji hai	ji si	geng zi	geng wu
7	ding you	wu chen	bing shen	ding mao	ding you	wu chen	wu shu	ji si	geng zi	geng wu	xin chou	xin wei
8	wu shu	ji si	ding you	wu chen	wu shu	ji si	ji hai	geng wu	xin chou	xin wei	ren yin	ren shen
9	ji hai	geng wu	wu shu	ji si	ji hai	geng wu	geng zi	xin wei	ren yin	ren shen	kui mao	kui you
10	geng zi	xin wei	ji hai	geng wu	geng zi	xin wei	xin chou	ren shen	kui mao	kui you	jia chen	jia shu
11	xin chou	ren shen	geng zi	xin wei	xin chou	ren shen	ren yin	kui you	jia chen	jia shu	yi si	yi hai
12	ren yin	kui you	xin chou	ren shen	ren yin	kui you	kui mao	jia shu	yi si	yi hai	bing wu	bing zi
13	kui mao	jia shu	ren yin	kui you	kui mao	jia shu	jia chen	yi hai	bing wu	bing zi	ding wei	ding chou
14	jia chen	yi hai	kui mao	jia shu	jia chen	yi hai	yi si	bing zi	ding wei	ding chou	wu shen	wu yin
15	yi si	bing zi	jia chen	yi hai	yi si	bing zi	bing wu	ding chou	wu shen	wu yin	ji you	ji mao
16	bing wu	ding chou	yi si	bing zi	bing wu	ding chou	ding wei	wu yin	ji you	ji mao	geng shu	geng chen
17	ding wei	wu yin	bing wu	ding chou	ding wei	wu yin	wu shen	ji mao	geng shu	geng chen	xin hai	xin si
18	wu shen	ji mao	ding wei	wu yin	wu shen	ji mao	ji you	geng chen	xin hai	xin si	ren zi	ren wu
19	ji you	geng chen	wu shen	ji mao	ji you	geng chen	geng shu	xin si	ren zi	ren wu	kui chou	[11th] kui wei
20	geng shu	xin si	ji you	geng chen	geng shu	xin si	xin hai	ren wu	kui chou	kui wei	[10th] jia yin	jia shen
21	[12th month of Rat year] xin hai	[1st month of Ox year] ren wu	geng shu	xin si	xin hai	ren wu	ren zi	kui wei	jia yin	jia shen	yi mao	yi you
22	ren zi	kui wei	xin hai	ren wu	ren zi	kui wei	kui chou	jia shen	[8th] yi mao	[9th] yi you	bing chen	bing shu
23	kui chou	jia shen	ren zi	kui wei	kui chou	jia shen	jia yin	yi you	bing chen	bing shu	ding si	ding hai
24	jia yin	yi you	kui chou	jia shen	jia yin	yi you	yi mao	[intercalary 7th] bing shu	ding si	ding hai	wu wu	wu zi
25	yi mao	bing shu	jia yin	yi you	yi mao	bing shu	bing chen	ding hai	wu wu	wu zi	ji wei	ji chou
26	bing chen	ding hai	yi mao	bing shu	bing chen	[6th] ding hai	[7th] ding si	wu zi	ji wei	ji chou	geng shen	geng yin
27	ding si	wu zi	bing chen	ding hai	ding si	wu zi	wu wu	ji chou	geng shen	geng yin	xin you	xin mao
28	wu wu	[2nd] ji chou	ding si	[4th] wu zi	[5th] wu wu	ji chou	ji wei	geng yin	xin you	xin mao	ren shu	ren chen
29	[1st] ji wei		[3rd] wu wu	ji chou	ji wei	geng yin	geng shen	xin mao	ren shu	ren chen	kui hai	kui si
30	geng shen		ji wei	geng yin	geng shen	xin mao	xin you	ren chen	kui hai	kui si	jia zi	jia wu
31	xin you		geng shen		xin you		ren shu	kui si		jia wu		yi wei

1950 YEAR OF THE TIGER 庚寅 *geng yin*

	JAN	FEB	MAR	APRIL	MAY	JUNE	JULY	AUG	SEPT	OCT	NOV	DEC
1	bing shen	ding mao	yi wei	bing yin	bing shen	ding mao	ding you	wu chen	ji hai	ji si	geng zi	geng wu
2	ding you	wu chen	bing shen	ding mao	ding you	wu chen	wu shu	ji si	geng zi	geng wu	xin chou	xin wei
3	wu shu	ji si	ding you	wu chen	wu shu	ji si	ji hai	geng wu	xin chou	xin wei	ren yin	ren shen
4	ji hai	geng wu	wu shu	ji si	ji hai	geng wu	geng zi	xin wei	ren yin	ren shen	kui mao	kui you
5	geng zi	xin wei	ji hai	geng wu	geng zi	xin wei	xin chou	ren shen	kui mao	kui you	jia chen	jia shu
6	xin chou	ren shen	geng zi	xin wei	xin chou	ren shen	ren yin	kui you	jia chen	jia shu	yi si	yi hai
7	ren yin	kui you	xin chou	ren shen	ren yin	kui you	kui mao	jia shu	yi si	yi hai	bing wu	bing zi
8	kui mao	jia shu	ren yin	kui you	kui mao	jia shu	jia chen	yi hai	bing wu	bing zi	ding wei	ding chou
9	jia chen	yi hai	kui mao	jia shu	jia chen	yi hai	yi si	bing zi	ding wei	ding chou	wu shen	[11th] wu yin
10	yi si	bing zi	jia chen	yi hai	yi si	bing zi	bing wu	ding chou	wu shen	wu yin	[10th] ji you	ji mao
11	bing wu	ding chou	yi si	bing zi	bing wu	ding chou	ding wei	wu yin	ji you	[9th] ji mao	geng shu	geng chen
12	ding wei	wu yin	bing wu	ding chou	ding wei	wu yin	wu shen	ji mao	[8th] geng shu	geng chen	xin hai	xin si
13	wu shen	ji mao	ding wei	wu yin	wu shen	ji mao	ji you	geng chen	xin hai	xin si	ren zi	ren wu
14	ji you	geng chen	wu shen	ji mao	ji you	geng chen	geng shu	[7th] xin si	ren zi	ren wu	kui chou	kui wei
15	geng shu	xin si	ji you	geng chen	geng shu	[5th] xin si	[6th] xin hai	ren wu	kui chou	kui wei	jia yin	jia shen
16	xin hai	ren wu	geng shu	xin si	xin hai	ren wu	ren zi	kui wei	jia yin	jia shen	yi mao	yi you
17	[11th] ren zi	[1st month of Tiger year] kui wei	xin hai	[3rd] ren wu	[4th] ren zi	kui wei	kui chou	jia shen	yi mao	yi you	bing chen	bing shu
18	[12th month of Ox year] kui chou	jia shen	[2nd] ren zi	kui wei	kui chou	jia shen	jia yin	yi you	bing chen	bing shu	ding si	ding hai
19	jia yin	yi you	kui chou	jia shen	jia yin	yi you	yi mao	bing shu	ding si	ding hai	wu wu	wu zi
20	yi mao	bing shu	jia yin	yi you	yi mao	bing shu	bing chen	ding hai	wu wu	wu zi	ji wei	ji chou
21	bing chen	ding hai	yi mao	bing shu	bing chen	ding hai	ding si	wu zi	ji wei	ji chou	geng shen	geng yin
22	ding si	wu zi	bing chen	ding hai	ding si	wu zi	wu wu	ji chou	geng shen	geng yin	xin you	xin mao
23	wu wu	ji chou	ding si	wu zi	wu wu	ji chou	ji wei	geng yin	xin you	xin mao	ren shu	ren chen
24	ji wei	geng yin	wu wu	ji chou	ji wei	geng yin	geng shen	xin mao	ren shu	ren chen	kui hai	kui si
25	geng shen	xin mao	ji wei	geng yin	geng shen	xin mao	xin you	ren chen	kui hai	kui si	jia zi	jia wu
26	xin you	ren chen	geng shen	xin mao	xin you	ren chen	ren shu	kui si	jia zi	jia wu	yi chou	yi wei
27	ren shu	kui si	xin you	ren chen	ren shu	kui si	kui hai	jia wu	yi chou	yi wei	bing yin	bing shen
28	kui hai	jia wu	ren shu	kui si	kui hai	jia wu	jia zi	yi wei	bing yin	bing shen	ding mao	ding you
29	jia zi		kui hai	jia wu	jia zi	yi wei	yi chou	bing shen	ding mao	ding you	wu chen	wu shu
30	yi chou		jia zi	yi wei	yi chou	bing shen	bing yin	ding you	wu chen	wu shu	ji si	ji hai
31	bing yin		yi chou		bing yin		ding mao	wu shu		ji hai		geng zi

1951 YEAR OF THE RABBIT 辛卯 *xin mao*

	JAN	FEB	MAR	APRIL	MAY	JUNE	JULY	AUG	SEPT	OCT	NOV	DEC
1	xin chou	ren shen	geng zi	xin wei	xin chou	ren shen	ren yin	kui you	[8th] jia chen	[9th] jia shu	yi si	yi hai
2	ren yin	kui you	xin chou	ren shen	ren yin	kui you	kui mao	jia shu	yi si	yi hai	bing wu	bing zi
3	kui mao	jia shu	ren yin	kui you	kui mao	jia shu	jia chen	[7th] yi hai	bing wu	bing zi	ding wei	ding chou
4	jia chen	yi hai	kui mao	jia shu	jia chen	yi hai	[6th] yi si	bing zi	ding wei	ding chou	wu shen	wu yin
5	yi si	bing zi	jia chen	yi hai	yi si	[5th] bing zi	bing wu	ding chou	wu shen	wu yin	ji you	ji mao
6	bing wu	[1st month of Rabbit year] ding chou	yi si	[3rd] bing zi	[4th] bing wu	ding chou	ding wei	wu yin	ji you	ji mao	geng shu	geng chen
7	[11th] ding wei	wu yin	bing wu	ding chou	ding wei	wu yin	wu shen	ji mao	geng shu	geng chen	xin hai	xin si
8	[12th month of Horse year] wu shen	ji mao	[2nd] ding wei	wu yin	wu shen	ji mao	ji you	geng chen	xin hai	xin si	ren zi	ren wu
9	ji you	geng chen	wu shen	ji mao	ji you	geng chen	geng shu	xin si	ren zi	ren wu	kui chou	kui wei
10	geng shu	xin si	ji you	geng chen	geng shu	xin si	xin hai	ren wu	kui chou	kui wei	jia yin	jia shen
11	xin hai	ren wu	geng shu	xin si	xin hai	ren wu	ren zi	kui wei	jia yin	jia shen	yi mao	yi you
12	ren zi	kui wei	xin hai	ren wu	ren zi	kui wei	kui chou	jia shen	yi mao	yi you	bing chen	bing shu
13	kui chou	jia shen	ren zi	kui wei	kui chou	jia shen	jia yin	yi you	bing chen	bing shu	ding si	ding hai
14	jia yin	yi you	kui chou	jia shen	jia yin	yi you	yi mao	bing shu	ding si	ding hai	wu wu	wu zi
15	yi mao	bing shu	jia yin	yi you	yi mao	bing shu	bing chen	ding hai	wu wu	wu zi	ji wei	ji chou
16	bing chen	ding hai	yi mao	bing shu	bing chen	ding hai	ding si	wu zi	ji wei	ji chou	geng shen	geng yin
17	ding si	wu zi	bing chen	ding hai	ding si	wu zi	wu wu	ji chou	geng shen	geng yin	xin you	xin mao
18	wu wu	ji chou	ding si	wu zi	wu wu	ji chou	ji wei	geng yin	xin you	xin mao	ren shu	ren chen
19	ji wei	geng yin	wu wu	ji chou	ji wei	geng yin	geng shen	xin mao	ren shu	ren chen	kui hai	kui si
20	geng shen	xin mao	ji wei	geng yin	geng shen	xin mao	xin you	ren chen	kui hai	kui si	jia zi	jia wu
21	xin you	ren chen	geng shen	xin mao	xin you	ren chen	ren shu	kui si	jia zi	jia wu	yi chou	yi wei
22	ren shu	kui si	xin you	ren chen	ren shu	kui si	kui hai	jia wu	yi chou	yi wei	bing yin	bing shen
23	kui hai	jia wu	ren shu	kui si	kui hai	jia wu	jia zi	yi wei	bing yin	bing shen	ding mao	ding you
24	jia zi	yi wei	kui hai	jia wu	jia zi	yi wei	yi chou	bing shen	ding mao	ding you	wu chen	wu shu
25	yi chou	bing shen	jia zi	yi wei	yi chou	bing shen	bing yin	ding you	wu chen	wu shu	ji si	ji hai
26	bing yin	ding you	yi chou	bing shen	bing yin	ding you	ding mao	wu shu	ji si	ji hai	geng wu	geng zi
27	ding mao	wu shu	bing yin	ding you	ding mao	wu shu	wu chen	ji hai	geng wu	geng zi	xin wei	xin chou
28	wu chen	ji hai	ding mao	wu shu	wu chen	ji hai	ji si	geng zi	xin wei	xin chou	ren shen	[12th] ren yin
29	ji si		wu chen	ji hai	ji si	geng zi	geng wu	xin chou	ren shen	ren yin	[11th] kui you	kui mao
30	geng wu		ji si	geng zi	geng wu	xin chou	xin wei	ren yin	kui you	[10th] kui mao	jia shu	jia chen
31	xin wei		geng wu		xin wei		ren shen	kui mao		jia chen		yi si

1952 YEAR OF THE DRAGON 壬辰 *ren chen*

(JAN: 12th month of Rabbit year / 1st; FEB: 1st month of Tiger year / 2nd)

	JAN	FEB	MAR	APRIL	MAY	JUNE	JULY	AUG	SEPT	OCT	NOV	DEC
1	bing wu	ding chou	bing wu	ding chou	ding wei	wu yin	wu shen	ji mao	geng shu	geng chen	xin hai	xin si
2	ding wei	wu yin	ding wei	wu yin	wu shen	ji mao	ji you	geng chen	xin hai	xin si	ren zi	ren wu
3	wu shen	ji mao	wu shen	ji mao	ji you	geng chen	geng shu	xin si	ren zi	ren wu	kui chou	kui wei
4	ji you	geng chen	ji you	geng chen	geng shu	xin si	xin hai	ren wu	kui chou	kui wei	jia yin	jia shen
5	geng shu	xin si	geng shu	xin si	xin hai	ren wu	ren zi	kui wei	jia yin	jia shen	yi mao	yi you
6	xin hai	ren wu	xin hai	ren wu	ren zi	kui wei	kui chou	jia shen	yi mao	yi you	bing chen	bing shu
7	ren zi	kui wei	ren zi	kui wei	kui chou	jia shen	jia yin	yi you	bing chen	bing shu	ding si	ding hai
8	kui chou	jia shen	kui chou	jia shen	jia yin	yi you	yi mao	bing shu	ding si	ding hai	wu wu	wu zi
9	jia yin	yi you	jia yin	yi you	yi mao	bing shu	bing chen	ding hai	wu wu	wu zi	ji wei	ji chou
10	yi mao	bing shu	yi mao	bing shu	bing chen	ding hai	ding si	wu zi	ji wei	ji chou	geng shen	geng yin
11	bing chen	ding hai	bing chen	ding hai	ding si	wu zi	wu wu	ji chou	geng shen	geng yin	xin you	xin mao
12	ding si	wu zi	ding si	wu zi	wu wu	ji chou	ji wei	geng yin	xin you	xin mao	ren shu	ren chen
13	wu wu	ji chou	wu wu	ji chou	ji wei	geng yin	geng shen	xin mao	ren shu	ren chen	kui hai	kui si
14	ji wei	geng yin	ji wei	geng yin	geng shen	xin mao	xin you	ren chen	kui hai	kui si	jia zi	jia wu
15	geng shen	xin mao	geng shen	xin mao	xin you	ren chen	ren shu	kui si	jia zi	jia wu	yi chou	yi wei
16	xin you	ren chen	xin you	ren chen	ren shu	kui si	kui hai	jia wu	yi chou	yi wei	bing yin	bing shen
17	ren shu	kui si	ren shu	kui si	kui hai	jia wu	jia zi	yi wei	bing yin	bing shen	(10th) ding mao	(11th) ding you
18	kui hai	jia wu	kui hai	jia wu	jia zi	yi wei	yi chou	bing shen	ding mao	ding you	wu chen	wu shu
19	jia zi	yi wei	jia zi	yi wei	yi chou	bing shen	bing yin	ding you	(8th) wu chen	(9th) wu shu	ji si	ji hai
20	yi chou	bing shen	yi chou	bing shen	bing yin	ding you	ding mao	(7th) wu shu	ji si	ji hai	geng wu	geng zi
21	bing yin	ding you	bing yin	ding you	ding mao	wu shu	wu chen	ji hai	geng wu	geng zi	xin wei	xin chou
22	ding mao	wu shu	ding mao	wu shu	wu chen	(intercalary 5th) ji hai	(6th) ji si	geng zi	xin wei	xin chou	ren shen	ren yin
23	wu chen	ji hai	wu chen	ji hai	ji si	geng zi	geng wu	xin chou	ren shen	ren yin	kui you	kui mao
24	ji si	geng zi	ji si	(4th) geng zi	geng wu	xin chou	xin wei	ren yin	kui you	kui mao	jia shu	jia chen
25	geng wu	(2nd) xin chou	geng wu	xin chou	(5th) xin wei	ren yin	ren shen	kui mao	jia shu	jia chen	yi hai	yi si
26	xin wei	ren yin	(3rd) xin wei	ren yin	ren shen	kui mao	kui you	jia chen	yi hai	yi si	bing zi	bing wu
27	(1st) ren shen	kui mao	ren shen	kui mao	kui you	jia chen	jia shu	yi si	bing zi	bing wu	ding chou	ding wei
28	kui you	jia chen	kui you	jia chen	jia shu	yi si	yi hai	bing wu	ding chou	ding wei	wu yin	wu shen
29	jia shu	yi si	jia shu	yi si	yi hai	bing wu	bing zi	ding wei	wu yin	wu shen	ji mao	ji you
30	yi hai		yi hai	bing wu	bing zi	ding wei	ding chou	wu shen	ji mao	ji you	geng chen	geng shu
31	bing zi		bing zi		ding chou		wu yin	ji you		geng shu		xin hai

1953 YEAR OF THE SNAKE 癸巳 *kui si*

(JAN: 12th month of Dragon year / 11th; FEB: 1st month of Snake year / 1st)

	JAN	FEB	MAR	APRIL	MAY	JUNE	JULY	AUG	SEPT	OCT	NOV	DEC
1	ren zi	kui wei	xin hai	ren wu	ren zi	kui wei	kui chou	jia shen	yi mao	yi you	bing chen	bing shu
2	kui chou	jia shen	ren zi	kui wei	kui chou	jia shen	jia yin	yi you	bing chen	bing shu	ding si	ding hai
3	jia yin	yi you	kui chou	jia shen	jia yin	yi you	yi mao	bing shu	ding si	ding hai	wu wu	wu zi
4	yi mao	bing shu	jia yin	yi you	yi mao	bing shu	bing chen	ding hai	wu wu	wu zi	ji wei	ji chou
5	bing chen	ding hai	yi mao	bing shu	bing chen	ding hai	ding si	wu zi	ji wei	ji chou	geng shen	geng yin
6	ding si	wu zi	bing chen	ding hai	ding si	wu zi	wu wu	ji chou	geng shen	geng yin	xin you	(11th) xin mao
7	wu wu	ji chou	ding si	wu zi	wu wu	ji chou	ji wei	geng yin	xin you	xin mao	(10th) ren shu	ren chen
8	ji wei	geng yin	wu wu	ji chou	ji wei	geng yin	geng shen	xin mao	(8th) ren shu	(9th) ren chen	kui hai	kui si
9	geng shen	xin mao	ji wei	geng yin	geng shen	xin mao	xin you	ren chen	kui hai	kui si	jia zi	jia wu
10	xin you	ren chen	geng shen	xin mao	xin you	ren chen	ren shu	kui si	jia zi	jia wu	yi chou	yi wei
11	ren shu	kui si	xin you	ren chen	ren shu	(5th) kui si	(6th) kui hai	(7th) jia wu	yi chou	yi wei	bing yin	bing shen
12	kui hai	jia wu	ren shu	kui si	kui hai	jia wu	jia zi	yi wei	bing yin	bing shen	ding mao	ding you
13	jia zi	yi wei	kui hai	jia wu	(4th) jia zi	yi wei	yi chou	bing shen	ding mao	ding you	wu chen	wu shu
14	yi chou	(1st) bing shen	jia zi	(3rd) yi wei	yi chou	bing shen	bing yin	ding you	wu chen	wu shu	ji si	ji hai
15	(11th) bing yin	ding you	(2nd) yi chou	bing shen	bing yin	ding you	ding mao	wu shu	ji si	ji hai	geng wu	geng zi
16	ding mao	wu shu	bing yin	ding you	ding mao	wu shu	wu chen	ji hai	geng wu	geng zi	xin wei	xin chou
17	wu chen	ji hai	ding mao	wu shu	wu chen	ji hai	ji si	geng zi	xin wei	xin chou	ren shen	ren yin
18	ji si	geng zi	wu chen	ji hai	ji si	geng zi	geng wu	xin chou	ren shen	ren yin	kui you	kui mao
19	geng wu	xin chou	ji si	geng zi	geng wu	xin chou	xin wei	ren yin	kui you	kui mao	jia shu	jia chen
20	xin wei	ren yin	geng wu	xin chou	xin wei	ren yin	ren shen	kui mao	jia shu	jia chen	yi hai	yi si
21	ren shen	kui mao	xin wei	ren yin	ren shen	kui mao	kui you	jia chen	yi hai	yi si	bing zi	bing wu
22	kui you	jia chen	ren shen	kui mao	kui you	jia chen	jia shu	yi si	bing zi	bing wu	ding chou	ding wei
23	jia shu	yi si	kui you	jia chen	jia shu	yi si	yi hai	bing wu	ding chou	ding wei	wu yin	wu shen
24	yi hai	bing wu	jia shu	yi si	yi hai	bing wu	bing zi	ding wei	wu yin	wu shen	ji mao	ji you
25	bing zi	ding wei	yi hai	bing wu	bing zi	ding wei	ding chou	wu shen	ji mao	ji you	geng chen	geng shu
26	ding chou	wu shen	bing zi	ding wei	ding chou	wu shen	wu yin	ji you	geng chen	geng shu	xin si	xin hai
27	wu yin	ji you	ding chou	wu shen	wu yin	ji you	ji mao	geng shu	xin si	xin hai	ren wu	ren zi
28	ji mao	geng shu	wu yin	ji you	ji mao	geng shu	geng chen	xin hai	ren wu	ren zi	kui wei	kui chou
29	geng chen		ji mao	geng shu	geng chen	xin hai	xin si	ren zi	kui wei	kui chou	jia shen	jia yin
30	xin si		geng chen	xin hai	xin si	ren zi	ren wu	kui chou	jia shen	jia yin	yi you	yi mao
31	ren wu		xin si		ren wu		kui wei	jia yin		yi mao		bing chen

1954 YEAR OF THE HORSE 甲午 *jia wu*

	JAN	FEB	MAR	APRIL	MAY	JUNE	JULY	AUG	SEPT	OCT	NOV	DEC
1	ding si	wu zi	bing chen	ding hai	ding si	wu zi	wu wu	ji chou	geng shen	geng yin	xin you	xin mao
2	wu wu	ji chou	ding si	wu zi	wu wu	ji chou	ji wei	geng yin	xin you	xin mao	ren shu	ren chen
3	ji wei	geng yin	wu wu	ji chou	ji wei	geng yin	geng shen	xin mao	ren shu	ren chen	kui hai	kui si
4	geng shen	xin mao	ji wei	geng yin	geng shen	xin mao	xin you	ren chen	kui hai	kui si	jia zi	jia wu
5	xin you	ren chen	geng shen	xin mao	xin you	ren chen	ren shu	kui si	jia zi	jia wu	yi chou	yi wei
6	ren shu	kui si	xin you	ren chen	ren shu	kui si	kui hai	jia wu	yi chou	yi wei	bing yin	bing shen
7	kui hai	jia wu	ren shu	kui si	kui hai	jia wu	jia zi	yi wei	bing yin	bing shen	ding mao	ding you
8	jia zi	yi wei	kui hai	jia wu	jia zi	yi wei	yi chou	bing shen	ding mao	ding you	wu chen	wu shu
9	yi chou	bing shen	jia zi	yi wei	yi chou	bing shen	bing yin	ding you	wu chen	wu shu	ji si	ji hai
10	bing yin	ding you	yi chou	bing shen	bing yin	ding you	ding mao	wu shu	ji si	ji hai	geng wu	geng zi
11	ding mao	wu shu	bing yin	ding you	ding mao	wu shu	wu chen	ji hai	geng wu	geng zi	xin wei	xin chou
12	wu chen	ji hai	ding mao	wu shu	wu chen	ji hai	ji si	geng zi	xin wei	xin chou	ren shen	ren yin
13	ji si	geng zi	wu chen	ji hai	ji si	geng zi	geng wu	xin chou	ren shen	ren yin	kui you	kui mao
14	geng wu	xin chou	ji si	geng zi	geng wu	xin chou	xin wei	ren yin	kui you	kui mao	jia shu	jia chen
15	xin wei	ren yin	geng wu	xin chou	xin wei	ren yin	ren shen	kui mao	jia shu	jia chen	yi hai	yi si
16	ren shen	kui mao	xin wei	ren yin	ren shen	kui mao	kui you	jia chen	yi hai	yi si	bing zi	bing wu
17	kui you	jia chen	ren shen	kui mao	kui you	jia chen	jia shu	yi si	bing zi	bing wu	ding chou	ding wei
18	jia shu	yi si	kui you	jia chen	jia shu	yi si	yi hai	bing wu	ding chou	ding wei	wu yin	wu shen
19	yi hai	bing wu	jia shu	yi si	yi hai	bing wu	bing zi	ding wei	wu yin	wu shen	ji mao	ji you
20	bing zi	ding wei	yi hai	bing wu	bing zi	ding wei	ding chou	wu shen	ji mao	ji you	geng chen	geng shu
21	ding chou	wu shen	bing zi	ding wei	ding chou	wu shen	wu yin	ji you	geng chen	geng shu	xin si	xin hai
22	wu yin	ji you	ding chou	wu shen	wu yin	ji you	ji mao	geng shu	xin si	xin hai	ren wu	ren zi
23	ji mao	geng shu	wu yin	ji you	ji mao	geng shu	geng chen	xin hai	ren wu	ren zi	kui wei	kui chou
24	geng chen	xin hai	ji mao	geng shu	geng chen	xin hai	xin si	ren zi	kui wei	kui chou	jia shen	jia yin
25	xin si	ren zi	geng chen	xin hai	xin si	ren zi	ren wu	kui chou	jia shen	jia yin	yi you	yi mao
26	ren wu	kui chou	xin si	ren zi	ren wu	kui chou	kui wei	jia yin	yi you	yi mao	bing shu	bing chen
27	kui wei	jia yin	ren wu	kui chou	kui wei	jia yin	jia shen	yi mao	bing shu	bing chen	ding hai	ding si
28	jia shen	yi mao	kui wei	jia yin	jia shen	yi mao	yi you	bing chen	ding hai	ding si	wu zi	wu wu
29	yi you		jia shen	yi mao	yi you	bing chen	bing shu	ding si	wu zi	wu wu	ji chou	ji wei
30	bing shu		yi you	bing chen	bing shu	ding si	ding hai	wu wu	ji chou	ji wei	geng yin	geng shen
31	ding hai		bing shu		ding hai		wu zi	ji wei		geng shen		xin you

Lunar month markers: 11th (Jan 1–4); 12th month of Snake year (from Jan 5); 1st month of Horse year (from Feb 3); 2nd (from Mar 5); 3rd (from Apr 3); 4th (from May 3); 5th (from Jun 1); 6th (from Jun 30); 7th (from Jul 29); 8th (from Aug 28); 9th (from Sep 27); 10th (from Oct 27); 11th (from Nov 25); 12th (from Dec 25)

1955 YEAR OF THE GOAT 乙未 *yi wei*

	JAN	FEB	MAR	APRIL	MAY	JUNE	JULY	AUG	SEPT	OCT	NOV	DEC
1	ren shu	kui si	xin you	ren chen	ren shu	kui si	kui hai	jia wu	yi chou	yi wei	bing yin	bing shen
2	kui hai	jia wu	ren shu	kui si	kui hai	jia wu	jia zi	yi wei	bing yin	bing shen	ding mao	ding you
3	jia zi	yi wei	kui hai	jia wu	jia zi	yi wei	yi chou	bing shen	ding mao	ding you	wu chen	wu shu
4	yi chou	bing shen	jia zi	yi wei	yi chou	bing shen	bing yin	ding you	wu chen	wu shu	ji si	ji hai
5	bing yin	ding you	yi chou	bing shen	bing yin	ding you	ding mao	wu shu	ji si	ji hai	geng wu	geng zi
6	ding mao	wu shu	bing yin	ding you	ding mao	wu shu	wu chen	ji hai	geng wu	geng zi	xin wei	xin chou
7	wu chen	ji hai	ding mao	wu shu	wu chen	ji hai	ji si	geng zi	xin wei	xin chou	ren shen	ren yin
8	ji si	geng zi	wu chen	ji hai	ji si	geng zi	geng wu	xin chou	ren shen	ren yin	kui you	kui mao
9	geng wu	xin chou	ji si	geng zi	geng wu	xin chou	xin wei	ren yin	kui you	kui mao	jia shu	jia chen
10	xin wei	ren yin	geng wu	xin chou	xin wei	ren yin	ren shen	kui mao	jia shu	jia chen	yi hai	yi si
11	ren shen	kui mao	xin wei	ren yin	ren shen	kui mao	kui you	jia chen	yi hai	yi si	bing zi	bing wu
12	kui you	jia chen	ren shen	kui mao	kui you	jia chen	jia shu	yi si	bing zi	bing wu	ding chou	ding wei
13	jia shu	yi si	kui you	jia chen	jia shu	yi si	yi hai	bing wu	ding chou	ding wei	wu yin	wu shen
14	yi hai	bing wu	jia shu	yi si	yi hai	bing wu	bing zi	ding wei	wu yin	wu shen	ji mao	ji you
15	bing zi	ding wei	yi hai	bing wu	bing zi	ding wei	ding chou	wu shen	ji mao	ji you	geng chen	geng shu
16	ding chou	wu shen	bing zi	ding wei	ding chou	wu shen	wu yin	ji you	geng chen	geng shu	xin si	xin hai
17	wu yin	ji you	ding chou	wu shen	wu yin	ji you	ji mao	geng shu	xin si	xin hai	ren wu	ren zi
18	ji mao	geng shu	wu yin	ji you	ji mao	geng shu	geng chen	xin hai	ren wu	ren zi	kui wei	kui chou
19	geng chen	xin hai	ji mao	geng shu	geng chen	xin hai	xin si	ren zi	kui wei	kui chou	jia shen	jia yin
20	xin si	ren zi	geng chen	xin hai	xin si	ren zi	ren wu	kui chou	jia shen	jia yin	yi you	yi mao
21	ren wu	kui chou	xin si	ren zi	ren wu	kui chou	kui wei	jia yin	yi you	yi mao	bing shu	bing chen
22	kui wei	jia yin	ren wu	kui chou	kui wei	jia yin	jia shen	yi mao	bing shu	bing chen	ding hai	ding si
23	jia shen	yi mao	kui wei	jia yin	jia shen	yi mao	yi you	bing chen	ding hai	ding si	wu zi	wu wu
24	yi you	bing chen	jia shen	yi mao	yi you	bing chen	bing shu	ding si	wu zi	wu wu	ji chou	ji wei
25	bing shu	ding si	yi you	bing chen	bing shu	ding si	ding hai	wu wu	ji chou	ji wei	geng yin	geng shen
26	ding hai	wu wu	bing shu	ding si	ding hai	wu wu	wu zi	ji wei	geng yin	geng shen	xin mao	xin you
27	wu zi	ji wei	ding hai	wu wu	wu zi	ji wei	ji chou	geng shen	xin mao	xin you	ren chen	ren shu
28	ji chou	geng shen	wu zi	ji wei	ji chou	geng shen	geng yin	xin you	ren chen	ren shu	kui si	kui hai
29	geng yin		ji chou	geng shen	geng yin	xin you	xin mao	ren shu	kui si	kui hai	jia wu	jia zi
30	xin mao		geng yin	xin you	xin mao	ren shu	ren chen	kui hai	jia wu	jia zi	yi wei	yi chou
31	ren chen		xin mao		ren chen		kui si	jia zi		yi chou		bing yin

Lunar month markers: 12th month of Horse year (Jan 1–23); 1st month of Goat year (from Jan 24); 2nd (from Feb 22); 3rd (from Mar 24); intercalary 3rd (from Apr 22); 4th (from May 22); 5th (from Jun 20); 6th (from Jul 19); 7th (from Aug 18); 8th (from Sep 16); 9th (from Oct 16); 10th (from Nov 14); 11th (from Dec 14)

1956 YEAR OF THE MONKEY 丙申 *bing shen*

	JAN	FEB	MAR	APRIL	MAY	JUNE	JULY	AUG	SEPT	OCT	NOV	DEC
1	ding mao	wu shu	ding mao	wu shu	wu chen	ji hai	ji si	geng zi	xin wei	xin chou	ren shen	ren yin
2	wu chen	ji hai	wu chen	ji hai	ji si	geng zi	geng wu	xin chou	ren shen	ren yin	kui you	kui mao [11th]
3	ji si	geng zi	ji si	geng zi	geng wu	xin chou	xin wei	ren yin	kui you	kui mao	jia shu [10th]	jia chen
4	geng wu	xin chou	geng wu	xin chou	xin wei	ren yin	ren shen	kui mao	jia shu	jia chen [9th]	yi hai	yi si
5	xin wei	ren yin	xin wei	ren yin	ren shen	kui mao	kui you	jia chen	yi hai [8th]	yi si	bing zi	bing wu
6	ren shen	kui mao	ren shen	kui mao	kui you	jia chen	jia shu	yi si [7th]	bing zi	bing wu	ding chou	ding wei
7	kui you	jia chen	kui you	jia chen	jia shu	yi si	yi hai	bing wu	ding chou	ding wei	wu yin	wu shen
8	jia shu	yi si	jia shu	yi si	yi hai	bing wu	bing zi [6th]	ding wei	wu yin	wu shen	ji mao	ji you
9	yi hai	bing wu	yi hai	bing wu	bing zi	ding wei [5th]	ding chou	wu shen	ji mao	ji you	geng chen	geng shu
10	bing zi	ding wei	bing zi	ding wei	ding chou [4th]	wu shen	wu yin	ji you	geng chen	geng shu	xin si	xin hai
11	ding chou [11th]	wu shen	ding chou	wu shen [3rd]	wu yin	ji you	ji mao	geng shu	xin si	xin hai	ren wu	ren zi
12	wu yin	ji you [1st month of Horse year]	wu yin [2nd]	ji you	ji mao	geng shu	geng chen	xin hai	ren wu	ren zi	kui wei	kui chou
13	ji mao [12th month of Snake year]	geng shu	ji mao	geng shu	geng chen	xin hai	xin si	ren zi	kui wei	kui chou	jia shen	jia yin
14	geng chen	xin hai	geng chen	xin hai	xin si	ren zi	ren wu	kui chou	jia shen	jia yin	yi you	yi mao
15	xin si	ren zi	xin si	ren zi	ren wu	kui chou	kui wei	jia yin	yi you	yi mao	bing shu	bing chen
16	ren wu	kui chou	ren wu	kui chou	kui wei	jia yin	jia shen	yi mao	bing shu	bing chen	ding hai	ding si
17	kui wei	jia yin	kui wei	jia yin	jia shen	yi mao	yi you	bing chen	ding hai	ding si	wu zi	wu wu
18	jia shen	yi mao	jia shen	yi mao	yi you	bing chen	bing shu	ding si	wu zi	wu wu	ji chou	ji wei
19	yi you	bing chen	yi you	bing chen	bing shu	ding si	ding hai	wu wu	ji chou	ji wei	geng yin	geng shen
20	bing shu	ding si	bing shu	ding si	ding hai	wu wu	wu zi	ji wei	geng yin	geng shen	xin mao	xin you
21	ding hai	wu wu	ding hai	wu wu	wu zi	ji wei	ji chou	geng shen	xin mao	xin you	ren chen	ren shu
22	wu zi	ji wei	wu zi	ji wei	ji chou	geng shen	geng yin	xin you	ren chen	ren shu	kui si	kui hai
23	ji chou	geng shen	ji chou	geng shen	geng yin	xin you	xin mao	ren shu	kui si	kui hai	jia wu	jia zi
24	geng yin	xin you	geng yin	xin you	xin mao	ren shu	ren chen	kui hai	jia wu	jia zi	yi wei	yi chou
25	xin mao	ren shu	xin mao	ren shu	ren chen	kui hai	kui si	jia zi	yi wei	yi chou	bing shen	bing yin
26	ren chen	kui hai	ren chen	kui hai	kui si	jia zi	jia wu	yi chou	bing shen	bing yin	ding you	ding mao
27	kui si	jia zi	kui si	jia zi	jia wu	yi chou	yi wei	bing yin	ding you	ding mao	wu shu	wu chen
28	jia wu	yi chou	jia wu	yi chou	yi wei	bing yin	bing shen	ding mao	wu shu	wu chen	ji hai	ji si
29	yi wei	bing yin	yi wei	bing yin	bing shen	ding mao	ding you	wu chen	ji hai	ji si	geng zi	geng wu
30	bing shen		bing shen	ding mao	ding you	wu chen	wu shu	ji si	geng zi	geng wu	xin chou	xin wei
31	ding you		ding you		wu shu		ji hai	geng wu		xin wei		ren shen

1957 YEAR OF THE ROOSTER 丁酉 *ding you*

	JAN	FEB	MAR	APRIL	MAY	JUNE	JULY	AUG	SEPT	OCT	NOV	DEC
1	kui you [12th month of Monkey year]	jia chen	ren shen	kui mao	kui you	jia chen	jia shu	yi si	bing zi	bing wu	ding chou	ding wei
2	jia shu	yi si	kui you [2nd]	jia chen	jia shu	yi si	yi hai	bing wu	ding chou	ding wei	wu yin	wu shen
3	yi hai	bing wu	jia shu	yi si	yi hai	bing wu	bing zi	ding wei	wu yin	wu shen	ji mao	ji you
4	bing zi	ding wei	yi hai	bing wu	bing zi	ding wei	ding chou	wu shen	ji mao	ji you	geng chen	geng shu
5	ding chou	wu shen	bing zi	ding wei	ding chou	wu shen	wu yin	ji you	geng chen	geng shu	xin si	xin hai
6	wu yin	ji you	ding chou	wu shen	wu yin	ji you	ji mao	geng shu	xin si	xin hai	ren wu	ren zi
7	ji mao	geng shu	wu yin	ji you	ji mao	geng shu	geng chen	xin hai	ren wụ	ren zi	kui wei	kui chou
8	geng chen	xin hai	ji mao	geng shu	geng chen	xin hai	xin si	ren zi	kui wei	kui chou	jia shen	jia yin
9	xin si	ren zi	geng chen	xin hai	xin si	ren zi	ren wu	kui chou	jia shen	jia yin	yi you	yi mao
10	ren wu	kui chou	xin si	ren zi	ren wu	kui chou	kui wei	jia yin	yi you	yi mao	bing shu	bing chen
11	kui wei	jia yin	ren wu	kui chou	kui wei	jia yin	jia shen	yi mao	bing shu	bing chen	ding hai	ding si
12	jia shen	yi mao	kui wei	jia yin	jia shen	yi mao	yi you	bing chen	ding hai	ding si	wu zi	wu wǔ
13	yi you	bing chen [1st month of Rooster year]	jia shen	yi mao	yi you	bing chen	bing shu	ding si	wu zi	wu wu	ji chou	ji wei
14	bing shu	ding si	yi you	bing chen	bing shu	ding si	ding hai	wu wu	ji chou	ji wei	geng yin	geng shen
15	ding hai	wu wu	bing shu	ding si	ding hai	wu wu	wu zi	ji wei	geng yin	geng shen	xin mao	xin you
16	wu zi	ji wei	ding hai	wu wu	wu zi	ji wei	ji chou	geng shen	xin mao	xin you	ren chen	ren shu
17	ji chou	geng shen	wu zi	ji wei	ji chou	geng shen	geng yin	xin you	ren chen	ren shu	kui si	kui hai
18	geng yin	xin you	ji chou	geng shen	geng yin	xin you	xin mao	ren shu	kui si	kui hai	jia wu	jia zi
19	xin mao	ren shu	geng yin	xin you	xin mao	ren shu	ren chen	kui hai	jia wu	jia zi	yi wei	yi chou
20	ren chen	kui hai	xin mao	ren shu	ren chen	kui hai	kui si	jia zi	yi wei	yi chou	bing shen	bing yin
21	kui si	jia zi	ren chen	kui hai	kui si	jia zi	jia wu	yi chou	bing shen	bing yin	ding you	ding mao [11th]
22	jia wu	yi chou	kui si	jia zi	jia wu	yi chou	yi wei	bing yin	ding you	ding mao	wu shu [10th]	wu chen
23	yi wei	bing yin	jia wu	yi chou	yi wei	bing yin	bing shen	ding mao	wu shu	wu chen [9th]	ji hai	ji si
24	bing shen	ding mao	yi wei	bing yin	bing shen	ding mao	ding you	wu chen	ji hai [intercalary 3rd]	ji si	geng zi	geng wu
25	ding you	wu chen	bing shen	ding mao	ding you	wu chen	wu shu	ji si [8th]	geng zi	geng wu	xin chou	xin wei
26	wu shu	ji si	ding you	wu chen	wu shu	ji si	ji hai	geng wu	xin chou	xin wei	ren yin	ren shen
27	ji hai	geng wu	wu shu	ji si	ji hai	geng wu	geng zi [7th]	xin wei	ren yin	ren shen	kui mao	kui you
28	geng zi	xin wei	ji hai	geng wu	geng zi	xin wei [6th]	xin chou	ren shen	kui mao	kui you	jia chen	jia shu
29	xin chou		geng zi	xin wei	xin chou [5th]	ren shen	ren yin	kui you	jia chen	jia shu	yi si	yi hai
30	ren yin		xin chou	ren shen [4th]	ren yin	kui you	kui mao	jia shu	yi si	yi hai	bing wu	bing zi
31	kui mao [1st]		ren yin [3rd]		kui mao		jia chen	yi hai		bing zi		ding chou

1958 YEAR OF THE DOG 戊戌 *wu shu*

	JAN	FEB	MAR	APRIL	MAY	JUNE	JULY	AUG	SEPT	OCT	NOV	DEC
1	wu yin	ji you	ding chou	wu shen	wu yin	ji you	ji mao	geng shu	xin si	xin hai	ren wu	ren zi
2	ji mao	geng shu	wu yin	ji you	ji mao	geng shu	geng chen	xin hai	ren wu	ren zi	kui wei	kui chou
3	geng chen	xin hai	ji mao	geng shu	geng chen	xin hai	xin si	ren zi	kui wei	kui chou	jia shen	jia yin
4	xin si	ren zi	geng chen	xin hai	xin si	ren zi	ren wu	kui chou	jia shen	jia yin	yi you	yi mao
5	ren wu	kui chou	xin si	ren zi	ren wu	kui chou	kui wei	jia yin	yi you	yi mao	bing shu	bing chen
6	kui wei	jia yin	ren wu	kui chou	kui wei	jia yin	jia shen	yi mao	bing shu	bing chen	ding hai	ding si
7	jia shen	yi mao	kui wei	jia yin	jia shen	yi mao	yi you	bing chen	ding hai	ding si	wu zi	wu wu
8	yi you	bing chen	jia shen	yi mao	yi you	bing chen	bing shu	ding si	wu zi	wu wu	ji chou	ji wei
9	bing shu	ding si	yi you	bing chen	bing shu	ding si	ding hai	wu wu	ji chou	ji wei	geng yin	geng shen
10	ding hai	wu wu	bing shu	ding si	ding hai	wu wu	wu zi	ji wei	geng yin	geng shen	xin mao	xin you
11	wu zi	ji wei	ding hai	wu wu	wu zi	ji wei	ji chou	geng shen	xin mao	xin you	[10th] ren chen	[11th] ren shu
12	ji chou	geng shen	wu zi	ji wei	ji chou	geng shen	geng yin	xin you	ren chen	ren shu	kui si	kui hai
13	geng yin	xin you	ji chou	geng shen	geng yin	xin you	xin mao	ren shu	[8th] kui si	[9th] kui hai	jia wu	jia zi
14	xin mao	ren shu	geng yin	xin you	xin mao	ren shu	ren chen	kui hai	jia wu	jia zi	yi wei	yi chou
15	ren chen	kui hai	xin mao	ren shu	ren chen	kui hai	kui si	[7th] jia zi	yi wei	yi chou	bing shen	bing yin
16	kui si	jia zi	ren chen	kui hai	kui si	jia zi	jia wu	yi chou	bing shen	bing yin	ding you	ding mao
17	jia wu	yi chou	kui si	jia zi	jia wu	[5th] yi chou	[6th] yi wei	bing yin	ding you	ding mao	wu shu	wu chen
18	yi wei	[1st month of Dog year] bing yin	jia wu	yi chou	yi wei	bing yin	bing shen	ding mao	wu shu	wu chen	ji hai	ji si
19	bing shen [11th]	ding mao	yi wei	[3rd] bing yin	[4th] bing shen	ding mao	ding you	wu chen	ji hai	ji si	geng zi	geng wu
20	[12th month of Rooster year] ding you	wu chen	[2nd] bing shen	ding mao	ding you	wu chen	wu shu	ji si	geng zi	geng wu	xin chou	xin wei
21	wu shu	ji si	ding you	wu chen	wu shu	ji si	ji hai	geng wu	xin chou	xin wei	ren yin	ren shen
22	ji hai	geng wu	wu shu	ji si	ji hai	geng wu	geng zi	xin wei	ren yin	ren shen	kui mao	kui you
23	geng zi	xin wei	ji hai	geng wu	geng zi	xin wei	xin chou	ren shen	kui mao	kui you	jia chen	jia shu
24	xin chou	ren shen	geng zi	xin wei	xin chou	ren shen	ren yin	kui you	jia chen	jia shu	yi si	yi hai
25	ren yin	kui you	xin chou	ren shen	ren yin	kui you	kui mao	jia shu	yi si	yi hai	bing wu	bing zi
26	kui mao	jia shu	ren yin	kui you	kui mao	jia shu	jia chen	yi hai	bing wu	bing zi	ding wei	ding chou
27	jia chen	yi hai	kui mao	jia shu	jia chen	yi hai	yi si	bing zi	ding wei	ding chou	wu shen	wu yin
28	yi si	bing zi	jia chen	yi hai	yi si	bing zi	bing wu	ding chou	wu shen	wu yin	ji you	ji mao
29	bing wu		yi si	bing zi	bing wu	ding chou	ding wei	wu yin	ji you	ji mao	geng shu	geng chen
30	ding wei		bing wu	ding chou	ding wei	wu yin	wu shen	ji mao	geng shu	geng chen	xin hai	xin si
31	wu shen		ding wei		wu shen		ji you	geng chen		xin si		ren wu

1959 YEAR OF THE PIG 己亥 *ji hai*

	JAN	FEB	MAR	APRIL	MAY	JUNE	JULY	AUG	SEPT	OCT	NOV	DEC
1	kui wei	jia yin	ren wu	kui chou	kui wei	jia yin	jia shen	yi mao	bing shu	bing chen	[10th] ding hai	ding si
2	jia shen	yi mao	kui wei	jia yin	jia shen	yi mao	yi you	bing chen	ding hai	[9th] ding si	wu zi	wu wu
3	yi you	bing chen	jia shen	yi mao	yi you	bing chen	bing shu	ding si	[8th] wu zi	wu wu	ji chou	ji wei
4	bing shu	ding si	yi you	bing chen	bing shu	ding si	ding hai	[7th] wu wu	ji chou	ji wei	geng yin	geng shen
5	ding hai	wu wu	bing shu	ding si	ding hai	wu wu	wu zi	ji wei	geng yin	geng shen	xin mao	xin you
6	wu zi	ji wei	ding hai	wu wu	wu zi	[5th] ji wei	[6th] ji chou	geng shen	xin mao	xin you	ren chen	ren shu
7	ji chou	geng shen	wu zi	ji wei	ji chou	geng shen	geng yin	xin you	ren chen	ren shu	kui si	kui hai
8	geng yin [11th]	[1st month of Pig year] xin you	ji chou	[3rd] geng shen	[4th] geng yin	xin you	xin mao	ren shu	kui si	kui hai	jia wu	jia zi
9	[12th month of Dog year] xin mao	ren shu	[2nd] geng yin	xin you	xin mao	ren shu	ren chen	kui hai	jia wu	jia zi	yi wei	yi chou
10	ren chen	kui hai	xin mao	ren shu	ren chen	kui hai	kui si	jia zi	yi wei	yi chou	bing shen	bing yin
11	kui si	jia zi	ren chen	kui hai	kui si	jia zi	jia wu	yi chou	bing shen	bing yin	ding you	ding mao
12	jia wu	yi chou	kui si	jia zi	jia wu	yi chou	yi wei	bing yin	ding you	ding mao	wu shu	wu chen
13	yi wei	bing yin	jia wu	yi chou	yi wei	bing yin	bing shen	ding mao	wu shu	wu chen	ji hai	ji si
14	bing shen	ding mao	yi wei	bing yin	bing shen	ding mao	ding you	wu chen	ji hai	ji si	geng zi	geng wu
15	ding you	wu chen	bing shen	ding mao	ding you	wu chen	wu shu	ji si	geng zi	geng wu	xin chou	xin wei
16	wu shu	ji si	ding you	wu chen	wu shu	ji si	ji hai	geng wu	xin chou	xin wei	ren yin	ren shen
17	ji hai	geng wu	wu shu	ji si	ji hai	geng wu	geng zi	xin wei	ren yin	ren shen	kui mao	kui you
18	geng zi	xin wei	ji hai	geng wu	geng zi	xin wei	xin chou	ren shen	kui mao	kui you	jia chen	jia shu
19	xin chou	ren shen	geng zi	xin wei	xin chou	ren shen	ren yin	kui you	jia chen	jia shu	yi si	yi hai
20	ren yin	kui you	xin chou	ren shen	ren yin	kui you	kui mao	jia shu	yi si	yi hai	bing wu	bing zi
21	kui mao	jia shu	ren yin	kui you	kui mao	jia shu	jia chen	yi hai	bing wu	bing zi	ding wei	ding chou
22	jia chen	yi hai	kui mao	jia shu	jia chen	yi hai	yi si	bing zi	ding wei	ding chou	wu shen	wu yin
23	yi si	bing zi	jia chen	yi hai	yi si	bing zi	bing wu	ding chou	wu shen	wu yin	ji you	ji mao
24	bing wu	ding chou	yi si	bing zi	bing wu	ding chou	ding wei	wu yin	ji you	ji mao	geng shu	geng chen
25	ding wei	wu yin	bing wu	ding chou	ding wei	wu yin	wu shen	ji mao	geng shu	geng chen	xin hai	xin si
26	wu shen	ji mao	ding wei	wu yin	wu shen	ji mao	ji you	geng chen	xin hai	xin si	ren zi	ren wu
27	ji you	geng chen	wu shen	ji mao	ji you	geng chen	geng shu	xin si	ren zi	ren wu	kui chou	kui wei
28	geng shu	xin si	ji you	geng chen	geng shu	xin si	xin hai	ren wu	kui chou	kui wei	jia yin	jia shen
29	xin hai		geng shu	xin si	xin hai	ren wu	ren zi	kui wei	jia yin	jia shen	yi mao	yi you
30	ren zi		xin hai	ren wu	ren zi	kui wei	kui chou	jia shen	yi mao	yi you	[11th] bing chen	[12th] bing shu
31	kui chou		ren zi		kui chou		jia yin	yi you		bing shu		ding hai

1960 YEAR OF THE RAT 庚子 *geng zi*

	JAN	FEB	MAR	APRIL	MAY	JUNE	JULY	AUG	SEPT	OCT	NOV	DEC
1	wu zi	ji wei	wu zi	ji wei	ji chou	geng shen	geng yin	xin you	ren chen	ren shu	kui si	kui hai
2	ji chou	geng shen	ji chou	geng shen	geng yin	xin you	xin mao	ren shu	kui si	kui hai	jia wu	jia zi
3	geng yin	xin you	geng yin	xin you	xin mao	ren shu	ren chen	kui hai	jia wu	jia zi	yi wei	yi chou
4	xin mao	ren shu	xin mao	ren shu	ren chen	kui hai	kui si	jia zi	yi wei	yi chou	bing shen	bing yin
5	ren chen	kui hai	ren chen	kui hai	kui si	jia zi	jia wu	yi chou	bing shen	bing yin	ding you	ding mao
6	kui si	jia zi	kui si	jia zi	jia wu	yi chou	yi wei	bing yin	ding you	ding mao	wu shu	wu chen
7	jia wu	yi chou	jia wu	yi chou	yi wei	bing yin	bing shen	ding mao	wu shu	wu chen	ji hai	ji si
8	yi wei	bing yin	yi wei	bing yin	bing shen	ding mao	ding you	wu chen	ji hai	ji si	geng zi	geng wu
9	bing shen	ding mao	bing shen	ding mao	ding you	wu chen	wu shu	ji si	geng zi	geng wu	xin chou	xin wei
10	ding you	wu chen	ding you	wu chen	wu shu	ji si	ji hai	geng wu	xin chou	xin wei	ren yin	ren shen
11	wu shu	ji si	wu shu	ji si	ji hai	geng wu	geng zi	xin wei	ren yin	ren shen	kui mao	kui you
12	ji hai	geng wu	ji hai	geng wu	geng zi	xin wei	xin chou	ren shen	kui mao	kui you	jia chen	jia shu
13	geng zi	xin wei	geng zi	xin wei	xin chou	ren shen	ren yin	kui you	jia chen	jia shu	yi si	yi hai
14	xin chou	ren shen	xin chou	ren shen	ren yin	kui you	kui mao	jia shu	yi si	yi hai	bing wu	bing zi
15	ren yin	kui you	ren yin	kui you	kui mao	jia shu	jia chen	yi hai	bing wu	bing zi	ding wei	ding chou
16	kui mao	jia shu	kui mao	jia shu	jia chen	yi hai	yi si	bing zi	ding wei	ding chou	wu shen	wu yin
17	jia chen	yi hai	jia chen	yi hai	yi si	bing zi	bing wu	ding chou	wu shen	wu yin	ji you	ji mao
18	yi si	bing zi	yi si	bing zi	bing wu	ding chou	ding wei	wu yin	ji you	ji mao	geng shu	11th: geng chen
19	bing wu	ding chou	bing wu	ding chou	ding wei	wu yin	wu shen	ji mao	geng shu	geng chen	10th: xin hai	xin si
20	ding wei	wu yin	ding wei	wu yin	wu shen	ji mao	ji you	geng chen	xin hai	9th: xin si	ren zi	ren wu
21	wu shen	ji mao	wu shen	ji mao	ji you	geng chen	geng shu	xin si	8th: ren zi	ren wu	kui chou	kui wei
22	ji you	geng chen	ji you	geng chen	geng shu	xin si	xin hai	7th: ren wu	kui chou	kui wei	jia yin	jia shen
23	geng shu	xin si	geng shu	xin si	xin hai	ren wu	ren zi	kui wei	jia yin	jia shen	yi mao	yi you
24	xin hai	ren wu	xin hai	ren wu	ren zi	6th: kui wei	intercalary 6th: kui chou	jia shen	yi mao	yi you	bing chen	bing shu
25	ren zi	kui wei	ren zi	kui wei	5th: kui chou	jia shen	jia yin	yi you	bing chen	bing shu	ding si	ding hai
26	kui chou	jia shen	kui chou	4th: jia shen	jia yin	yi you	yi mao	bing shu	ding si	ding hai	wu wu	wu zi
27	jia yin	1st month of Rat year / 2nd: yi you	3rd: jia yin	yi you	yi mao	bing shu	bing chen	ding hai	wu wu	wu zi	ji wei	ji chou
28	12th month of Pig year / 1st: yi mao	bing shu	yi mao	bing shu	bing chen	ding hai	ding si	wu zi	ji wei	ji chou	geng shen	geng yin
29	bing chen	ding hai	bing chen	ding hai	ding si	wu zi	wu wu	ji chou	geng shen	geng yin	xin you	xin mao
30	ding si		ding si	wu zi	wu wu	ji chou	ji wei	geng yin	xin you	xin mao	ren shu	ren chen
31	wu wu		wu wu		ji wei		geng shen	xin mao		ren chen		kui si

1961 YEAR OF THE OX 辛丑 *xin chou*

	JAN	FEB	MAR	APRIL	MAY	JUNE	JULY	AUG	SEPT	OCT	NOV	DEC
1	jia wu	yi chou	kui si	jia zi	jia wu	yi chou	yi wei	bing yin	ding you	ding mao	wu shu	wu chen
2	yi wei	bing yin	jia wu	yi chou	yi wei	bing yin	bing shen	ding mao	wu shu	wu chen	ji hai	ji si
3	bing shen	ding mao	yi wei	bing yin	bing shen	ding mao	ding you	wu chen	ji hai	ji si	geng zi	geng wu
4	ding you	wu chen	bing shen	ding mao	ding you	wu chen	wu shu	ji si	geng zi	geng wu	xin chou	xin wei
5	wu shu	ji si	ding you	wu chen	wu shu	ji si	ji hai	geng wu	xin chou	xin wei	ren yin	ren shen
6	ji hai	geng wu	wu shu	ji si	ji hai	geng wu	geng zi	xin wei	ren yin	ren shen	kui mao	kui you
7	geng zi	xin wei	ji hai	geng wu	geng zi	xin wei	xin chou	ren shen	kui mao	kui you	jia chen	jia shu
8	xin chou	ren shen	geng zi	xin wei	xin chou	ren shen	ren yin	kui you	jia chen	jia shu	yi si	yi hai
9	ren yin	kui you	xin chou	ren shen	ren yin	kui you	kui mao	jia shu	yi si	yi hai	10th: bing wu	11th: bing zi
10	kui mao	jia shu	ren yin	kui you	kui mao	jia shu	jia chen	yi hai	8th: bing wu	9th: bing zi	ding wei	ding chou
11	jia chen	yi hai	kui mao	jia shu	jia chen	yi hai	yi si	7th: bing zi	ding wei	ding chou	wu shen	wu yin
12	yi si	bing zi	jia chen	yi hai	yi si	bing zi	bing wu	ding chou	wu shen	wu yin	ji you	ji mao
13	bing wu	ding chou	yi si	bing zi	bing wu	5th: ding chou	6th: ding wei	wu yin	ji you	ji mao	geng shu	geng chen
14	ding wei	wu yin	bing wu	ding chou	ding wei	wu yin	wu shen	ji mao	geng shu	geng chen	xin hai	xin si
15	wu shen	1st month of Ox year: ji mao	ding wei	wu yin	4th: wu shen	ji mao	ji you	geng chen	xin hai	xin si	ren zi	ren wu
16	ji you	geng chen	wu shen	3rd: ji mao	ji you	geng chen	geng shu	xin si	ren zi	ren wu	kui chou	kui wei
17	12th month of Rat year: geng shu	xin si	2nd: ji you	geng chen	geng shu	xin si	xin hai	ren wu	kui chou	kui wei	jia yin	jia shen
18	xin hai	ren wu	geng shu	xin si	xin hai	ren wu	ren zi	kui wei	jia yin	jia shen	yi mao	yi you
19	ren zi	kui wei	xin hai	ren wu	ren zi	kui wei	kui chou	jia shen	yi mao	yi you	bing chen	bing shu
20	kui chou	jia shen	ren zi	kui wei	kui chou	jia shen	jia yin	yi you	bing chen	bing shu	ding si	ding hai
21	jia yin	yi you	kui chou	jia shen	jia yin	yi you	yi mao	bing shu	ding si	ding hai	wu wu	wu zi
22	yi mao	bing shu	jia yin	yi you	yi mao	bing shu	bing chen	ding hai	wu wu	wu zi	ji wei	ji chou
23	bing chen	ding hai	yi mao	bing shu	bing chen	ding hai	ding si	wu zi	ji wei	ji chou	geng shen	geng yin
24	ding si	wu zi	bing chen	ding hai	ding si	wu zi	wu wu	ji chou	geng shen	geng yin	xin you	xin mao
25	wu wu	ji chou	ding si	wu zi	wu wu	ji chou	ji wei	geng yin	xin you	xin mao	ren shu	ren chen
26	ji wei	geng yin	wu wu	ji chou	ji wei	geng yin	geng shen	xin mao	ren shu	ren chen	kui hai	kui si
27	geng shen	xin mao	ji wei	geng yin	geng shen	xin mao	xin you	ren chen	kui hai	kui si	jia zi	jia wu
28	xin you	ren chen	geng shen	xin mao	xin you	ren chen	ren shu	kui si	jia zi	jia wu	yi chou	yi wei
29	ren shu		xin you	ren chen	ren shu	kui si	kui hai	jia wu	yi chou	yi wei	bing yin	bing shen
30	kui hai		ren shu	kui si	kui hai	jia wu	jia zi	yi wei	bing yin	bing shen	ding mao	ding you
31	jia zi		kui hai		jia zi		yi chou	bing shen		ding you		wu shu

1962 YEAR OF THE TIGER 壬寅 *ren yin*

	JAN	FEB	MAR	APRIL	MAY	JUNE	JULY	AUG	SEPT	OCT	NOV	DEC
1	**11th** ji hai	geng wu	wu shu	ji si	ji hai	geng wu	geng zi	xin wei	ren yin	ren shen	kui mao	kui you
2	geng zi	xin wei	ji hai	geng wu	geng zi	**5th** xin wei	**6th** xin chou	ren shen	kui mao	kui you	jia chen	jia shu
3	xin chou	ren shen	geng zi	xin wei	xin chou	ren shen	ren yin	kui you	jia chen	jia shu	yi si	yi hai
4	ren yin	kui you	xin chou	ren shen	**4th** ren yin	kui you	kui mao	jia shu	yi si	yi hai	bing wu	bing zi
5	kui mao	**1st month of Rat year** jia shu	ren yin	**3rd** kui you	kui mao	jia shu	jia chen	yi hai	bing wu	bing zi	ding wei	ding chou
6	**12th month of Ox year** jia chen	yi hai	**2nd** kui mao	jia shu	jia chen	yi hai	yi si	bing zi	ding wei	ding chou	wu shen	wu yin
7	yi si	bing zi	jia chen	yi hai	yi si	bing zi	bing wu	ding chou	wu shen	wu yin	ji you	ji mao
8	bing wu	ding chou	yi si	bing zi	bing wu	ding chou	ding wei	wu yin	ji you	ji mao	geng shu	geng chen
9	ding wei	wu yin	bing wu	ding chou	ding wei	wu yin	wu shen	ji mao	geng shu	geng chen	xin hai	xin si
10	wu shen	ji mao	ding wei	wu yin	wu shen	ji mao	ji you	geng chen	xin hai	xin si	ren zi	ren wu
11	ji you	geng chen	wu shen	ji mao	ji you	geng chen	geng shu	xin si	ren zi	ren wu	kui chou	kui wei
12	geng shu	xin si	ji you	geng chen	geng shu	xin si	xin hai	ren wu	kui chou	kui wei	jia yin	jia shen
13	xin hai	ren wu	geng shu	xin si	xin hai	ren wu	ren zi	kui wei	jia yin	jia shen	yi mao	yi you
14	ren zi	kui wei	xin hai	ren wu	ren zi	kui wei	kui chou	jia shen	yi mao	yi you	bing chen	bing shu
15	kui chou	jia shen	ren zi	kui wei	kui chou	jia shen	jia yin	yi you	bing chen	bing shu	ding si	ding hai
16	jia yin	yi you	kui chou	jia shen	jia yin	yi you	yi mao	bing shu	ding si	ding hai	wu wu	wu zi
17	yi mao	bing shu	jia yin	yi you	yi mao	bing shu	bing chen	ding hai	wu wu	wu zi	ji wei	ji chou
18	bing chen	ding hai	yi mao	bing shu	bing chen	ding hai	ding si	wu zi	ji wei	ji chou	geng shen	geng yin
19	ding si	wu zi	bing chen	ding hai	ding si	wu zi	wu wu	ji chou	geng shen	geng yin	xin you	xin mao
20	wu wu	ji chou	ding si	wu zi	wu wu	ji chou	ji wei	geng yin	xin you	xin mao	ren shu	ren chen
21	ji wei	geng yin	wu wu	ji chou	ji wei	geng yin	geng shen	xin mao	ren shu	ren chen	kui hai	kui si
22	geng shen	xin mao	ji wei	geng yin	geng shen	xin mao	xin you	ren chen	kui hai	kui si	jia zi	jia wu
23	xin you	ren chen	geng shen	xin mao	xin you	ren chen	ren shu	kui si	jia zi	jia wu	yi chou	yi wei
24	ren shu	kui si	xin you	ren chen	ren shu	kui si	kui hai	jia wu	yi chou	yi wei	bing yin	bing shen
25	kui hai	jia wu	ren shu	kui si	kui hai	jia wu	jia zi	yi wei	bing yin	bing shen	ding mao	ding you
26	jia zi	yi wei	kui hai	jia wu	jia zi	yi wei	yi chou	bing shen	ding mao	ding you	wu chen	wu shu
27	yi chou	bing shen	jia zi	yi wei	yi chou	bing shen	bing yin	ding you	wu chen	wu shu	**11th** ji si	**12th** ji hai
28	bing yin	ding you	yi chou	bing shen	bing yin	ding you	ding mao	wu shu	ji si	**10th** ji hai	geng wu	geng zi
29	ding mao		bing yin	ding you	ding mao	wu shu	wu chen	ji hai	**9th** geng wu	geng zi	xin wei	xin chou
30	wu chen		ding mao	wu shu	wu chen	ji hai	ji si	**8th** geng zi	xin wei	xin chou	ren shen	ren yin
31	ji si		wu chen		ji si		**7th** geng wu	xin chou		ren yin		kui mao

1963 YEAR OF THE RABBIT 癸卯 *kui mao*

	JAN	FEB	MAR	APRIL	MAY	JUNE	JULY	AUG	SEPT	OCT	NOV	DEC
1	**12th month of Tiger year** jia chen	yi hai	kui mao	jia shu	jia chen	yi hai	yi si	bing zi	ding wei	ding chou	wu shen	wu yin
2	yi si	bing zi	jia chen	yi hai	yi si	bing zi	bing wu	ding chou	wu shen	wu yin	ji you	ji mao
3	bing wu	ding chou	yi si	bing zi	bing wu	ding chou	ding wei	wu yin	ji you	ji mao	geng shu	geng chen
4	ding wei	wu yin	bing wu	ding chou	ding wei	wu yin	wu shen	ji mao	geng shu	geng chen	xin hai	xin si
5	wu shen	ji mao	ding wei	wu yin	wu shen	ji mao	ji you	geng chen	xin hai	xin si	ren zi	ren wu
6	ji you	geng chen	wu shen	ji mao	ji you	geng chen	geng shu	xin si	ren zi	ren wu	kui chou	kui wei
7	geng shu	xin si	ji you	geng chen	geng shu	xin si	xin hai	ren wu	kui chou	kui wei	jia yin	jia shen
8	xin hai	ren wu	geng shu	xin si	xin hai	ren wu	ren zi	kui wei	jia yin	jia shen	yi mao	yi you
9	ren zi	kui wei	xin hai	ren wu	ren zi	kui wei	kui chou	jia shen	yi mao	yi you	bing chen	bing shu
10	kui chou	jia shen	ren zi	kui wei	kui chou	jia shen	jia yin	yi you	bing chen	bing shu	ding si	ding hai
11	jia yin	yi you	kui chou	jia shen	jia yin	yi you	yi mao	bing shu	ding si	ding hai	wu wu	wu zi
12	yi mao	bing shu	jia yin	yi you	yi mao	bing shu	bing chen	ding hai	wu wu	wu zi	ji wei	ji chou
13	bing chen	ding hai	yi mao	bing shu	bing chen	ding hai	ding si	wu zi	ji wei	ji chou	geng shen	geng yin
14	ding si	wu zi	bing chen	ding hai	ding si	wu zi	wu wu	ji chou	geng shen	geng yin	xin you	xin mao
15	wu wu	ji chou	ding si	wu zi	wu wu	ji chou	ji wei	geng yin	xin you	xin mao	ren shu	ren chen
16	ji wei	geng yin	wu wu	ji chou	ji wei	geng yin	geng shen	xin mao	ren shu	ren chen	**10th** kui hai	**11th** kui si
17	geng shen	xin mao	ji wei	geng yin	geng shen	xin mao	xin you	ren chen	kui hai	**9th** kui si	jia zi	jia wu
18	xin you	ren chen	geng shen	xin mao	xin you	ren chen	ren shu	kui si	**8th** jia zi	jia wu	yi chou	yi wei
19	ren shu	kui si	xin you	ren chen	ren shu	kui si	kui hai	**7th** jia wu	yi chou	yi wei	bing yin	bing shen
20	kui hai	jia wu	ren shu	kui si	kui hai	jia wu	jia zi	yi wei	bing yin	bing shen	ding mao	ding you
21	jia zi	yi wei	kui hai	jia wu	jia zi	**5th** yi wei	**6th** yi chou	bing shen	ding mao	ding you	wu chen	wu shu
22	yi chou	bing shen	jia zi	yi wei	yi chou	bing shen	bing yin	ding you	wu chen	wu shu	ji si	ji hai
23	bing yin	ding you	yi chou	bing shen	**intercalary 4th** bing yin	ding you	ding mao	wu shu	ji si	ji hai	geng wu	geng zi
24	ding mao	**2nd** wu shu	bing yin	**4th** ding you	ding mao	wu shu	wu chen	ji hai	geng wu	geng zi	xin wei	xin chou
25	**1st month of Rabbit year** wu chen	ji hai	**3rd** ding mao	wu shu	wu chen	ji hai	ji si	geng zi	xin wei	xin chou	ren shen	ren yin
26	ji si	geng zi	wu chen	ji hai	ji si	geng zi	geng wu	xin chou	ren shen	ren yin	kui you	kui mao
27	geng wu	xin chou	ji si	geng zi	geng wu	xin chou	xin wei	ren yin	kui you	kui mao	jia shu	jia chen
28	xin wei	ren yin	geng wu	xin chou	xin wei	ren yin	ren shen	kui mao	jia shu	jia chen	yi hai	yi si
29	ren shen		xin wei	ren yin	ren shen	kui mao	kui you	jia chen	yi hai	yi si	bing zi	bing wu
30	kui you		ren shen	kui mao	kui you	jia chen	jia shu	yi si	bing zi	bing wu	ding chou	ding wei
31	jia shu		kui you		jia shu		yi hai	bing wu		ding wei		wu shen

1964 YEAR OF THE DRAGON 甲辰 *jia chen*

	JAN	FEB	MAR	APRIL	MAY	JUNE	JULY	AUG	SEPT	OCT	NOV	DEC
1	ji you (11th)	geng chen	ji you	geng chen	geng shu	xin si	xin hai	ren wu	kui chou	kui wei	jia yin	jia shen
2	geng shu	xin si	geng shu	xin si	xin hai	ren wu	ren zi	kui wei	jia yin	jia shen	yi mao	yi you
3	xin hai	ren wu	xin hai	ren wu	ren zi	kui wei	kui chou	jia shen	yi mao	yi you	bing chen	bing shu
4	ren zi	kui wei	ren zi	kui wei	kui chou	jia shen	jia yin	yi you	bing chen	bing shu	(10th) ding si	(11th) ding hai
5	kui chou	jia shen	kui chou	jia shen	jia yin	yi you	yi mao	bing shu	ding si	ding hai	wu wu	wu zi
6	jia yin	yi you	jia yin	yi you	yi mao	bing shu	bing chen	ding hai	(8th) wu wu	(9th) wu zi	ji wei	ji chou
7	yi mao	bing shu	yi mao	bing shu	bing chen	ding hai	ding si	wu zi	ji wei	ji chou	geng shen	geng yin
8	bing chen	ding hai	bing chen	ding hai	ding si	wu zi	wu wu	(7th) ji chou	geng shen	geng yin	xin you	xin mao
9	ding si	wu zi	ding si	wu zi	wu wu	ji chou	(6th) ji wei	geng yin	xin you	xin mao	ren shu	ren chen
10	wu wu	ji chou	wu wu	ji chou	ji wei	(5th) geng yin	geng shen	xin mao	ren shu	ren chen	kui hai	kui si
11	ji wei	geng yin	ji wei	geng yin	geng shen	xin mao	xin you	ren chen	kui hai	kui si	jia zi	jia wu
12	geng shen	xin mao	geng shen	(3rd) xin mao	(4th) xin you	ren chen	ren shu	kui si	jia zi	jia wu	yi chou	yi wei
13	xin you	(1st month of Dragon year) ren chen	xin you	ren chen	ren shu	kui si	kui hai	jia wu	yi chou	yi wei	bing yin	bing shen
14	ren shu	kui si	(2nd) ren shu	kui si	kui hai	jia wu	jia zi	yi wei	bing yin	bing shen	ding mao	ding you
15	(12th month of Rabbit year) kui hai	jia wu	kui hai	jia wu	jia zi	yi wei	yi chou	bing shen	ding mao	ding you	wu chen	wu shu
16	jia zi	yi wei	jia zi	yi wei	yi chou	bing shen	bing yin	ding you	wu chen	wu shu	ji si	ji hai
17	yi chou	bing shen	yi chou	bing shen	bing yin	ding you	ding mao	wu shu	ji si	ji hai	geng wu	geng zi
18	bing yin	ding you	bing yin	ding you	ding mao	wu shu	wu chen	ji hai	geng wu	geng zi	xin wei	xin chou
19	ding mao	wu shu	ding mao	wu shu	wu chen	ji hai	ji si	geng zi	xin wei	xin chou	ren shen	ren yin
20	wu chen	ji hai	wu chen	ji hai	ji si	geng zi	geng wu	xin chou	ren shen	ren yin	kui you	kui mao
21	ji si	geng zi	ji si	geng zi	geng wu	xin chou	xin wei	ren yin	kui you	kui mao	jia shu	jia chen
22	geng wu	xin chou	geng wu	xin chou	xin wei	ren yin	ren shen	kui mao	jia shu	jia chen	yi hai	yi si
23	xin wei	ren yin	xin wei	ren yin	ren shen	kui mao	kui you	jia chen	yi hai	yi si	bing zi	bing wu
24	ren shen	kui mao	ren shen	kui mao	kui you	jia chen	jia shu	yi si	bing zi	bing wu	ding chou	ding wei
25	kui you	jia chen	kui you	jia chen	jia shu	yi si	yi hai	bing wu	ding chou	ding wei	wu yin	wu shen
26	jia shu	yi si	jia shu	yi si	yi hai	bing wu	bing zi	ding wei	wu yin	wu shen	ji mao	ji you
27	yi hai	bing wu	yi hai	bing wu	bing zi	ding wei	ding chou	wu shen	ji mao	ji you	geng chen	geng shu
28	bing zi	ding wei	bing zi	ding wei	ding chou	wu shen	wu yin	ji you	geng chen	geng shu	xin si	xin hai
29	ding chou	wu shen	ding chou	wu shen	wu yin	ji you	ji mao	geng shu	xin si	xin hai	ren wu	ren zi
30	wu yin		wu yin	ji you	ji mao	geng shu	geng chen	xin hai	ren wu	ren zi	kui wei	kui chou
31	ji mao		ji mao		geng chen		xin si	ren zi		kui chou		jia yin

1965 YEAR OF THE SNAKE 乙巳 *yi si*

	JAN	FEB	MAR	APRIL	MAY	JUNE	JULY	AUG	SEPT	OCT	NOV	DEC
1	yi mao (11th)	bing shu	jia yin	(3rd) yi you	(4th) yi mao	bing shu	bing chen	ding hai	wu wu	wu zi	ji wei	ji chou
2	bing chen	(1st month of Snake year) ding hai	yi mao	bing shu	bing chen	ding hai	ding si	wu zi	ji wei	ji chou	geng shen	geng yin
3	(12th month of Dragon year) ding si	wu zi	(2nd) bing chen	ding hai	ding si	wu zi	wu wu	ji chou	geng shen	geng yin	xin you	xin mao
4	wu wu	ji chou	ding si	wu zi	wu wu	ji chou	ji wei	geng yin	xin you	xin mao	ren shu	ren chen
5	ji wei	geng yin	wu wu	ji chou	ji wei	geng yin	geng shen	xin mao	ren shu	ren chen	kui hai	kui si
6	geng shen	xin mao	ji wei	geng yin	geng shen	xin mao	xin you	ren chen	kui hai	kui si	jia zi	jia wu
7	xin you	ren chen	geng shen	xin mao	xin you	ren chen	ren shu	kui si	jia zi	jia wu	yi chou	yi wei
8	ren shu	kui si	xin you	ren chen	ren shu	kui si	kui hai	jia wu	yi chou	yi wei	bing yin	bing shen
9	kui hai	jia wu	ren shu	kui si	kui hai	jia wu	jia zi	yi wei	bing yin	bing shen	ding mao	ding you
10	jia zi	yi wei	kui hai	jia wu	jia zi	yi wei	yi chou	bing shen	ding mao	ding you	wu chen	wu shu
11	yi chou	bing shen	jia zi	yi wei	yi chou	bing shen	bing yin	ding you	wu chen	wu shu	ji si	ji hai
12	bing yin	ding you	yi chou	bing shen	bing yin	ding you	ding mao	wu shu	ji si	ji hai	geng wu	geng zi
13	ding mao	wu shu	bing yin	ding you	ding mao	wu shu	wu chen	ji hai	geng wu	geng zi	xin wei	xin chou
14	wu chen	ji hai	ding mao	wu shu	wu chen	ji hai	ji si	geng zi	xin wei	xin chou	ren shen	ren yin
15	ji si	geng zi	wu chen	ji hai	ji si	geng zi	geng wu	xin chou	ren shen	ren yin	kui you	kui mao
16	geng wu	xin chou	ji si	geng zi	geng wu	xin chou	xin wei	ren yin	kui you	kui mao	jia shu	jia chen
17	xin wei	ren yin	geng wu	xin chou	xin wei	ren yin	ren shen	kui mao	jia shu	jia chen	yi hai	yi si
18	ren shen	kui mao	xin wei	ren yin	ren shen	kui mao	kui you	jia chen	yi hai	yi si	bing zi	bing wu
19	kui you	jia chen	ren shen	kui mao	kui you	jia chen	jia shu	yi si	bing zi	bing wu	ding chou	ding wei
20	jia shu	yi si	kui you	jia chen	jia shu	yi si	yi hai	bing wu	ding chou	ding wei	wu yin	wu shen
21	yi hai	bing wu	jia shu	yi si	yi hai	bing wu	bing zi	ding wei	wu yin	wu shen	ji mao	ji you
22	bing zi	ding wei	yi hai	bing wu	bing zi	ding wei	ding chou	wu shen	ji mao	ji you	geng chen	geng shu
23	ding chou	wu shen	bing zi	ding wei	ding chou	wu shen	wu yin	ji you	geng chen	geng shu	(11th) xin si	(12th) xin hai
24	wu yin	ji you	ding chou	wu shen	wu yin	ji you	ji mao	geng shu	xin si	(10th) xin hai	ren wu	ren zi
25	ji mao	geng shu	wu yin	ji you	ji mao	geng shu	geng chen	xin hai	(9th) ren wu	ren zi	kui wei	kui chou
26	geng chen	xin hai	ji mao	geng shu	geng chen	xin hai	xin si	ren zi	kui wei	kui chou	jia shen	jia yin
27	xin si	ren zi	geng chen	xin hai	xin si	ren zi	ren wu	(8th) kui chou	jia shen	jia yin	yi you	yi mao
28	ren wu	kui chou	xin si	ren zi	ren wu	kui chou	(7th) kui wei	jia yin	yi you	yi mao	bing shu	bing chen
29	kui wei		ren wu	kui chou	kui wei	(6th) jia yin	jia shen	yi mao	bing shu	bing chen	ding hai	ding si
30	jia shen		kui wei	jia yin	jia shen	yi mao	yi you	bing chen	ding hai	ding si	wu zi	wu wu
31	yi you		jia shen		(5th) yi you		bing shu	ding si		wu wu		ji wei

1966 YEAR OF THE HORSE 丙午 *bing wu*

	JAN	FEB	MAR	APRIL	MAY	JUNE	JULY	AUG	SEPT	OCT	NOV	DEC
1	geng shen	xin mao	ji wei	geng yin	geng shen	xin mao	xin you	ren chen	kui hai	kui si	jia zi	jia wu
2	xin you	ren chen	geng shen	xin mao	xin you	ren chen	ren shu	kui si	jia zi	jia wu	yi chou	yi wei
3	ren shu	kui si	xin you	ren chen	ren shu	kui si	kui hai	jia wu	yi chou	yi wei	bing yin	bing shen
4	kui hai	jia wu	ren shu	kui si	kui hai	jia wu	jia zi	yi wei	bing yin	bing shen	ding mao	ding you
5	jia zi	yi wei	kui hai	jia wu	jia zi	yi wei	yi chou	bing shen	ding mao	ding you	wu chen	wu shu
6	yi chou	bing shen	jia zi	yi wei	yi chou	bing shen	bing yin	ding you	wu chen	wu shu	ji si	ji hai
7	bing yin	ding you	yi chou	bing shen	bing yin	ding you	ding mao	wu shu	ji si	ji hai	geng wu	geng zi
8	ding mao	wu shu	bing yin	ding you	ding mao	wu shu	wu chen	ji hai	geng wu	geng zi	xin wei	xin chou
9	wu chen	ji hai	ding mao	wu shu	wu chen	ji hai	ji si	geng zi	xin wei	xin chou	ren shen	ren yin
10	ji si	geng zi	wu chen	ji hai	ji si	geng zi	geng wu	xin chou	ren shen	ren yin	kui you	kui mao
11	geng wu	xin chou	ji si	geng zi	geng wu	xin chou	xin wei	ren yin	kui you	kui mao	jia shu	jia chen
12	xin wei	ren yin	geng wu	xin chou	xin wei	ren yin	ren shen	kui mao	jia shu	jia chen	10th yi hai	11th yi si
13	ren shen	kui mao	xin wei	ren yin	ren shen	kui mao	kui you	jia chen	yi hai	yi si	bing zi	bing wu
14	kui you	jia chen	ren shen	kui mao	kui you	jia chen	jia shu	yi si	bing zi	9th bing wu	ding chou	ding wei
15	jia shu	yi si	kui you	jia chen	jia shu	yi si	yi hai	bing wu	8th ding chou	ding wei	wu yin	wu shen
16	yi hai	bing wu	jia shu	yi si	yi hai	bing wu	bing zi	7th ding wei	wu yin	wu shen	ji mao	ji you
17	bing zi	ding wei	yi hai	bing wu	bing zi	ding wei	ding chou	wu shen	ji mao	ji you	geng chen	geng shu
18	ding chou	wu shen	bing zi	ding wei	ding chou	wu shen	6th wu yin	ji you	geng chen	geng shu	xin si	xin hai
19	wu yin	ji you	ding chou	wu shen	wu yin	5th ji you	ji mao	geng shu	xin si	xin hai	ren wu	ren zi
20	ji mao (12th month of Snake year)	2nd geng shu	wu yin	ji you	4th ji mao	geng shu	geng chen	xin hai	ren wu	ren zi	kui wei	kui chou
21	geng chen (1st month of Horse year)	xin hai	ji mao	intercalary 3rd geng shu	geng chen	xin hai	xin si	ren zi	kui wei	kui chou	jia shen	jia yin
22	xin si	ren zi	3rd geng chen	xin hai	xin si	ren zi	ren wu	kui chou	jia shen	jia yin	yi you	yi mao
23	ren wu	kui chou	xin si	ren zi	ren wu	kui chou	kui wei	jia yin	yi you	yi mao	bing shu	bing chen
24	kui wei	jia yin	ren wu	kui chou	kui wei	jia yin	jia shen	yi mao	bing shu	bing chen	ding hai	ding si
25	jia shen	yi mao	kui wei	jia yin	jia shen	yi mao	yi you	bing chen	ding hai	ding si	wu zi	wu wu
26	yi you	bing chen	jia shen	yi mao	yi you	bing chen	bing shu	ding si	wu zi	wu wu	ji chou	ji wei
27	bing shu	ding si	yi you	bing chen	bing shu	ding si	ding hai	wu wu	ji chou	ji wei	geng yin	geng shen
28	ding hai	wu wu	bing shu	ding si	ding hai	wu wu	wu zi	ji wei	geng yin	geng shen	xin mao	xin you
29	wu zi		ding hai	wu wu	wu zi	ji wei	ji chou	geng shen	xin mao	xin you	ren chen	ren shu
30	ji chou		wu zi	ji wei	ji chou	geng shen	geng yin	xin you	ren chen	ren shu	kui si	kui hai
31	geng yin		ji chou		geng yin		xin mao	ren shu		kui hai		jia zi

1967 YEAR OF THE GOAT 丁未 *ding wei*

	JAN	FEB	MAR	APRIL	MAY	JUNE	JULY	AUG	SEPT	OCT	NOV	DEC
1	yi chou	bing shen	jia zi	yi wei	yi chou	bing shen	bing yin	ding you	wu chen	wu shu	ji si	ji hai
2	bing yin	ding you	yi chou	bing shen	bing yin	ding you	ding mao	wu shu	ji si	ji hai	10th geng wu	11th geng zi
3	ding mao	wu shu	bing yin	ding you	ding mao	wu shu	wu chen	ji hai	geng wu	geng zi	xin wei	xin chou
4	wu chen	ji hai	ding mao	wu shu	wu chen	ji hai	ji si	geng zi	8th xin wei	9th xin chou	ren shen	ren yin
5	ji si	geng zi	wu chen	ji hai	ji si	geng zi	geng wu	xin chou	ren shen	ren yin	kui you	kui mao
6	geng wu	xin chou	ji si	geng zi	geng wu	xin chou	xin wei	7th ren yin	kui you	kui mao	jia shu	jia chen
7	xin wei	ren yin	geng wu	xin chou	xin wei	ren yin	ren shen	kui mao	jia shu	jia chen	yi hai	yi si
8	ren shen	kui mao	xin wei	ren yin	ren shen	5th kui mao	6th kui you	jia chen	yi hai	yi si	bing zi	bing wu
9	kui you	1st month of Goat year jia chen	ren shen	kui mao	4th kui you	jia chen	jia shu	yi si	bing zi	bing wu	ding chou	ding wei
10	jia shu (11th)	yi si	kui you	3rd jia chen	jia shu	yi si	yi hai	bing wu	ding chou	ding wei	wu yin	wu shen
11	yi hai (12th month of Horse year)	bing wu	2nd jia shu	yi si	yi hai	bing wu	bing zi	ding wei	wu yin	wu shen	ji mao	ji you
12	bing zi	ding wei	yi hai	bing wu	bing zi	ding wei	ding chou	wu shen	ji mao	ji you	geng chen	geng shu
13	ding chou	wu shen	bing zi	ding wei	ding chou	wu shen	wu yin	ji you	geng chen	geng shu	xin si	xin hai
14	wu yin	ji you	ding chou	wu shen	wu yin	ji you	ji mao	geng shu	xin si	xin hai	ren wu	ren zi
15	ji mao	geng shu	wu yin	ji you	ji mao	geng shu	geng chen	xin hai	ren wu	ren zi	kui wei	kui chou
16	geng chen	xin hai	ji mao	geng shu	geng chen	xin hai	xin si	ren zi	kui wei	kui chou	jia shen	jia yin
17	xin si	ren zi	geng chen	xin hai	xin si	ren zi	ren wu	kui chou	jia shen	jia yin	yi you	yi mao
18	ren wu	kui chou	xin si	ren zi	ren wu	kui chou	kui wei	jia yin	yi you	yi mao	bing shu	bing chen
19	kui wei	jia yin	ren wu	kui chou	kui wei	jia yin	jia shen	yi mao	bing shu	bing chen	ding hai	ding si
20	jia shen	yi mao	kui wei	jia yin	jia shen	yi mao	yi you	bing chen	ding hai	ding si	wu zi	wu wu
21	yi you	bing chen	jia shen	yi mao	yi you	bing chen	bing shu	ding si	wu zi	wu wu	ji chou	ji wei
22	bing shu	ding si	yi you	bing chen	bing shu	ding si	ding hai	wu wu	ji chou	ji wei	geng yin	geng shen
23	ding hai	wu wu	bing shu	ding si	ding hai	wu wu	wu zi	ji wei	geng yin	geng shen	xin mao	xin you
24	wu zi	ji wei	ding hai	wu wu	wu zi	ji wei	ji chou	geng shen	xin mao	xin you	ren chen	ren shu
25	ji chou	geng shen	wu zi	ji wei	ji chou	geng shen	geng yin	xin you	ren chen	ren shu	kui si	kui hai
26	geng yin	xin you	ji chou	geng shen	geng yin	xin you	xin mao	ren shu	kui si	kui hai	jia wu	jia zi
27	xin mao	ren shu	geng yin	xin you	xin mao	ren shu	ren chen	kui hai	jia wu	jia zi	yi wei	yi chou
28	ren chen	kui hai	xin mao	ren shu	ren chen	kui hai	kui si	jia zi	yi wei	yi chou	bing shen	bing yin
29	kui si		ren chen	kui hai	kui si	jia zi	jia wu	yi chou	bing shen	bing yin	ding you	ding mao
30	jia wu		kui si	jia zi	jia wu	yi chou	yi wei	bing yin	ding you	ding mao	wu shu	wu chen
31	yi wei		jia wu		yi wei		bing shen	ding mao		wu chen		ji si

1968 YEAR OF THE MONKEY 戊申 *wu shen*

	JAN	FEB	MAR	APRIL	MAY	JUNE	JULY	AUG	SEPT	OCT	NOV	DEC
1	geng wu [12th month of Goat year]	xin chou	geng wu	xin chou	xin wei	ren yin	ren shen	kui mao	jia shu	jia chen	yi hai	yi si
2	xin wei	ren yin	xin wei	ren yin	ren shen	kui mao	kui you	jia chen	yi hai	yi si	bing zi	bing wu
3	ren shen	kui mao	ren shen	kui mao	kui you	jia chen	jia shu	yi si	bing zi	bing wu	ding chou	ding wei
4	kui you	jia chen	kui you	jia chen	jia shu	yi si	yi hai	bing wu	ding chou	ding wei	wu yin	wu shen
5	jia shu	yi si	jia shu	yi si	yi hai	bing wu	bing zi	ding wei	wu yin	wu shen	ji mao	ji you
6	yi hai	bing wu	yi hai	bing wu	bing zi	ding wei	ding chou	wu shen	ji mao	ji you	geng chen	geng shu
7	bing zi	ding wei	bing zi	ding wei	ding chou	wu shen	wu yin	ji you	geng chen	geng shu	xin si	xin hai
8	ding chou	wu shen	ding chou	wu shen	wu yin	ji you	ji mao	geng shu	xin si	xin hai	ren wu	ren zi
9	wu yin	ji you	wu yin	ji you	ji mao	geng shu	geng chen	xin hai	ren wu	ren zi	kui wei	kui chou
10	ji mao	geng shu	ji mao	geng shu	geng chen	xin hai	xin si	ren zi	kui wei	kui chou	jia shen	jia yin
11	geng chen	xin hai	geng chen	xin hai	xin si	ren zi	ren wu	kui chou	jia shen	jia yin	yi you	yi mao
12	xin si	ren zi	xin si	ren zi	ren wu	kui chou	kui wei	jia yin	yi you	yi mao	bing shu	bing chen
13	ren wu	kui chou	ren wu	kui chou	kui wei	jia yin	jia shen	yi mao	bing shu	bing chen	ding hai	ding si
14	kui wei	jia yin	kui wei	jia yin	jia shen	yi mao	yi you	bing chen	ding hai	ding si	wu zi	wu wu
15	jia shen	yi mao	jia shen	yi mao	yi you	bing chen	bing shu	ding si	wu zi	wu wu	ji chou	ji wei
16	yi you	bing chen	yi you	bing chen	bing shu	ding si	ding hai	wu wu	ji chou	ji wei	geng yin	geng shen
17	bing shu	ding si	bing shu	ding si	ding hai	wu wu	wu zi	ji wei	geng yin	geng shen	xin mao	xin you
18	ding hai	wu wu	ding hai	wu wu	wu zi	ji wei	ji chou	geng shen	xin mao	xin you	ren chen	ren shu
19	wu zi	ji wei	wu zi	ji wei	ji chou	geng shen	geng yin	xin you	ren chen	ren shu	kui si	kui hai
20	ji chou	geng shen [1st month of Monkey year]	ji chou	geng shen	geng yin	xin you	xin mao	ren shu	kui si	kui hai	jia wu [10th]	jia zi [11th]
21	geng yin	xin you	geng yin	xin you	xin mao	ren shu	ren chen	kui hai	jia wu	jia zi	yi wei	yi chou
22	xin mao	ren shu	xin mao	ren shu	ren chen	kui hai	kui si	jia zi	yi wei [8th]	yi chou [9th]	bing shen	bing yin
23	ren chen	kui hai	ren chen	kui hai	kui si	jia zi	jia wu	yi chou	bing shen	bing yin	ding you	ding mao
24	kui si	jia zi	kui si	jia zi	jia wu	yi chou	yi wei	bing yin [intercalary 7th]	ding you	ding mao	wu shu	wu chen
25	jia wu	yi chou	jia wu	yi chou	yi wei	bing yin	bing shen [7th]	ding mao	wu shu	wu chen	ji hai	ji si
26	yi wei	bing yin	yi wei	bing yin	bing shen	ding mao [6th]	ding you	wu chen	ji hai	ji si	geng zi	geng wu
27	bing shen	ding mao	bing shen	ding mao [4th]	ding you [5th]	wu chen	wu shu	ji si	geng zi	geng wu	xin chou	xin wei
28	ding you	wu chen [2nd]	ding you	wu chen	wu shu	ji si	ji hai	geng wu	xin chou	xin wei	ren yin	ren shen
29	wu shu	ji si	wu shu [3rd]	ji si	ji hai	geng wu	geng zi	xin wei	ren yin	ren shen	kui mao	kui you
30	ji hai [1st]		ji hai	geng wu	geng zi	xin wei	xin chou	ren shen	kui mao	kui you	jia chen	jia shu
31	geng zi		geng zi		xin chou		ren yin	kui you		jia shu		yi hai

1969 YEAR OF THE ROOSTER 己酉 *ji you*

	JAN	FEB	MAR	APRIL	MAY	JUNE	JULY	AUG	SEPT	OCT	NOV	DEC
1	bing zi	ding wei	yi hai	bing wu	bing zi	ding wei	ding chou	wu shen	ji mao	ji you	geng chen	geng shu
2	ding chou	wu shen	bing zi	ding wei	ding chou	wu shen	wu yin	ji you	geng chen	geng shu	xin si	xin hai
3	wu yin	ji you	ding chou	wu shen	wu yin	ji you	ji mao	geng shu	xin si	xin hai	ren wu	ren zi
4	ji mao	geng shu	wu yin	ji you	ji mao	geng shu	geng chen	xin hai	ren wu	ren zi	kui wei	kui chou
5	geng chen	xin hai	ji mao	geng shu	geng chen	xin hai	xin si	ren zi	kui wei	kui chou	jia shen	jia yin
6	xin si	ren zi	geng chen	xin hai	xin si	ren zi	ren wu	kui chou	jia shen	jia yin	yi you	yi mao
7	ren wu	kui chou	xin si	ren zi	ren wu	kui chou	kui wei	jia yin	yi you	yi mao	bing shu	bing chen
8	kui wei	jia yin	ren wu	kui chou	kui wei	jia yin	jia shen	yi mao	bing shu	bing chen	ding hai	ding si
9	jia shen	yi mao	kui wei	jia yin	jia shen	yi mao	yi you	bing chen	ding hai	ding si	wu zi	wu wu [11th]
10	yi you	bing chen	jia shen	yi mao	yi you	bing chen	bing shu	ding si	wu zi	wu wu	ji chou [10th]	ji wei
11	bing shu	ding si	yi you	bing chen	bing shu	ding si	ding hai	wu wu	ji chou	ji wei [9th]	geng yin	geng shen
12	ding hai	wu wu	bing shu	ding si	ding hai	wu wu	wu zi	ji wei	geng yin [8th]	geng shen	xin mao	xin you
13	wu zi	ji wei	ding hai	wu wu	wu zi	ji wei	ji chou	geng shen [7th]	xin mao	xin you	ren chen	ren shu
14	ji chou	geng shen	wu zi	ji wei	ji chou	geng shen	geng yin [6th]	xin you	ren chen	ren shu	kui si	kui hai
15	geng yin	xin you	ji chou	geng shen	geng yin	xin you [5th]	xin mao	ren shu	kui si	kui hai	jia wu	jia zi
16	xin mao [11th]	ren shu	geng yin	xin you	xin mao [4th]	ren shu	ren chen	kui hai	jia wu	jia zi	yi wei	yi chou
17	ren chen	kui hai [1st month of Rooster year]	xin mao	ren shu [3rd]	ren chen	kui hai	kui si	jia zi	yi wei	yi chou	bing shen	bing yin
18	kui si [12th month of Monkey year]	jia zi	ren chen [2nd]	kui hai	kui si	jia zi	jia wu	yi chou	bing shen	bing yin	ding you	ding mao
19	jia wu	yi chou	kui si	jia zi	jia wu	yi chou	yi wei	bing yin	ding you	ding mao	wu shu	wu chen
20	yi wei	bing yin	jia wu	yi chou	yi wei	bing yin	bing shen	ding mao	wu shu	wu chen	ji hai	ji si
21	bing shen	ding mao	yi wei	bing yin	bing shen	ding mao	ding you	wu chen	ji hai	ji si	geng zi	geng wu
22	ding you	wu chen	bing shen	ding mao	ding you	wu chen	wu shu	ji si	geng zi	geng wu	xin chou	xin wei
23	wu shu	ji si	ding you	wu chen	wu shu	ji si	ji hai	geng wu	xin chou	xin wei	ren yin	ren shen
24	ji hai	geng wu	wu shu	ji si	ji hai	geng wu	geng zi	xin wei	ren yin	ren shen	kui mao	kui you
25	geng zi	xin wei	ji hai	geng wu	geng zi	xin wei	xin chou	ren shen	kui mao	kui you	jia chen	jia shu
26	xin chou	ren shen	geng zi	xin wei	xin chou	ren shen	ren yin	kui you	jia chen	jia shu	yi si	yi hai
27	ren yin	kui you	xin chou	ren shen	ren yin	kui you	kui mao	jia shu	yi si	yi hai	bing wu	bing zi
28	kui mao	jia shu	ren yin	kui you	kui mao	jia shu	jia chen	yi hai	bing wu	bing zi	ding wei	ding chou
29	jia chen		kui mao	jia shu	jia chen	yi hai	yi si	bing zi	ding wei	ding chou	wu shen	wu yin
30	yi si		jia chen	yi hai	yi si	bing zi	bing wu	ding chou	wu shen	wu yin	ji you	ji mao
31	bing wu		yi si		bing wu		ding wei	wu yin		ji mao		geng chen

1970 YEAR OF THE DOG 庚戌 *geng shu*

	JAN	FEB	MAR	APRIL	MAY	JUNE	JULY	AUG	SEPT	OCT	NOV	DEC
1	(11th) xin si	ren zi	geng chen	xin hai	xin si	ren zi	ren wu	kui chou	(8th) jia shen	jia yin	yi you	yi mao
2	ren wu	kui chou	xin si	ren zi	ren wu	kui chou	kui wei	(7th) jia yin	yi you	yi mao	bing shu	bing chen
3	kui wei	jia yin	ren wu	kui chou	kui wei	jia yin	(6th) jia shen	yi mao	bing shu	bing chen	ding hai	ding si
4	jia shen	yi mao	kui wei	jia yin	jia shen	(5th) yi mao	yi you	bing chen	ding hai	ding si	wu zi	wu wu
5	yi you	bing chen	jia shen	yi mao	(4th) yi you	bing chen	bing shu	ding si	wu zi	wu wu	ji chou	ji wei
6	bing shu	(1st month of Dog year) ding si	yi you	(3rd) bing chen	bing shu	ding si	ding hai	wu wu	ji chou	ji wei	geng yin	geng shen
7	ding hai	wu wu	bing shu	ding si	ding hai	wu wu	wu zi	ji wei	geng yin	geng shen	xin mao	xin you
8	(12th month of Rooster year) wu zi	ji wei	(2nd) ding hai	wu wu	wu zi	ji wei	ji chou	geng shen	xin mao	xin you	ren chen	ren shu
9	ji chou	geng shen	wu zi	ji wei	ji chou	geng shen	geng yin	xin you	ren chen	ren shu	kui si	kui hai
10	geng yin	xin you	ji chou	geng shen	geng yin	xin you	xin mao	ren shu	kui si	kui hai	jia wu	jia zi
11	xin mao	ren shu	geng yin	xin you	xin mao	ren shu	ren chen	kui hai	jia wu	jia zi	yi wei	yi chou
12	ren chen	kui hai	xin mao	ren shu	ren chen	kui hai	kui si	jia zi	yi wei	yi chou	bing shen	bing yin
13	kui si	jia zi	ren chen	kui hai	kui si	jia zi	jia wu	yi chou	bing shen	bing yin	ding you	ding mao
14	jia wu	yi chou	kui si	jia zi	jia wu	yi chou	yi wei	bing yin	ding you	ding mao	wu shu	wu chen
15	yi wei	bing yin	jia wu	yi chou	yi wei	bing yin	bing shen	ding mao	wu shu	wu chen	ji hai	ji si
16	bing shen	ding mao	yi wei	bing yin	bing shen	ding mao	ding you	wu chen	ji hai	ji si	geng zi	geng wu
17	ding you	wu chen	bing shen	ding mao	ding you	wu chen	wu shu	ji si	geng zi	geng wu	xin chou	xin wei
18	wu shu	ji si	ding you	wu chen	wu shu	ji si	ji hai	geng wu	xin chou	xin wei	ren yin	ren shen
19	ji hai	geng wu	wu shu	ji si	ji hai	geng wu	geng zi	xin wei	ren yin	ren shen	kui mao	kui you
20	geng zi	xin wei	ji hai	geng wu	geng zi	xin wei	xin chou	ren shen	kui mao	kui you	jia chen	jia shu
21	xin chou	ren shen	geng zi	xin wei	xin chou	ren shen	ren yin	kui you	jia chen	jia shu	yi si	yi hai
22	ren yin	kui you	xin chou	ren shen	ren yin	kui you	kui mao	jia shu	yi si	yi hai	bing wu	bing zi
23	kui mao	jia shu	ren yin	kui you	kui mao	jia shu	jia chen	yi hai	bing wu	bing zi	ding wei	ding chou
24	jia chen	yi hai	kui mao	jia shu	jia chen	yi hai	yi si	bing zi	ding wei	ding chou	wu shen	wu yin
25	yi si	bing zi	jia chen	yi hai	yi si	bing zi	bing wu	ding chou	wu shen	wu yin	ji you	ji mao
26	bing wu	ding chou	yi si	bing zi	bing wu	ding chou	ding wei	wu yin	ji you	ji mao	geng shu	geng chen
27	ding wei	wu yin	bing wu	ding chou	ding wei	wu yin	wu shen	ji mao	geng shu	geng chen	xin hai	xin si
28	wu shen	ji mao	ding wei	wu yin	wu shen	ji mao	ji you	geng chen	xin hai	xin si	ren zi	(12th) ren wu
29	ji you		wu shen	ji mao	ji you	geng chen	geng shu	xin si	ren zi	ren wu	(11th) kui chou	kui wei
30	geng shu		ji you	geng chen	geng shu	xin si	xin hai	ren wu	(9th) kui chou	(10th) kui wei	jia yin	jia shen
31	xin hai		geng shu		xin hai		ren zi	kui wei		jia shen		yi you

1971 YEAR OF THE PIG 辛亥 *xin hai*

	JAN	FEB	MAR	APRIL	MAY	JUNE	JULY	AUG	SEPT	OCT	NOV	DEC
1	(12th month of Dog year) bing shu	(1st month of Pig year) ding si	yi you	bing chen	bing shu	ding si	ding hai	wu wu	ji chou	ji wei	geng yin	geng shen
2	ding hai	wu wu	bing shu	ding si	ding hai	wu wu	wu zi	ji wei	geng yin	geng shen	xin mao	xin you
3	wu zi	ji wei	ding hai	wu wu	wu zi	ji wei	ji chou	geng shen	xin mao	xin you	ren chen	ren shu
4	ji chou	geng shen	wu zi	ji wei	ji chou	geng shen	geng yin	xin you	ren chen	ren shu	kui si	kui hai
5	geng yin	xin you	ji chou	geng shen	geng yin	xin you	xin mao	ren shu	kui si	kui hai	jia wu	jia zi
6	xin mao	ren shu	geng yin	xin you	xin mao	ren shu	ren chen	kui hai	jia wu	jia zi	yi wei	yi chou
7	ren chen	kui hai	xin mao	ren shu	ren chen	kui hai	kui si	jia zi	yi wei	yi chou	bing shen	bing yin
8	kui si	jia zi	ren chen	kui hai	kui si	jia zi	jia wu	yi chou	bing shen	bing yin	ding you	ding mao
9	jia wu	yi chou	kui si	jia zi	jia wu	yi chou	yi wei	bing yin	ding you	ding mao	wu shu	wu chen
10	yi wei	bing yin	jia wu	yi chou	yi wei	bing yin	bing shen	ding mao	wu shu	wu chen	ji hai	ji si
11	bing shen	ding mao	yi wei	bing yin	bing shen	ding mao	ding you	wu chen	ji hai	ji si	geng zi	geng wu
12	ding you	wu chen	bing shen	ding mao	ding you	wu chen	wu shu	ji si	geng zi	geng wu	xin chou	xin wei
13	wu shu	ji si	ding you	wu chen	wu shu	ji si	ji hai	geng wu	xin chou	xin wei	ren yin	ren shen
14	ji hai	geng wu	wu shu	ji si	ji hai	geng wu	geng zi	xin wei	ren yin	ren shen	kui mao	kui you
15	geng zi	xin wei	ji hai	geng wu	geng zi	xin wei	xin chou	ren shen	kui mao	kui you	jia chen	jia shu
16	xin chou	ren shen	geng zi	xin wei	xin chou	ren shen	ren yin	kui you	jia chen	jia shu	yi si	yi hai
17	ren yin	kui you	xin chou	ren shen	ren yin	kui you	kui mao	jia shu	yi si	yi hai	bing wu	bing zi
18	kui mao	jia shu	ren yin	kui you	kui mao	jia shu	jia chen	yi hai	bing wu	bing zi	(10th) ding wei	(11th) ding chou
19	jia chen	yi hai	kui mao	jia shu	jia chen	yi hai	yi si	bing zi	(8th) ding wei	(9th) ding chou	wu shen	wu yin
20	yi si	bing zi	jia chen	yi hai	yi si	bing zi	bing wu	ding chou	wu shen	wu yin	ji you	ji mao
21	bing wu	ding chou	yi si	bing zi	bing wu	ding chou	ding wei	(7th) wu yin	ji you	ji mao	geng shu	geng chen
22	ding wei	wu yin	bing wu	ding chou	ding wei	wu yin	(6th) wu shen	ji mao	geng shu	geng chen	xin hai	xin si
23	wu shen	ji mao	ding wei	wu yin	wu shen	(intercalary 5th) ji mao	ji you	geng chen	xin hai	xin si	ren zi	ren wu
24	ji you	geng chen	wu shen	ji mao	(5th) ji you	geng chen	geng shu	xin si	ren zi	ren wu	kui chou	kui wei
25	geng shu	(2nd) xin si	ji you	(4th) geng chen	geng shu	xin si	xin hai	ren wu	kui chou	kui wei	jia yin	jia shen
26	xin hai	ren wu	geng shu	xin si	xin hai	ren wu	ren zi	kui wei	jia yin	jia shen	yi mao	yi you
27	(1st) ren zi	kui wei	(3rd) xin hai	ren wu	ren zi	kui wei	kui chou	jia shen	yi mao	yi you	bing chen	bing shu
28	kui chou	jia shen	ren zi	kui wei	kui chou	jia shen	jia yin	yi you	bing chen	bing shu	ding si	ding hai
29	jia yin		kui chou	jia shen	jia yin	yi you	yi mao	bing shu	ding si	ding hai	wu wu	wu zi
30	yi mao		jia yin	yi you	yi mao	bing shu	bing chen	ding hai	wu wu	wu zi	ji wei	ji chou
31	bing chen		yi mao		bing chen		ding si	wu zi		ji chou		geng yin

1972 YEAR OF THE RAT 壬子 *ren zi*

	JAN	FEB	MAR	APRIL	MAY	JUNE	JULY	AUG	SEPT	OCT	NOV	DEC
1	[11th] xin mao	ren shu	xin mao	ren shu	ren chen	kui hai	kui si	jia zi	yi wei	yi chou	bing shen	bing yin
2	ren chen	kui hai	ren chen	kui hai	kui si	jia zi	jia wu	yi chou	bing shen	bing yin	ding you	ding mao
3	kui si	jia zi	kui si	jia zi	jia wu	yi chou	yi wei	bing yin	ding you	ding mao	wu shu	wu chen
4	jia wu	yi chou	jia wu	yi chou	yi wei	bing yin	bing shen	ding mao	wu shu	wu chen	ji hai	ji si
5	yi wei	bing yin	yi wei	bing yin	bing shen	ding mao	ding you	wu chen	ji hai	ji si	geng zi	geng wu
6	bing shen	ding mao	bing shen	ding mao	ding you	wu chen	wu shu	ji si	geng zi	geng wu	[10th] xin chou	[11th] xin wei
7	ding you	wu chen	ding you	wu chen	wu shu	ji si	ji hai	geng wu	xin chou	[9th] xin wei	ren yin	ren shen
8	wu shu	ji si	wu shu	ji si	ji hai	geng wu	geng zi	xin wei	[8th] ren yin	ren shen	kui mao	kui you
9	ji hai	geng wu	ji hai	geng wu	geng zi	xin wei	xin chou	[7th] ren shen	kui mao	kui you	jia chen	jia shu
10	geng zi	xin wei	geng zi	xin wei	xin chou	ren shen	ren yin	kui you	jia chen	jia shu	yi si	yi hai
11	xin chou	ren shen	xin chou	ren shen	ren yin	[5th] kui you	[6th] kui mao	jia shu	yi si	yi hai	bing wu	bing zi
12	ren yin	kui you	ren yin	kui you	kui mao	jia shu	jia chen	yi hai	bing wu	bing zi	ding wei	ding chou
13	kui mao	jia shu	kui mao	jia shu	[4th] jia chen	yi hai	yi si	bing zi	ding wei	ding chou	wu shen	wu yin
14	jia chen	yi hai	jia chen	[3rd] yi hai	yi si	bing zi	bing wu	ding chou	wu shen	wu yin	ji you	ji mao
15	yi si	[1st month of Rat year] bing zi	[2nd] yi si	bing zi	bing wu	ding chou	ding wei	wu yin	ji you	ji mao	geng shu	geng chen
16	[12th month of Pig year] bing wu	ding chou	bing wu	ding chou	ding wei	wu yin	wu shen	ji mao	geng shu	geng chen	xin hai	xin si
17	ding wei	wu yin	ding wei	wu yin	wu shen	ji mao	ji you	geng chen	xin hai	xin si	ren zi	ren wu
18	wu shen	ji mao	wu shen	ji mao	ji you	geng chen	geng shu	xin si	ren zi	ren wu	kui chou	kui wei
19	ji you	geng chen	ji you	geng chen	geng shu	xin si	xin hai	ren wu	kui chou	kui wei	jia yin	jia shen
20	geng shu	xin si	geng shu	xin si	xin hai	ren wu	ren zi	kui wei	jia yin	jia shen	yi mao	yi you
21	xin hai	ren wu	xin hai	ren wu	ren zi	kui wei	kui chou	jia shen	yi mao	yi you	bing chen	bing shu
22	ren zi	kui wei	ren zi	kui wei	kui chou	jia shen	jia yin	yi you	bing chen	bing shu	ding si	ding hai
23	kui chou	jia shen	kui chou	jia shen	jia yin	yi you	yi mao	bing shu	ding si	ding hai	wu wu	wu zi
24	jia yin	yi you	jia yin	yi you	yi mao	bing shu	bing chen	ding hai	wu wu	wu zi	ji wei	ji chou
25	yi mao	bing shu	yi mao	bing shu	bing chen	ding hai	ding si	wu zi	ji wei	ji chou	geng shen	geng yin
26	bing chen	ding hai	bing chen	ding hai	ding si	wu zi	wu wu	ji chou	geng shen	geng yin	xin you	xin mao
27	ding si	wu zi	ding si	wu zi	wu wu	ji chou	ji wei	geng yin	xin you	xin mao	ren shu	ren chen
28	wu wu	ji chou	wu wu	ji chou	ji wei	geng yin	geng shen	xin mao	ren shu	ren chen	kui hai	kui si
29	ji wei	geng yin	ji wei	geng yin	geng shen	xin mao	xin you	ren chen	kui hai	kui si	jia zi	jia wu
30	geng shen		geng shen	xin mao	xin you	ren chen	ren shu	kui si	jia zi	jia wu	yi chou	yi wei
31	xin you		xin you		ren shu		kui hai	jia wu		yi wei		bing shen

1973 YEAR OF THE OX 癸丑 *kui chou*

	JAN	FEB	MAR	APRIL	MAY	JUNE	JULY	AUG	SEPT	OCT	NOV	DEC
1	[11th] ding you	wu chen	bing shen	ding mao	ding you	[5th] wu chen	wu shu	ji si	geng zi	geng wu	xin chou	xin wei
2	wu shu	ji si	ding you	wu chen	wu shu	ji si	ji hai	geng wu	xin chou	xin wei	ren yin	ren shen
3	ji hai	[1st month of Ox year] geng wu	wu shu	[3rd] ji si	[4th] ji hai	geng wu	geng zi	xin wei	ren yin	ren shen	kui mao	kui you
4	[12th month of Rat year] geng zi	xin wei	ji hai	geng wu	geng zi	xin wei	xin chou	ren shen	kui mao	kui you	jia chen	jia shu
5	xin chou	ren shen	[2nd] geng zi	xin wei	xin chou	ren shen	ren yin	kui you	jia chen	jia shu	yi si	yi hai
6	ren yin	kui you	xin chou	ren shen	ren yin	kui you	kui mao	jia shu	yi si	yi hai	bing wu	bing zi
7	kui mao	jia shu	ren yin	kui you	kui mao	jia shu	jia chen	yi hai	bing wu	bing zi	ding wei	ding chou
8	jia chen	yi hai	kui mao	jia shu	jia chen	yi hai	yi si	bing zi	ding wei	ding chou	wu shen	wu yin
9	yi si	bing zi	jia chen	yi hai	yi si	bing zi	bing wu	ding chou	wu shen	wu yin	ji you	ji mao
10	bing wu	ding chou	yi si	bing zi	bing wu	ding chou	ding wei	wu yin	ji you	ji mao	geng shu	geng chen
11	ding wei	wu yin	bing wu	ding chou	ding wei	wu yin	wu shen	ji mao	geng shu	geng chen	xin hai	xin si
12	wu shen	ji mao	ding wei	wu yin	wu shen	ji mao	ji you	geng chen	xin hai	xin si	ren zi	ren wu
13	ji you	geng chen	wu shen	ji mao	ji you	geng chen	geng shu	xin si	ren zi	ren wu	kui chou	kui wei
14	geng shu	xin si	ji you	geng chen	geng shu	xin si	xin hai	ren wu	kui chou	kui wei	jia yin	jia shen
15	xin hai	ren wu	geng shu	xin si	xin hai	ren wu	ren zi	kui wei	jia yin	jia shen	yi mao	yi you
16	ren zi	kui wei	xin hai	ren wu	ren zi	kui wei	kui chou	jia shen	yi mao	yi you	bing chen	bing shu
17	kui chou	jia shen	ren zi	kui wei	kui chou	jia shen	jia yin	yi you	bing chen	bing shu	ding si	ding hai
18	jia yin	yi you	kui chou	jia shen	jia yin	yi you	yi mao	bing shu	ding si	ding hai	wu wu	wu zi
19	yi mao	bing shu	jia yin	yi you	yi mao	bing shu	bing chen	ding hai	wu wu	wu zi	ji wei	ji chou
20	bing chen	ding hai	yi mao	bing shu	bing chen	ding hai	ding si	wu zi	ji wei	ji chou	geng shen	geng yin
21	ding si	wu zi	bing chen	ding hai	ding si	wu zi	wu wu	ji chou	geng shen	geng yin	xin you	xin mao
22	wu wu	ji chou	ding si	wu zi	wu wu	ji chou	ji wei	geng yin	xin you	xin mao	ren shu	ren chen
23	ji wei	geng yin	wu wu	ji chou	ji wei	geng yin	geng shen	xin mao	ren shu	ren chen	kui hai	kui si
24	geng shen	xin mao	ji wei	geng yin	geng shen	xin mao	xin you	ren chen	kui hai	kui si	[11th] jia zi	[12th] jia wu
25	xin you	ren chen	geng shen	xin mao	xin you	ren chen	ren shu	kui si	jia zi	jia wu	yi chou	yi wei
26	ren shu	kui si	xin you	ren chen	ren shu	kui si	kui hai	jia wu	[9th] yi chou	[10th] yi wei	bing yin	bing shen
27	kui hai	jia wu	ren shu	kui si	kui hai	jia wu	jia zi	yi wei	bing yin	bing shen	ding mao	ding you
28	jia zi	yi wei	kui hai	jia wu	jia zi	yi wei	yi chou	[8th] bing shen	ding mao	ding you	wu chen	wu shu
29	yi chou		jia zi	yi wei	yi chou	bing shen	bing yin	ding you	wu chen	wu shu	ji si	ji hai
30	bing yin		yi chou	bing shen	bing yin	[6th] ding you	[7th] ding mao	wu shu	ji si	ji hai	geng wu	geng zi
31	ding mao		bing yin		ding mao		wu chen	ji hai		geng zi		xin chou

1974 YEAR OF THE TIGER 甲寅 *jia yin*

	JAN	FEB	MAR	APRIL	MAY	JUNE	JULY	AUG	SEPT	OCT	NOV	DEC
1	ren yin (12th month of Ox year)	kui you	xin chou	ren shen	ren yin	kui you	kui mao	jia shu	yi si	yi hai	bing wu	bing zi
2	kui mao	jia shu	ren yin	kui you	kui mao	jia shu	jia chen	yi hai	bing wu	bing zi	ding wei	ding chou
3	jia chen	yi hai	kui mao	jia shu	jia chen	yi hai	yi si	bing zi	ding wei	ding chou	wu shen	wu yin
4	yi si	bing zi	jia chen	yi hai	yi si	bing zi	bing wu	ding chou	wu shen	wu yin	ji you	ji mao
5	bing wu	ding chou	yi si	bing zi	bing wu	ding chou	ding wei	wu yin	ji you	ji mao	geng shu	geng chen
6	ding wei	wu yin	bing wu	ding chou	ding wei	wu yin	wu shen	ji mao	geng shu	geng chen	xin hai	xin si
7	wu shen	ji mao	ding wei	wu yin	wu shen	ji mao	ji you	geng chen	xin hai	xin si	ren zi	ren wu
8	ji you	geng chen	wu shen	ji mao	ji you	geng chen	geng shu	xin si	ren zi	ren wu	kui chou	kui wei
9	geng shu	xin si	ji you	geng chen	geng shu	xin si	xin hai	ren wu	kui chou	kui wei	jia yin	jia shen
10	xin hai	ren wu	geng shu	xin si	xin hai	ren wu	ren zi	kui wei	jia yin	jia shen	yi mao	yi you
11	ren zi	kui wei	xin hai	ren wu	ren zi	kui wei	kui chou	jia shen	yi mao	yi you	bing chen	bing shu
12	kui chou	jia shen	ren zi	kui wei	kui chou	jia shen	jia yin	yi you	bing chen	bing shu	ding si	ding hai
13	jia yin	yi you	kui chou	jia shen	jia yin	yi you	yi mao	bing shu	ding si	ding hai	wu wu	wu zi
14	yi mao	bing shu	jia yin	yi you	yi mao	bing shu	bing chen	ding hai	wu wu	wu zi	(10th) ji wei	(11th) ji chou
15	bing chen	ding hai	yi mao	bing shu	bing chen	ding hai	ding si	wu zi	ji wei	(9th) ji chou	geng shen	geng yin
16	ding si	wu zi	bing chen	ding hai	ding si	wu zi	wu wu	ji chou	(8th) geng shen	geng yin	xin you	xin mao
17	wu wu	ji chou	ding si	wu zi	wu wu	ji chou	ji wei	geng yin	xin you	xin mao	ren shu	ren chen
18	ji wei	geng yin	wu wu	ji chou	ji wei	geng yin	geng shen	(7th) xin mao	ren shu	ren chen	kui hai	kui si
19	geng shen	xin mao	ji wei	geng yin	geng shen	xin mao	(6th) xin you	ren chen	kui hai	kui si	jia zi	jia wu
20	xin you	ren chen	geng shen	xin mao	xin you	(5th) ren chen	ren shu	kui si	jia zi	jia wu	yi chou	yi wei
21	ren shu	kui si	xin you	ren chen	ren shu	kui si	kui hai	jia wu	yi chou	yi wei	bing yin	bing shen
22	kui hai	(2nd) jia wu	ren shu	(4th) kui si	(intercalary 4th) kui hai	jia wu	jia zi	yi wei	bing yin	bing shen	ding mao	ding you
23	(1st month of Tiger year) jia zi	yi wei	kui hai	jia wu	jia zi	yi wei	yi chou	bing shen	ding mao	ding you	wu chen	wu shu
24	yi chou	bing shen	(3rd) jia zi	yi wei	yi chou	bing shen	bing yin	ding you	wu chen	wu shu	ji si	ji hai
25	bing yin	ding you	yi chou	bing shen	bing yin	ding you	ding mao	wu shu	ji si	ji hai	geng wu	geng zi
26	ding mao	wu shu	bing yin	ding you	ding mao	wu shu	wu chen	ji hai	geng wu	geng zi	xin wei	xin chou
27	wu chen	ji hai	ding mao	wu shu	wu chen	ji hai	ji si	geng zi	xin wei	xin chou	ren shen	ren yin
28	ji si	geng zi	wu chen	ji hai	ji si	geng zi	geng wu	xin chou	ren shen	ren yin	kui you	kui mao
29	geng wu		ji si	geng zi	geng wu	xin chou	xin wei	ren yin	kui you	kui mao	jia shu	jia chen
30	xin wei		geng wu	xin chou	xin wei	ren yin	ren shen	kui mao	jia shu	jia chen	yi hai	yi si
31	ren shen		xin wei		ren shen		kui you	jia chen		yi si		bing wu

1975 YEAR OF THE RABBIT 乙卯 *yi mao*

	JAN	FEB	MAR	APRIL	MAY	JUNE	JULY	AUG	SEPT	OCT	NOV	DEC
1	ding wei (11th)	wu yin	bing wu	ding chou	ding wei	wu yin	wu shen	ji mao	geng shu	geng chen	xin hai	xin si
2	wu shen	ji mao	ding wei	wu yin	wu shen	ji mao	ji you	geng chen	xin hai	xin si	ren zi	ren wu
3	ji you	geng chen	wu shen	ji mao	ji you	geng chen	geng shu	xin si	ren zi	ren wu	(10th) kui chou	(11th) kui wei
4	geng shu	xin si	ji you	geng chen	geng shu	xin si	xin hai	ren wu	kui chou	kui wei	jia yin	jia shen
5	xin hai	ren wu	geng shu	xin si	xin hai	ren wu	ren zi	kui wei	jia yin	(9th) jia shen	yi mao	yi you
6	ren zi	kui wei	xin hai	ren wu	ren zi	kui wei	kui chou	jia shen	(8th) yi mao	yi you	bing chen	bing shu
7	kui chou	jia shen	ren zi	kui wei	kui chou	jia shen	jia yin	(7th) yi you	bing chen	bing shu	ding si	ding hai
8	jia yin	yi you	kui chou	jia shen	jia yin	yi you	yi mao	bing shu	ding si	ding hai	wu wu	wu zi
9	yi mao	bing shu	jia yin	yi you	yi mao	bing shu	(6th) bing chen	ding hai	wu wu	wu zi	ji wei	ji chou
10	bing chen	ding hai	yi mao	bing shu	bing chen	(5th) ding hai	ding si	wu zi	ji wei	ji chou	geng shen	geng yin
11	ding si	(1st month of Rabbit year) wu zi	bing chen	ding hai	(4th) ding si	wu zi	wu wu	ji chou	geng shen	geng yin	xin you	xin mao
12	(12th month of Tiger year) wu wu	ji chou	ding si	(3rd) wu zi	wu wu	ji chou	ji wei	geng yin	xin you	xin mao	ren shu	ren chen
13	ji wei	geng yin	(2nd) wu wu	ji chou	ji wei	geng yin	geng shen	xin mao	ren shu	ren chen	kui hai	kui si
14	geng shen	xin mao	ji wei	geng yin	geng shen	xin mao	xin you	ren chen	kui hai	kui si	jia zi	jia wu
15	xin you	ren chen	geng shen	xin mao	xin you	ren chen	ren shu	kui si	jia zi	jia wu	yi chou	yi wei
16	ren shu	kui si	xin you	ren chen	ren shu	kui si	kui hai	jia wu	yi chou	yi wei	bing yin	bing shen
17	kui hai	jia wu	ren shu	kui si	kui hai	jia wu	jia zi	yi wei	bing yin	bing shen	ding mao	ding you
18	jia zi	yi wei	kui hai	jia wu	jia zi	yi wei	yi chou	bing shen	ding mao	ding you	wu chen	wu shu
19	yi chou	bing shen	jia zi	yi wei	yi chou	bing shen	bing yin	ding you	wu chen	wu shu	ji si	ji hai
20	bing yin	ding you	yi chou	bing shen	bing yin	ding you	ding mao	wu shu	ji si	ji hai	geng wu	geng zi
21	ding mao	wu shu	bing yin	ding you	ding mao	wu shu	wu chen	ji hai	geng wu	geng zi	xin wei	xin chou
22	wu chen	ji hai	ding mao	wu shu	wu chen	ji hai	ji si	geng zi	xin wei	xin chou	ren shen	ren yin
23	ji si	geng zi	wu chen	ji hai	ji si	geng zi	geng wu	xin chou	ren shen	ren yin	kui you	kui mao
24	geng wu	xin chou	ji si	geng zi	geng wu	xin chou	xin wei	ren yin	kui you	kui mao	jia shu	jia chen
25	xin wei	ren yin	geng wu	xin chou	xin wei	ren yin	ren shen	kui mao	jia shu	jia chen	yi hai	yi si
26	ren shen	kui mao	xin wei	ren yin	ren shen	kui mao	kui you	jia chen	yi hai	yi si	bing zi	bing wu
27	kui you	jia chen	ren shen	kui mao	kui you	jia chen	jia shu	yi si	bing zi	bing wu	ding chou	ding wei
28	jia shu	yi si	kui you	jia chen	jia shu	yi si	yi hai	bing wu	ding chou	ding wei	wu yin	wu shen
29	yi hai		jia shu	yi si	yi hai	bing wu	bing zi	ding wei	wu yin	wu shen	ji mao	ji you
30	bing zi		yi hai	bing wu	bing zi	ding wei	ding chou	wu shen	ji mao	ji you	geng chen	geng shu
31	ding chou		bing zi		ding chou		wu yin	ji you		geng shu		xin hai

1976 YEAR OF THE DRAGON 丙辰 *bing chen*

	JAN	FEB	MAR	APRIL	MAY	JUNE	JULY	AUG	SEPT	OCT	NOV	DEC
1	ren zi	kui wei	ren zi	kui wei	kui chou	jia shen	jia yin	yi you	bing chen	bing shu	ding si	ding hai
2	kui chou	jia shen	kui chou	jia shen	jia yin	yi you	yi mao	bing shu	ding si	ding hai	wu wu	wu zi
3	jia yin	yi you	jia yin	yi you	yi mao	bing shu	bing chen	ding hai	wu wu	wu zi	ji wei	ji chou
4	yi mao	bing shu	yi mao	bing shu	bing chen	ding hai	ding si	wu zi	ji wei	ji chou	geng shen	geng yin
5	bing chen	ding hai	bing chen	ding hai	ding si	wu zi	wu wu	ji chou	geng shen	geng yin	xin you	xin mao
6	ding si	wu zi	ding si	wu zi	wu wu	ji chou	ji wei	geng yin	xin you	xin mao	ren shu	ren chen
7	wu wu	ji chou	wu wu	ji chou	ji wei	geng yin	geng shen	xin mao	ren shu	ren chen	kui hai	kui si
8	ji wei	geng yin	ji wei	geng yin	geng shen	xin mao	xin you	ren chen	kui hai	kui si	jia zi	jia wu
9	geng shen	xin mao	geng shen	xin mao	xin you	ren chen	ren shu	kui si	jia zi	jia wu	yi chou	yi wei
10	xin you	ren chen	xin you	ren chen	ren shu	kui si	kui hai	jia wu	yi chou	yi wei	bing yin	bing shen
11	ren shu	kui si	ren shu	kui si	kui hai	jia wu	jia zi	yi wei	bing yin	bing shen	ding mao	ding you
12	kui hai	jia wu	kui hai	jia wu	jia zi	yi wei	yi chou	bing shen	ding mao	ding you	wu chen	wu shu
13	jia zi	yi wei	jia zi	yi wei	yi chou	bing shen	bing yin	ding you	wu chen	wu shu	ji si	ji hai
14	yi chou	bing shen	yi chou	bing shen	bing yin	ding you	ding mao	wu shu	ji si	ji hai	geng wu	geng zi
15	bing yin	ding you	bing yin	ding you	ding mao	wu shu	wu chen	ji hai	geng wu	geng zi	xin wei	xin chou
16	ding mao	wu shu	ding mao	wu shu	wu chen	ji hai	ji si	geng zi	xin wei	xin chou	ren shen	ren yin
17	wu chen	ji hai	wu chen	ji hai	ji si	geng zi	geng wu	xin chou	ren shen	ren yin	kui you	kui mao
18	ji si	geng zi	ji si	geng zi	geng wu	xin chou	xin wei	ren yin	kui you	kui mao	jia shu	jia chen
19	geng wu	xin chou	geng wu	xin chou	xin wei	ren yin	ren shen	kui mao	jia shu	jia chen	yi hai	yi si
20	xin wei	ren yin	xin wei	ren yin	ren shen	kui mao	kui you	jia chen	yi hai	yi si	bing zi	bing wu
21	ren shen	kui mao	ren shen	kui mao	kui you	jia chen	jia shu	yi si	bing zi	bing wu	ding chou	ding wei
22	kui you	jia chen	kui you	jia chen	jia shu	yi si	yi hai	bing wu	ding chou	ding wei	wu yin	wu shen
23	jia shu	yi si	jia shu	yi si	yi hai	bing wu	bing zi	ding wei	wu yin	wu shen	ji mao	ji you
24	yi hai	bing wu	yi hai	bing wu	bing zi	ding wei	ding chou	wu shen	ji mao	ji you	geng chen	geng shu
25	bing zi	ding wei	bing zi	ding wei	ding chou	wu shen	wu yin	ji you	geng chen	geng shu	xin si	xin hai
26	ding chou	wu shen	ding chou	wu shen	wu yin	ji you	ji mao	geng shu	xin si	xin hai	ren wu	ren zi
27	wu yin	ji you	wu yin	ji you	ji mao	geng shu	geng chen	xin hai	ren wu	ren zi	kui wei	kui chou
28	ji mao	geng shu	ji mao	geng shu	geng chen	xin hai	xin si	ren zi	kui wei	kui chou	jia shen	jia yin
29	geng chen	xin hai	geng chen	xin hai	xin si	ren zi	ren wu	kui chou	jia shen	jia yin	yi you	yi mao
30	xin si		xin si	ren zi	ren wu	kui chou	kui wei	jia yin	yi you	yi mao	bing shu	bing chen
31	ren wu		ren wu		kui wei		jia shen	yi mao		bing chen		ding si

Lunar month margin labels: 12th month of Rabbit year (JAN 1–30); 1st (JAN 31); 1st month of Dragon year (FEB); 2nd (MAR 1); 3rd (MAR 31); 4th (APRIL 29); 5th (MAY 29); 6th (JUNE 27); 7th (JULY 27); 8th (AUG 25); intercalary 8th (SEPT 24); 9th (OCT 23); 10th (NOV 21); 11th (DEC 21)

1977 YEAR OF THE SNAKE 丁巳 *ding si*

	JAN	FEB	MAR	APRIL	MAY	JUNE	JULY	AUG	SEPT	OCT	NOV	DEC
1	wu wu	ji chou	ding si	wu zi	wu wu	ji chou	ji wei	geng yin	xin you	xin mao	ren shu	ren chen
2	ji wei	geng yin	wu wu	ji chou	ji wei	geng yin	geng shen	xin mao	ren shu	ren chen	kui hai	kui si
3	geng shen	xin mao	ji wei	geng yin	geng shen	xin mao	xin you	ren chen	kui hai	kui si	jia zi	jia wu
4	xin you	ren chen	geng shen	xin mao	xin you	ren chen	ren shu	kui si	jia zi	jia wu	yi chou	yi wei
5	ren shu	kui si	xin you	ren chen	ren shu	kui si	kui hai	jia wu	yi chou	yi wei	bing yin	bing shen
6	kui hai	jia wu	ren shu	kui si	kui hai	jia wu	jia zi	yi wei	bing yin	bing shen	ding mao	ding you
7	jia zi	yi wei	kui hai	jia wu	jia zi	yi wei	yi chou	bing shen	ding mao	ding you	wu chen	wu shu
8	yi chou	bing shen	jia zi	yi wei	yi chou	bing shen	bing yin	ding you	wu chen	wu shu	ji si	ji hai
9	bing yin	ding you	yi chou	bing shen	bing yin	ding you	ding mao	wu shu	ji si	ji hai	geng wu	geng zi
10	ding mao	wu shu	bing yin	ding you	ding mao	wu shu	wu chen	ji hai	geng wu	geng zi	xin wei	xin chou
11	wu chen	ji hai	ding mao	wu shu	wu chen	ji hai	ji si	geng zi	xin wei	xin chou	ren shen	ren yin
12	ji si	geng zi	wu chen	ji hai	ji si	geng zi	geng wu	xin chou	ren shen	ren yin	kui you	kui mao
13	geng wu	xin chou	ji si	geng zi	geng wu	xin chou	xin wei	ren yin	kui you	kui mao	jia shu	jia chen
14	xin wei	ren yin	geng wu	xin chou	xin wei	ren yin	ren shen	kui mao	jia shu	jia chen	yi hai	yi si
15	ren shen	kui mao	xin wei	ren yin	ren shen	kui mao	kui you	jia chen	yi hai	yi si	bing zi	bing wu
16	kui you	jia chen	ren shen	kui mao	kui you	jia chen	jia shu	yi si	bing zi	bing wu	ding chou	ding wei
17	jia shu	yi si	kui you	jia chen	jia shu	yi si	yi hai	bing wu	ding chou	ding wei	wu yin	wu shen
18	yi hai	bing wu	jia shu	yi si	yi hai	bing wu	bing zi	ding wei	wu yin	wu shen	ji mao	ji you
19	bing zi	ding wei	yi hai	bing wu	bing zi	ding wei	ding chou	wu shen	ji mao	ji you	geng chen	geng shu
20	ding chou	wu shen	bing zi	ding wei	ding chou	wu shen	wu yin	ji you	geng chen	geng shu	xin si	xin hai
21	wu yin	ji you	ding chou	wu shen	wu yin	ji you	ji mao	geng shu	xin si	xin hai	ren wu	ren zi
22	ji mao	geng shu	wu yin	ji you	ji mao	geng shu	geng chen	xin hai	ren wu	ren zi	kui wei	kui chou
23	geng chen	xin hai	ji mao	geng shu	geng chen	xin hai	xin si	ren zi	kui wei	kui chou	jia shen	jia yin
24	xin si	ren zi	geng chen	xin hai	xin si	ren zi	ren wu	kui chou	jia shen	jia yin	yi you	yi mao
25	ren wu	kui chou	xin si	ren zi	ren wu	kui chou	kui wei	jia yin	yi you	yi mao	bing shu	bing chen
26	kui wei	jia yin	ren wu	kui chou	kui wei	jia yin	jia shen	yi mao	bing shu	bing chen	ding hai	ding si
27	jia shen	yi mao	kui wei	jia yin	jia shen	yi mao	yi you	bing chen	ding hai	ding si	wu zi	wu wu
28	yi you	bing chen	jia shen	yi mao	yi you	bing chen	bing shu	ding si	wu zi	wu wu	ji chou	ji wei
29	bing shu		yi you	bing chen	bing shu	ding si	ding hai	wu wu	ji chou	ji wei	geng yin	geng shen
30	ding hai		bing shu	ding si	ding hai	wu wu	wu zi	ji wei	geng yin	geng shen	xin mao	xin you
31	wu zi		ding hai		wu zi		ji chou	geng shen		xin you		ren shu

Lunar month margin labels: 11th; 12th month of Dragon year (JAN 18); 1st month of Snake year (FEB 18); 2nd (MAR 20); 3rd (APRIL 18); 4th (MAY 18); 5th (JUNE 17); 6th (JULY 16); 7th (AUG 15); 8th (SEPT 14); 9th (OCT 14); 10th (NOV 12); 11th (DEC 11)

1978 YEAR OF THE HORSE 戊午 *wu wu*

	JAN	FEB	MAR	APRIL	MAY	JUNE	JULY	AUG	SEPT	OCT	NOV	DEC
1	[11th] kui hai	jia wu	ren shu	kui si	kui hai	jia wu	jia zi	yi wei	bing yin	bing shen	[10th] ding mao	ding you
2	jia zi	yi wei	kui hai	jia wu	jia zi	yi wei	yi chou	bing shen	ding mao	[9th] ding you	wu chen	wu shu
3	yi chou	bing shen	jia zi	yi wei	yi chou	bing shen	bing yin	ding you	[8th] wu chen	wu shu	ji si	ji hai
4	bing yin	ding you	yi chou	bing shen	bing yin	ding you	ding mao	[7th] wu shu	ji si	ji hai	geng wu	geng zi
5	ding mao	wu shu	bing yin	ding you	ding mao	wu shu	[6th] wu chen	ji hai	geng wu	geng zi	xin wei	xin chou
6	wu chen	ji hai	ding mao	wu shu	wu chen	[5th] ji hai	ji si	geng zi	xin wei	xin chou	ren shen	ren yin
7	ji si	[1st month of Horse year] geng zi	wu chen	[3rd] ji hai	[4th] ji si	geng zi	geng wu	xin chou	ren shen	ren yin	kui you	kui mao
8	geng wu	xin chou	ji si	geng zi	geng wu	xin chou	xin wei	ren yin	kui you	kui mao	jia shu	jia chen
9	[12th month of Snake year] xin wei	ren yin	[2nd] geng wu	xin chou	xin wei	ren yin	ren shen	kui mao	jia shu	jia chen	yi hai	yi si
10	ren shen	kui mao	xin wei	ren yin	ren shen	kui mao	kui you	jia chen	yi hai	yi si	bing zi	bing wu
11	kui you	jia chen	ren shen	kui mao	kui you	jia chen	jia shu	yi si	bing zi	bing wu	ding chou	ding wei
12	jia shu	yi si	kui you	jia chen	jia shu	yi si	yi hai	bing wu	ding chou	ding wei	wu yin	wu shen
13	yi hai	bing wu	jia shu	yi si	yi hai	bing wu	bing zi	ding wei	wu yin	wu shen	ji mao	ji you
14	bing zi	ding wei	yi hai	bing wu	bing zi	ding wei	ding chou	wu shen	ji mao	ji you	geng chen	geng shu
15	ding chou	wu shen	bing zi	ding wei	ding chou	wu shen	wu yin	ji you	geng chen	geng shu	xin si	xin hai
16	wu yin	ji you	ding chou	wu shen	wu yin	ji you	ji mao	geng shu	xin si	xin hai	ren wu	ren zi
17	ji mao	geng shu	wu yin	ji you	ji mao	geng shu	geng chen	xin hai	ren wu	ren zi	kui wei	kui chou
18	geng chen	xin hai	ji mao	geng shu	geng chen	xin hai	xin si	ren zi	kui wei	kui chou	jia shen	jia yin
19	xin si	ren zi	geng chen	xin hai	xin si	ren zi	ren wu	kui chou	jia shen	jia yin	yi you	yi mao
20	ren wu	kui chou	xin si	ren zi	ren wu	kui chou	kui wei	jia yin	yi you	yi mao	bing shu	bing chen
21	kui wei	jia yin	ren wu	kui chou	kui wei	jia yin	jia shen	yi mao	bing shu	bing chen	ding hai	ding si
22	jia shen	yi mao	kui wei	jia yin	jia shen	yi mao	yi you	bing chen	ding hai	ding si	wu zi	wu wu
23	yi you	bing chen	jia shen	yi mao	yi you	bing chen	bing shu	ding si	wu zi	wu wu	ji chou	ji wei
24	bing shu	ding si	yi you	bing chen	bing shu	ding si	ding hai	wu wu	ji chou	ji wei	geng yin	geng shen
25	ding hai	wu wu	bing shu	ding si	ding hai	wu wu	wu zi	ji wei	geng yin	geng shen	xin mao	xin you
26	wu zi	ji wei	ding hai	wu wu	wu zi	ji wei	ji chou	geng shen	xin mao	xin you	ren chen	ren shu
27	ji chou	geng shen	wu zi	ji wei	ji chou	geng shen	geng yin	xin you	ren chen	ren shu	kui si	kui hai
28	geng yin	xin you	ji chou	geng shen	geng yin	xin you	xin mao	ren shu	kui si	kui hai	jia wu	jia zi
29	xin mao		geng yin	xin you	xin mao	ren shu	ren chen	kui hai	jia wu	jia zi	yi wei	yi chou
30	ren chen		xin mao	ren shu	ren chen	kui hai	kui si	jia zi	yi wei	yi chou	[11th] bing shen	[12th] bing yin
31	kui si		ren chen		kui si		jia wu	yi chou		bing yin		ding mao

1979 YEAR OF THE GOAT 己未 *ji wei*

	JAN	FEB	MAR	APRIL	MAY	JUNE	JULY	AUG	SEPT	OCT	NOV	DEC
1	[12th month of Horse year] wu chen	[1st month of Goat year] ji hai	ding mao	wu shu	wu chen	ji hai	ji si	geng zi	xin wei	xin chou	ren shen	ren yin
2	ji si	geng zi	wu chen	ji hai	ji si	geng zi	geng wu	xin chou	ren shen	ren yin	kui you	kui mao
3	geng wu	xin chou	ji si	geng zi	geng wu	xin chou	xin wei	ren yin	kui you	kui mao	jia shu	jia chen
4	xin wei	ren yin	geng wu	xin chou	xin wei	ren yin	ren shen	kui mao	jia shu	jia chen	yi hai	yi si
5	ren shen	kui mao	xin wei	ren yin	ren shen	kui mao	kui you	jia chen	yi hai	yi si	bing zi	bing wu
6	kui you	jia chen	ren shen	kui mao	kui you	jia chen	jia shu	yi si	bing zi	bing wu	ding chou	ding wei
7	jia shu	yi si	kui you	jia chen	jia shu	yi si	yi hai	bing wu	ding chou	ding wei	wu yin	wu shen
8	yi hai	bing wu	jia shu	yi si	yi hai	bing wu	bing zi	ding wei	wu yin	wu shen	ji mao	ji you
9	bing zi	ding wei	yi hai	bing wu	bing zi	ding wei	ding chou	wu shen	ji mao	ji you	geng chen	geng shu
10	ding chou	wu shen	bing zi	ding wei	ding chou	wu shen	wu yin	ji you	geng chen	geng shu	xin si	xin hai
11	wu yin	ji you	ding chou	wu shen	wu yin	ji you	ji mao	geng shu	xin si	xin hai	ren wu	ren zi
12	ji mao	geng shu	wu yin	ji you	ji mao	geng shu	geng chen	xin hai	ren wu	ren zi	kui wei	kui chou
13	geng chen	xin hai	ji mao	geng shu	geng chen	xin hai	xin si	ren zi	kui wei	kui chou	jia shen	jia yin
14	xin si	ren zi	geng chen	xin hai	xin si	ren zi	ren wu	kui chou	jia shen	jia yin	yi you	yi mao
15	ren wu	kui chou	xin si	ren zi	ren wu	kui chou	kui wei	jia yin	yi you	yi mao	bing shu	bing chen
16	kui wei	jia yin	ren wu	kui chou	kui wei	jia yin	jia shen	yi mao	bing shu	bing chen	ding hai	ding si
17	jia shen	yi mao	kui wei	jia yin	jia shen	yi mao	yi you	bing chen	ding hai	ding si	wu zi	wu wu
18	yi you	bing chen	jia shen	yi mao	yi you	bing chen	bing shu	ding si	wu zi	wu wu	ji chou	ji wei
19	bing shu	ding si	yi you	bing chen	bing shu	ding si	ding hai	wu wu	ji chou	ji wei	geng yin	[11th] geng shen
20	ding hai	wu wu	bing shu	ding si	ding hai	wu wu	wu zi	ji wei	geng yin	geng shen	[10th] xin mao	xin you
21	wu zi	ji wei	ding hai	wu wu	wu zi	ji wei	ji chou	geng shen	[8th] xin mao	[9th] xin you	ren chen	ren shu
22	ji chou	geng shen	wu zi	ji wei	ji chou	geng shen	geng yin	xin you	ren chen	ren shu	kui si	kui hai
23	geng yin	xin you	ji chou	geng shen	geng yin	xin you	xin mao	[7th] ren shu	kui si	kui hai	jia wu	jia zi
24	xin mao	ren shu	geng yin	xin you	xin mao	[6th] ren shu	[intercalary 6th] ren chen	kui hai	jia wu	jia zi	yi wei	yi chou
25	ren chen	kui hai	xin mao	ren shu	ren chen	kui hai	kui si	jia zi	yi wei	yi chou	bing shen	bing yin
26	kui si	jia zi	ren chen	[4th] kui hai	[5th] kui si	jia zi	jia wu	yi chou	bing shen	bing yin	ding you	ding mao
27	jia wu	[2nd] yi chou	kui si	jia zi	jia wu	yi chou	yi wei	bing yin	ding you	ding mao	wu shu	wu chen
28	[11th] yi wei	bing yin	[3rd] jia wu	yi chou	yi wei	bing yin	bing shen	ding mao	wu shu	wu chen	ji hai	ji si
29	bing shen		yi wei	bing yin	bing shen	ding mao	ding you	wu chen	ji hai	ji si	geng zi	geng wu
30	ding you		bing shen	ding mao	ding you	wu chen	wu shu	ji si	geng zi	geng wu	xin chou	xin wei
31	wu shu		ding you		wu shu		ji hai	geng wu		xin wei		ren shen

1980 YEAR OF THE MONKEY 庚申 *geng shen*

	JAN	FEB	MAR	APRIL	MAY	JUNE	JULY	AUG	SEPT	OCT	NOV	DEC
1	kui you	jia chen	kui you	jia chen	jia shu	yi si	yi hai	bing wu	ding chou	ding wei	wu yin	wu shen
2	jia shu	yi si	jia shu	yi si	yi hai	bing wu	bing zi	ding wei	wu yin	wu shen	ji mao	ji you
3	yi hai	bing wu	yi hai	bing wu	bing zi	ding wei	ding chou	wu shen	ji mao	ji you	geng chen	geng shu
4	bing zi	ding wei	bing zi	ding wei	ding chou	wu shen	wu yin	ji you	geng chen	geng shu	xin si	xin hai
5	ding chou	wu shen	ding chou	wu shen	wu yin	ji you	ji mao	geng shu	xin si	xin hai	ren wu	ren zi
6	wu yin	ji you	wu yin	ji you	ji mao	geng shu	geng chen	xin hai	ren wu	ren zi	kui wei	kui chou
7	ji mao	geng shu	ji mao	geng shu	geng chen	xin hai	xin si	ren zi	kui wei	kui chou	jia shen	jia yin
8	geng chen	xin hai	geng chen	xin hai	xin si	ren zi	ren wu	kui chou	jia shen	jia yin	yi you	yi mao
9	xin si	ren zi	xin si	ren zi	ren wu	kui chou	kui wei	jia yin	yi you	yi mao	bing shu	bing chen
10	ren wu	kui chou	ren wu	kui chou	kui wei	jia yin	jia shen	yi mao	bing shu	bing chen	ding hai	ding si
11	kui wei	jia yin	kui wei	jia yin	jia shen	yi mao	yi you	bing chen	ding hai	ding si	wu zi	wu wu
12	jia shen	yi mao	jia shen	yi mao	yi you	bing chen	bing shu	ding si	wu zi	wu wu	ji chou	ji wei
13	yi you	bing chen	yi you	bing chen	bing shu	ding si	ding hai	wu wu	ji chou	ji wei	geng yin	geng shen
14	bing shu	ding si	bing shu	ding si	ding hai	wu wu	wu zi	ji wei	geng yin	geng shen	xin mao	xin you
15	ding hai	wu wu	ding hai	wu wu	wu zi	ji wei	ji chou	geng shen	xin mao	xin you	ren chen	ren shu
16	wu zi	ji wei	wu zi	ji wei	ji chou	geng shen	geng yin	xin you	ren chen	ren shu	kui si	kui hai
17	ji chou	geng shen	ji chou	geng shen	geng yin	xin you	xin mao	ren shu	kui si	kui hai	jia wu	jia zi
18	geng yin	xin you	geng yin	xin you	xin mao	ren shu	ren chen	kui hai	jia wu	jia zi	yi wei	yi chou
19	xin mao	ren shu	xin mao	ren shu	ren chen	kui hai	kui si	jia zi	yi wei	yi chou	bing shen	bing yin
20	ren chen	kui hai	ren chen	kui hai	kui si	jia zi	jia wu	yi chou	bing shen	bing yin	ding you	ding mao
21	kui si	jia zi	kui si	jia zi	jia wu	yi chou	yi wei	bing yin	ding you	ding mao	wu shu	wu chen
22	jia wu	yi chou	jia wu	yi chou	yi wei	bing yin	bing shen	ding mao	wu shu	wu chen	ji hai	ji si
23	yi wei	bing yin	yi wei	bing yin	bing shen	ding mao	ding you	wu chen	ji hai	ji si	geng zi	geng wu
24	bing shen	ding mao	bing shen	ding mao	ding you	wu chen	wu shu	ji si	geng zi	geng wu	xin chou	xin wei
25	ding you	wu chen	ding you	wu chen	wu shu	ji si	ji hai	geng wu	xin chou	xin wei	ren yin	ren shen
26	wu shu	ji si	wu shu	ji si	ji hai	geng wu	geng zi	xin wei	ren yin	ren shen	kui mao	kui you
27	ji hai	geng wu	ji hai	geng wu	geng zi	xin wei	xin chou	ren shen	kui mao	kui you	jia chen	jia shu
28	geng zi	xin wei	geng zi	xin wei	xin chou	ren shen	ren yin	kui you	jia chen	jia shu	yi si	yi hai
29	xin chou	ren shen	xin chou	ren shen	ren yin	kui you	kui mao	jia shu	yi si	yi hai	bing wu	bing zi
30	ren yin		ren yin	kui you	kui mao	jia shu	jia chen	yi hai	bing wu	bing zi	ding wei	ding chou
31	kui mao		kui mao		jia chen		yi si	bing zi		ding chou		wu yin

Margin labels: JAN: 12th month of Goat year; 11th — FEB: 1st month of Monkey year — MAR: 2nd — APRIL: 3rd — MAY: 4th — JUNE: 5th — JULY: 6th — AUG: 7th — SEPT: 8th — OCT: 9th — NOV: 10th — DEC: 11th; 12th

1981 YEAR OF THE ROOSTER 辛酉 *xin you*

	JAN	FEB	MAR	APRIL	MAY	JUNE	JULY	AUG	SEPT	OCT	NOV	DEC
1	ji mao	geng shu	wu yin	ji you	ji mao	geng shu	geng chen	xin hai	ren wu	ren zi	kui wei	kui chou
2	geng chen	xin hai	ji mao	geng shu	geng chen	xin hai	xin si	ren zi	kui wei	kui chou	jia shen	jia yin
3	xin si	ren zi	geng chen	xin hai	xin si	ren zi	ren wu	kui chou	jia shen	jia yin	yi you	yi mao
4	ren wu	kui chou	xin si	ren zi	ren wu	kui chou	kui wei	jia yin	yi you	yi mao	bing shu	bing chen
5	kui wei	jia yin	ren wu	kui chou	kui wei	jia yin	jia shen	yi mao	bing shu	bing chen	ding hai	ding si
6	jia shen	yi mao	kui wei	jia yin	jia shen	yi mao	yi you	bing chen	ding hai	ding si	wu zi	wu wu
7	yi you	bing chen	jia shen	yi mao	yi you	bing chen	bing shu	ding si	wu zi	wu wu	ji chou	ji wei
8	bing shu	ding si	yi you	bing chen	bing shu	ding si	ding hai	wu wu	ji chou	ji wei	geng yin	geng shen
9	ding hai	wu wu	bing shu	ding si	ding hai	wu wu	wu zi	ji wei	geng yin	geng shen	xin mao	xin you
10	wu zi	ji wei	ding hai	wu wu	wu zi	ji wei	ji chou	geng shen	xin mao	xin you	ren chen	ren shu
11	ji chou	geng shen	wu zi	ji wei	ji chou	geng shen	geng yin	xin you	ren chen	ren shu	kui si	kui hai
12	geng yin	xin you	ji chou	geng shen	geng yin	xin you	xin mao	ren shu	kui si	kui hai	jia wu	jia zi
13	xin mao	ren shu	geng yin	xin you	xin mao	ren shu	ren chen	kui hai	jia wu	jia zi	yi wei	yi chou
14	ren chen	kui hai	xin mao	ren shu	ren chen	kui hai	kui si	jia zi	yi wei	yi chou	bing shen	bing yin
15	kui si	jia zi	ren chen	kui hai	kui si	jia zi	jia wu	yi chou	bing shen	bing yin	ding you	ding mao
16	jia wu	yi chou	kui si	jia zi	jia wu	yi chou	yi wei	bing yin	ding you	ding mao	wu shu	wu chen
17	yi wei	bing yin	jia wu	yi chou	yi wei	bing yin	bing shen	ding mao	wu shu	wu chen	ji hai	ji si
18	bing shen	ding mao	yi wei	bing yin	bing shen	ding mao	ding you	wu chen	ji hai	ji si	geng zi	geng wu
19	ding you	wu chen	bing shen	ding mao	ding you	wu chen	wu shu	ji si	geng zi	geng wu	xin chou	xin wei
20	wu shu	ji si	ding you	wu chen	wu shu	ji si	ji hai	geng wu	xin chou	xin wei	ren yin	ren shen
21	ji hai	geng wu	wu shu	ji si	ji hai	geng wu	geng zi	xin wei	ren yin	ren shen	kui mao	kui you
22	geng zi	xin wei	ji hai	geng wu	geng zi	xin wei	xin chou	ren shen	kui mao	kui you	jia chen	jia shu
23	xin chou	ren shen	geng zi	xin wei	xin chou	ren shen	ren yin	kui you	jia chen	jia shu	yi si	yi hai
24	ren yin	kui you	xin chou	ren shen	ren yin	kui you	kui mao	jia shu	yi si	yi hai	bing wu	bing zi
25	kui mao	jia shu	ren yin	kui you	kui mao	jia shu	jia chen	yi hai	bing wu	bing zi	ding wei	ding chou
26	jia chen	yi hai	kui mao	jia shu	jia chen	yi hai	yi si	bing zi	ding wei	ding chou	wu shen	wu yin
27	yi si	bing zi	jia chen	yi hai	yi si	bing zi	bing wu	ding chou	wu shen	wu yin	ji you	ji mao
28	bing wu	ding chou	yi si	bing zi	bing wu	ding chou	ding wei	wu yin	ji you	ji mao	geng shu	geng chen
29	ding wei		bing wu	ding chou	ding wei	wu yin	wu shen	ji mao	geng shu	geng chen	xin hai	xin si
30	wu shen		ding wei	wu yin	wu shen	ji mao	ji you	geng chen	xin hai	xin si	ren zi	ren wu
31	ji you		wu shen		ji you		geng shu	xin si		ren wu		kui wei

Margin labels: JAN: 12th month of Monkey year; 11th — FEB: 1st month of Rooster year — MAR: 2nd — APRIL: 3rd — MAY: 4th — JUNE: 5th — JULY: 6th; 7th — AUG: 8th — SEPT: 9th — OCT: 10th — NOV: 11th — DEC: 12th

1982 YEAR OF THE DOG 壬戌 *ren shu*

	JAN	FEB	MAR	APRIL	MAY	JUNE	JULY	AUG	SEPT	OCT	NOV	DEC
1	jia shen	yi mao	kui wei	jia yin	jia shen	yi mao	yi you	bing chen	ding hai	ding si	wu zi	wu wu
2	yi you	bing chen	jia shen	yi mao	yi you	bing chen	bing shu	ding si	wu zi	wu wu	ji chou	ji wei
3	bing shu	ding si	yi you	bing chen	bing shu	ding si	ding hai	wu wu	ji chou	ji wei	geng yin	geng shen
4	ding hai	wu wu	bing shu	ding si	ding hai	wu wu	wu zi	ji wei	geng yin	geng shen	xin mao	xin you
5	wu zi	ji wei	ding hai	wu wu	wu zi	ji wei	ji chou	geng shen	xin mao	xin you	ren chen	ren shu
6	ji chou	geng shen	wu zi	ji wei	ji chou	geng shen	geng yin	xin you	ren chen	ren shu	kui si	kui hai
7	geng yin	xin you	ji chou	geng shen	geng yin	xin you	xin mao	ren shu	kui si	kui hai	jia wu	jia zi
8	xin mao	ren shu	geng yin	xin you	xin mao	ren shu	ren chen	kui hai	jia wu	jia zi	yi wei	yi chou
9	ren chen	kui hai	xin mao	ren shu	ren chen	kui hai	kui si	jia zi	yi wei	yi chou	bing shen	bing yin
10	kui si	jia zi	ren chen	kui hai	kui si	jia zi	jia wu	yi chou	bing shen	bing yin	ding you	ding mao
11	jia wu	yi chou	kui si	jia zi	jia wu	yi chou	yi wei	bing yin	ding you	ding mao	wu shu	wu chen
12	yi wei	bing yin	jia wu	yi chou	yi wei	bing yin	bing shen	ding mao	wu shu	wu chen	ji hai	ji si
13	bing shen	ding mao	yi wei	bing yin	bing shen	ding mao	ding you	wu chen	ji hai	ji si	geng zi	geng wu
14	ding you	wu chen	bing shen	ding mao	ding you	wu chen	wu shu	ji si	geng zi	geng wu	xin chou	xin wei
15	wu shu	ji si	ding you	wu chen	wu shu	ji si	ji hai	geng wu	xin chou	xin wei	[10th] ren yin	[11th] ren shen
16	ji hai	geng wu	wu shu	ji si	ji hai	geng wu	geng zi	xin wei	ren yin	ren shen	kui mao	kui you
17	geng zi	xin wei	ji hai	geng wu	geng zi	xin wei	xin chou	ren shen	[8th] kui mao	[9th] kui you	jia chen	jia shu
18	xin chou	ren shen	geng zi	xin wei	xin chou	ren shen	ren yin	kui you	jia chen	jia shu	yi si	yi hai
19	ren yin	kui you	xin chou	ren shen	ren yin	kui you	kui mao	[7th] jia shu	yi si	yi hai	bing wu	bing zi
20	kui mao	jia shu	ren yin	kui you	kui mao	jia shu	jia chen	yi hai	bing wu	bing zi	ding wei	ding chou
21	jia chen	yi hai	kui mao	jia shu	jia chen	[5th] yi hai	[6th] yi si	bing zi	ding wei	ding chou	wu shen	wu yin
22	yi si	bing zi	jia chen	yi hai	yi si	bing zi	bing wu	ding chou	wu shen	wu yin	ji you	ji mao
23	bing wu	ding chou	yi si	bing zi	[intercalary 4th] bing wu	ding chou	ding wei	wu yin	ji you	ji mao	geng shu	geng chen
24	ding wei [12th month of Rooster year]	[2nd] wu yin	bing wu	[4th] ding chou	ding wei	wu yin	wu shen	ji mao	geng shu	geng chen	xin hai	xin si
25	[1st month of Dog year] wu shen	ji mao	[3rd] ding wei	wu yin	wu shen	ji mao	ji you	geng chen	xin hai	xin si	ren zi	ren wu
26	ji you	geng chen	wu shen	ji mao	ji you	geng chen	geng shu	xin si	ren zi	ren wu	kui chou	kui wei
27	geng shu	xin si	ji you	geng chen	geng shu	xin si	xin hai	ren wu	kui chou	kui wei	jia yin	jia shen
28	xin hai	ren wu	geng shu	xin si	xin hai	ren wu	ren zi	kui wei	jia yin	jia shen	yi mao	yi you
29	ren zi		xin hai	ren wu	ren zi	kui wei	kui chou	jia shen	yi mao	yi you	bing chen	bing shu
30	kui chou		ren zi	kui wei	kui chou	jia shen	jia yin	yi you	bing chen	bing shu	ding si	ding hai
31	jia yin		kui chou		jia yin		yi mao	bing shu		ding hai		wu zi

1983 YEAR OF THE PIG 癸亥 *kui hai*

	JAN	FEB	MAR	APRIL	MAY	JUNE	JULY	AUG	SEPT	OCT	NOV	DEC
1	ji chou	geng shen	wu zi	ji wei	ji chou	geng shen	geng yin	xin you	ren chen	ren shu	kui si	kui hai
2	geng yin	xin you	ji chou	geng shen	geng yin	xin you	xin mao	ren shu	kui si	kui hai	jia wu	jia zi
3	xin mao	ren shu	geng yin	xin you	xin mao	ren shu	ren chen	kui hai	jia wu	jia zi	yi wei	yi chou
4	ren chen	kui hai	xin mao	ren shu	ren chen	kui hai	kui si	jia zi	yi wei	yi chou	bing shen	[11th] bing yin
5	kui si	jia zi	ren chen	kui hai	kui si	jia zi	jia wu	yi chou	bing shen	bing yin	[10th] ding you	ding mao
6	jia wu	yi chou	kui si	jia zi	jia wu	yi chou	yi wei	bing yin	ding you	[9th] ding mao	wu shu	wu chen
7	yi wei	bing yin	jia wu	yi chou	yi wei	bing yin	bing shen	ding mao	[8th] wu shu	wu chen	ji hai	ji si
8	bing shen	ding mao	yi wei	bing yin	bing shen	ding mao	ding you	[7th] wu chen	ji hai	ji si	geng zi	geng wu
9	ding you	wu chen	bing shen	ding mao	ding you	wu chen	wu shu	ji si	geng zi	geng wu	xin chou	xin wei
10	wu shu	ji si	ding you	wu chen	wu shu	ji si	[6th] ji hai	geng wu	xin chou	xin wei	ren yin	ren shen
11	ji hai	geng wu	wu shu	ji si	ji hai	[5th] geng wu	geng zi	xin wei	ren yin	ren shen	kui mao	kui you
12	geng zi	xin wei	ji hai	geng wu	geng zi	xin wei	xin chou	ren shen	kui mao	kui you	jia chen	jia shu
13	xin chou [11th]	[1st month of Pig year] ren shen	geng zi	[3rd] xin wei	[4th] xin chou	ren shen	ren yin	kui you	jia chen	jia shu	yi si	yi hai
14	[12th month of Dog year] ren yin	kui you	xin chou	ren shen	ren yin	kui you	kui mao	jia shu	yi si	yi hai	bing wu	bing zi
15	kui mao	jia shu	[2nd] ren yin	kui you	kui mao	jia shu	jia chen	yi hai	bing wu	bing zi	ding wei	ding chou
16	jia chen	yi hai	kui mao	jia shu	jia chen	yi hai	yi si	bing zi	ding wei	ding chou	wu shen	wu yin
17	yi si	bing zi	jia chen	yi hai	yi si	bing zi	bing wu	ding chou	wu shen	wu yin	ji you	ji mao
18	bing wu	ding chou	yi si	bing zi	bing wu	ding chou	ding wei	wu yin	ji you	ji mao	geng shu	geng chen
19	ding wei	wu yin	bing wu	ding chou	ding wei	wu yin	wu shen	ji mao	geng shu	geng chen	xin hai	xin si
20	wu shen	ji mao	ding wei	wu yin	wu shen	ji mao	ji you	geng chen	xin hai	xin si	ren zi	ren wu
21	ji you	geng chen	wu shen	ji mao	ji you	geng chen	geng shu	xin si	ren zi	ren wu	kui chou	kui wei
22	geng shu	xin si	ji you	geng chen	geng shu	xin si	xin hai	ren wu	kui chou	kui wei	jia yin	jia shen
23	xin hai	ren wu	geng shu	xin si	xin hai	ren wu	ren zi	kui wei	jia yin	jia shen	yi mao	yi you
24	ren zi	kui wei	xin hai	ren wu	ren zi	kui wei	kui chou	jia shen	yi mao	yi you	bing chen	bing shu
25	kui chou	jia shen	ren zi	kui wei	kui chou	jia shen	jia yin	yi you	bing chen	bing shu	ding si	ding hai
26	jia yin	yi you	kui chou	jia shen	jia yin	yi you	yi mao	bing shu	ding si	ding hai	wu wu	wu zi
27	yi mao	bing shu	jia yin	yi you	yi mao	bing shu	bing chen	ding hai	wu wu	wu zi	ji wei	ji chou
28	bing chen	ding hai	yi mao	bing shu	bing chen	ding hai	ding si	wu zi	ji wei	ji chou	geng shen	geng yin
29	ding si		bing chen	ding hai	ding si	wu zi	wu wu	ji chou	geng shen	geng yin	xin you	xin mao
30	wu wu		ding si	wu zi	wu wu	ji chou	ji wei	geng yin	xin you	xin mao	ren shu	ren chen
31	ji wei		wu wu		ji wei		geng shen	xin mao		ren chen		kui si

1984 YEAR OF THE RAT 甲子 *jia zi*

	JAN	FEB	MAR	APRIL	MAY	JUNE	JULY	AUG	SEPT	OCT	NOV	DEC
1	[11th] jia wu	yi chou	jia wu	[3rd] yi chou	[4th] yi wei	bing yin	bing shen	ding mao	wu shu	wu chen	ji hai	ji si
2	yi wei	[1st month of Rat year] bing yin	yi wei	bing yin	bing shen	ding mao	ding you	wu chen	ji hai	ji si	geng zi	geng wu
3	[12th month of Pig year] bing shen	ding mao	[2nd] bing shen	ding mao	ding you	wu chen	wu shu	ji si	geng zi	geng wu	xin chou	xin wei
4	ding you	wu chen	ding you	wu chen	wu shu	ji si	ji hai	geng wu	xin chou	xin wei	ren yin	ren shen
5	wu shu	ji si	wu shu	ji si	ji hai	geng wu	geng zi	xin wei	ren yin	ren shen	kui mao	kui you
6	ji hai	geng wu	ji hai	geng wu	geng zi	xin wei	xin chou	ren shen	kui mao	kui you	jia chen	jia shu
7	geng zi	xin wei	geng zi	xin wei	xin chou	ren shen	ren yin	kui you	jia chen	jia shu	yi si	yi hai
8	xin chou	ren shen	xin chou	ren shen	ren yin	kui you	kui mao	jia shu	yi si	yi hai	bing wu	bing zi
9	ren yin	kui you	ren yin	kui you	kui mao	jia shu	jia chen	yi hai	bing wu	bing zi	ding wei	ding chou
10	kui mao	jia shu	kui mao	jia shu	jia chen	yi hai	yi si	bing zi	ding wei	ding chou	wu shen	wu yin
11	jia chen	yi hai	jia chen	yi hai	yi si	bing zi	bing wu	ding chou	wu shen	wu yin	ji you	ji mao
12	yi si	bing zi	yi si	bing zi	bing wu	ding chou	ding wei	wu yin	ji you	ji mao	geng shu	geng chen
13	bing wu	ding chou	bing wu	ding chou	ding wei	wu yin	wu shen	ji mao	geng shu	geng chen	xin hai	xin si
14	ding wei	wu yin	ding wei	wu yin	wu shen	ji mao	ji you	geng chen	xin hai	xin si	ren zi	ren wu
15	wu shen	ji mao	wu shen	ji mao	ji you	geng chen	geng shu	xin si	ren zi	ren wu	kui chou	kui wei
16	ji you	geng chen	ji you	geng chen	geng shu	xin si	xin hai	ren wu	kui chou	kui wei	jia yin	jia shen
17	geng shu	xin si	geng shu	xin si	xin hai	ren wu	ren zi	kui wei	jia yin	jia shen	yi mao	yi you
18	xin hai	ren wu	xin hai	ren wu	ren zi	kui wei	kui chou	jia shen	yi mao	yi you	bing chen	bing shu
19	ren zi	kui wei	ren zi	kui wei	kui chou	jia shen	jia yin	yi you	bing chen	bing shu	ding si	ding hai
20	kui chou	jia shen	kui chou	jia shen	jia yin	yi you	yi mao	bing shu	ding si	ding hai	wu wu	wu zi
21	jia yin	yi you	jia yin	yi you	yi mao	bing shu	bing chen	ding hai	wu wu	wu zi	ji wei	ji chou
22	yi mao	bing shu	yi mao	bing shu	bing chen	ding hai	ding si	wu zi	ji wei	ji chou	geng shen	[11th] geng yin
23	bing chen	ding hai	bing chen	ding hai	ding si	wu zi	wu wu	ji chou	geng shen	geng yin	[intercalary 10th] xin you	xin mao
24	ding si	wu zi	ding si	wu zi	wu wu	ji chou	ji wei	geng yin	xin you	[10th] xin mao	ren shu	ren chen
25	wu wu	ji chou	wu wu	ji chou	ji wei	geng yin	geng shen	xin mao	[9th] ren shu	ren chen	kui hai	kui si
26	ji wei	geng yin	ji wei	geng yin	geng shen	xin mao	xin you	ren chen	kui hai	kui si	jia zi	jia wu
27	geng shen	xin mao	geng shen	xin mao	xin you	ren chen	ren shu	[8th] kui si	jia zi	jia wu	yi chou	yi wei
28	xin you	ren chen	xin you	ren chen	ren shu	kui si	[7th] kui hai	jia wu	yi chou	yi wei	bing yin	bing shen
29	ren shu	kui si	ren shu	kui si	kui hai	[6th] jia wu	jia zi	yi wei	bing yin	bing shen	ding mao	ding you
30	kui hai		kui hai	jia wu	jia zi	yi wei	yi chou	bing shen	ding mao	ding you	wu chen	wu shu
31	jia zi		jia zi		[5th] yi chou		bing yin	ding you		wu shu		ji hai

1985 YEAR OF THE OX 乙丑 *yi chou*

	JAN	FEB	MAR	APRIL	MAY	JUNE	JULY	AUG	SEPT	OCT	NOV	DEC
1	geng zi	xin wei	ji hai	geng wu	geng zi	xin wei	xin chou	ren shen	kui mao	kui you	jia chen	jia shu
2	xin chou	ren shen	geng zi	xin wei	xin chou	ren shen	ren yin	kui you	jia chen	jia shu	yi si	yi hai
3	ren yin	kui you	xin chou	ren shen	ren yin	kui you	kui mao	jia shu	yi si	yi hai	bing wu	bing zi
4	kui mao	jia shu	ren yin	kui you	kui mao	jia shu	jia chen	yi hai	bing wu	bing zi	ding wei	ding chou
5	jia chen	yi hai	kui mao	jia shu	jia chen	yi hai	yi si	bing zi	ding wei	ding chou	wu shen	wu yin
6	yi si	bing zi	jia chen	yi hai	yi si	bing zi	bing wu	ding chou	wu shen	wu yin	ji you	ji mao
7	bing wu	ding chou	yi si	bing zi	bing wu	ding chou	ding wei	wu yin	ji you	ji mao	geng shu	geng chen
8	ding wei	wu yin	bing wu	ding chou	ding wei	wu yin	wu shen	ji mao	geng shu	geng chen	xin hai	xin si
9	wu shen	ji mao	ding wei	wu yin	wu shen	ji mao	ji you	geng chen	xin hai	xin si	ren zi	ren wu
10	ji you	geng chen	wu shen	ji mao	ji you	geng chen	geng shu	xin si	ren zi	ren wu	kui chou	kui wei
11	geng shu	xin si	ji you	geng chen	geng shu	xin si	xin hai	ren wu	kui chou	kui wei	jia yin	jia shen
12	xin hai	ren wu	geng shu	xin si	xin hai	ren wu	ren zi	kui wei	jia yin	jia shen	[10th] yi mao	[11th] yi you
13	ren zi	kui wei	xin hai	ren wu	ren zi	kui wei	kui chou	jia shen	yi mao	yi you	bing chen	bing shu
14	kui chou	jia shen	ren zi	kui wei	kui chou	jia shen	jia yin	yi you	bing chen	[9th] bing shu	ding si	ding hai
15	jia yin	yi you	kui chou	jia shen	jia yin	yi you	yi mao	bing shu	[8th] ding si	ding hai	wu wu	wu zi
16	yi mao	bing shu	jia yin	yi you	yi mao	bing shu	bing chen	[7th] ding hai	wu wu	wu zi	ji wei	ji chou
17	bing chen	ding hai	yi mao	bing shu	bing chen	ding hai	ding si	wu zi	ji wei	ji chou	geng shen	geng yin
18	ding si	wu zi	bing chen	ding hai	ding si	[5th] wu zi	[6th] wu wu	ji chou	geng shen	geng yin	xin you	xin mao
19	[11th] wu wu	ji chou	ding si	wu zi	wu wu	ji chou	ji wei	geng yin	xin you	xin mao	ren shu	ren chen
20	ji wei	[1st month of Ox year] geng yin	wu wu	[3rd] ji chou	[4th] ji wei	geng yin	geng shen	xin mao	ren shu	ren chen	kui hai	kui si
21	[12th month of Rat year] geng shen	xin mao	[2nd] ji wei	geng yin	geng shen	xin mao	xin you	ren chen	kui hai	kui si	jia zi	jia wu
22	xin you	ren chen	geng shen	xin mao	xin you	ren chen	ren shu	kui si	jia zi	jia wu	yi chou	yi wei
23	ren shu	kui si	xin you	ren chen	ren shu	kui si	kui hai	jia wu	yi chou	yi wei	bing yin	bing shen
24	kui hai	jia wu	ren shu	kui si	kui hai	jia wu	jia zi	yi wei	bing yin	bing shen	ding mao	ding you
25	jia zi	yi wei	kui hai	jia wu	jia zi	yi wei	yi chou	bing shen	ding mao	ding you	wu chen	wu shu
26	yi chou	bing shen	jia zi	yi wei	yi chou	bing shen	bing yin	ding you	wu chen	wu shu	ji si	ji hai
27	bing yin	ding you	yi chou	bing shen	bing yin	ding you	ding mao	wu shu	ji si	ji hai	geng wu	geng zi
28	ding mao	wu shu	bing yin	ding you	ding mao	wu shu	wu chen	ji hai	geng wu	geng zi	xin wei	xin chou
29	wu chen		ding mao	wu shu	wu chen	ji hai	ji si	geng zi	xin wei	xin chou	ren shen	ren yin
30	ji si		wu chen	ji hai	ji si	geng zi	geng wu	xin chou	ren shen	ren yin	kui you	kui mao
31	geng wu		ji si		geng wu		xin wei	ren yin		kui mao		jia chen

1986 YEAR OF THE TIGER 丙寅 *bing yin*

	JAN	FEB	MAR	APRIL	MAY	JUNE	JULY	AUG	SEPT	OCT	NOV	DEC
1	yi si	bing zi	jia chen	yi hai	yi si	bing zi	bing wu	ding chou	wu shen	wu yin	ji you	ji mao
2	bing wu	ding chou	yi si	bing zi	bing wu	ding chou	ding wei	wu yin	ji you	ji mao	geng shu	geng chen
3	ding wei	wu yin	bing wu	ding chou	ding wei	wu yin	wu shen	ji mao	geng shu	geng chen	xin hai	xin si
4	wu shen	ji mao	ding wei	wu yin	wu shen	ji mao	ji you	geng chen	xin hai	xin si	ren zi	ren wu
5	ji you	geng chen	wu shen	ji mao	ji you	geng chen	geng shu	xin si	ren zi	ren wu	kui chou	kui wei
6	geng shu	xin si	ji you	geng chen	geng shu	xin si	xin hai	ren wu	kui chou	kui wei	jia yin	jia shen
7	xin hai	ren wu	geng shu	xin si	xin hai	ren wu	ren zi	kui wei	jia yin	jia shen	yi mao	yi you
8	ren zi	kui wei	xin hai	ren wu	ren zi	kui wei	kui chou	jia shen	yi mao	yi you	bing chen	bing shu
9	kui chou	jia shen	ren zi	kui wei	kui chou	jia shen	jia yin	yi you	bing chen	bing shu	ding si	ding hai
10	jia yin	yi you	kui chou	jia shen	jia yin	yi you	yi mao	bing shu	ding si	ding hai	wu wu	wu zi
11	yi mao	bing shu	jia yin	yi you	yi mao	bing shu	bing chen	ding hai	wu wu	wu zi	ji wei	ji chou
12	bing chen	ding hai	yi mao	bing shu	bing chen	ding hai	ding si	wu zi	ji wei	ji chou	geng shen	geng yin
13	ding si	wu zi	bing chen	ding hai	ding si	wu zi	wu wu	ji chou	geng shen	geng yin	xin you	xin mao
14	wu wu	ji chou	ding si	wu zi	wu wu	ji chou	ji wei	geng yin	xin you	xin mao	ren shu	ren chen
15	ji wei	geng yin	wu wu	ji chou	ji wei	geng yin	geng shen	xin mao	ren shu	ren chen	kui hai	kui si
16	geng shen	xin mao	ji wei	geng yin	geng shen	xin mao	xin you	ren chen	kui hai	kui si	jia zi	jia wu
17	xin you	ren chen	geng shen	xin mao	xin you	ren chen	ren shu	kui si	jia zi	jia wu	yi chou	yi wei
18	ren shu	kui si	xin you	ren chen	ren shu	kui si	kui hai	jia wu	yi chou	yi wei	bing yin	bing shen
19	kui hai	jia wu	ren shu	kui si	kui hai	jia wu	jia zi	yi wei	bing yin	bing shen	ding mao	ding you
20	jia zi	yi wei	kui hai	jia wu	jia zi	yi wei	yi chou	bing shen	ding mao	ding you	wu chen	wu shu
21	yi chou	bing shen	jia zi	yi wei	yi chou	bing shen	bing yin	ding you	wu chen	wu shu	ji si	ji hai
22	bing yin	ding you	yi chou	bing shen	bing yin	ding you	ding mao	wu shu	ji si	ji hai	geng wu	geng zi
23	ding mao	wu shu	bing yin	ding you	ding mao	wu shu	wu chen	ji hai	geng wu	geng zi	xin wei	xin chou
24	wu chen	ji hai	ding mao	wu shu	wu chen	ji hai	ji si	geng zi	xin wei	xin chou	ren shen	ren yin
25	ji si	geng zi	wu chen	ji hai	ji si	geng zi	geng wu	xin chou	ren shen	ren yin	kui you	kui mao
26	geng wu	xin chou	ji si	geng zi	geng wu	xin chou	xin wei	ren yin	kui you	kui mao	jia shu	jia chen
27	xin wei	ren yin	geng wu	xin chou	xin wei	ren yin	ren shen	kui mao	jia shu	jia chen	yi hai	yi si
28	ren shen	kui mao	xin wei	ren yin	ren shen	kui mao	kui you	jia chen	yi hai	yi si	bing zi	bing wu
29	kui you		ren shen	kui mao	kui you	jia chen	jia shu	yi si	bing zi	bing wu	ding chou	ding wei
30	jia shu		kui you	jia chen	jia shu	yi si	yi hai	bing wu	ding chou	ding wei	wu yin	wu shen
31	yi hai		jia shu		yi hai		bing zi	ding wei		wu shen		ji you

11th
12th month of Ox year
1st month of Tiger year
2nd
3rd
4th
5th
6th
7th
8th
9th
10th
11th

1987 YEAR OF THE RABBIT 丁卯 *ding mao*

	JAN	FEB	MAR	APRIL	MAY	JUNE	JULY	AUG	SEPT	OCT	NOV	DEC
1	geng shu	xin si	ji you	geng chen	geng shu	xin si	xin hai	ren wu	kui chou	kui wei	jia yin	jia shen
2	xin hai	ren wu	geng shu	xin si	xin hai	ren wu	ren zi	kui wei	jia yin	jia shen	yi mao	yi you
3	ren zi	kui wei	xin hai	ren wu	ren zi	kui wei	kui chou	jia shen	yi mao	yi you	bing chen	bing shu
4	kui chou	jia shen	ren zi	kui wei	kui chou	jia shen	jia yin	yi you	bing chen	bing shu	ding si	ding hai
5	jia yin	yi you	kui chou	jia shen	jia yin	yi you	yi mao	bing shu	ding si	ding hai	wu wu	wu zi
6	yi mao	bing shu	jia yin	yi you	yi mao	bing shu	bing chen	ding hai	wu wu	wu zi	ji wei	ji chou
7	bing chen	ding hai	yi mao	bing shu	bing chen	ding hai	ding si	wu zi	ji wei	ji chou	geng shen	geng yin
8	ding si	wu zi	bing chen	ding hai	ding si	wu zi	wu wu	ji chou	geng shen	geng yin	xin you	xin mao
9	wu wu	ji chou	ding si	wu zi	wu wu	ji chou	ji wei	geng yin	xin you	xin mao	ren shu	ren chen
10	ji wei	geng yin	wu wu	ji chou	ji wei	geng yin	geng shen	xin mao	ren shu	ren chen	kui hai	kui si
11	geng shen	xin mao	ji wei	geng yin	geng shen	xin mao	xin you	ren chen	kui hai	kui si	jia zi	jia wu
12	xin you	ren chen	geng shen	xin mao	xin you	ren chen	ren shu	kui si	jia zi	jia wu	yi chou	yi wei
13	ren shu	kui si	xin you	ren chen	ren shu	kui si	kui hai	jia wu	yi chou	yi wei	bing yin	bing shen
14	kui hai	jia wu	ren shu	kui si	kui hai	jia wu	jia zi	yi wei	bing yin	bing shen	ding mao	ding you
15	jia zi	yi wei	kui hai	jia wu	jia zi	yi wei	yi chou	bing shen	ding mao	ding you	wu chen	wu shu
16	yi chou	bing shen	jia zi	yi wei	yi chou	bing shen	bing yin	ding you	wu chen	wu shu	ji si	ji hai
17	bing yin	ding you	yi chou	bing shen	bing yin	ding you	ding mao	wu shu	ji si	ji hai	geng wu	geng zi
18	ding mao	wu shu	bing yin	ding you	ding mao	wu shu	wu chen	ji hai	geng wu	geng zi	xin wei	xin chou
19	wu chen	ji hai	ding mao	wu shu	wu chen	ji hai	ji si	geng zi	xin wei	xin chou	ren shen	ren yin
20	ji si	geng zi	wu chen	ji hai	ji si	geng zi	geng wu	xin chou	ren shen	ren yin	kui you	kui mao
21	geng wu	xin chou	ji si	geng zi	geng wu	xin chou	xin wei	ren yin	kui you	kui mao	jia shu	jia chen
22	xin wei	ren yin	geng wu	xin chou	xin wei	ren yin	ren shen	kui mao	jia shu	jia chen	yi hai	yi si
23	ren shen	kui mao	xin wei	ren yin	ren shen	kui mao	kui you	jia chen	yi hai	yi si	bing zi	bing wu
24	kui you	jia chen	ren shen	kui mao	kui you	jia chen	jia shu	yi si	bing zi	bing wu	ding chou	ding wei
25	jia shu	yi si	kui you	jia chen	jia shu	yi si	yi hai	bing wu	ding chou	ding wei	wu yin	wu shen
26	yi hai	bing wu	jia shu	yi si	yi hai	bing wu	bing zi	ding wei	wu yin	wu shen	ji mao	ji you
27	bing zi	ding wei	yi hai	bing wu	bing zi	ding wei	ding chou	wu shen	ji mao	ji you	geng chen	geng shu
28	ding chou	wu shen	bing zi	ding wei	ding chou	wu shen	wu yin	ji you	geng chen	geng shu	xin si	xin hai
29	wu yin		ding chou	wu shen	wu yin	ji you	ji mao	geng shu	xin si	xin hai	ren wu	ren zi
30	ji mao		wu yin	ji you	ji mao	geng shu	geng chen	xin hai	ren wu	ren zi	kui wei	kui chou
31	geng chen		ji mao		geng chen		xin si	ren zi		kui chou		jia yin

12th month of Tiger year
1st
1st month of Rabbit year
2nd
3rd
4th
5th
6th
intercalary 6th
7th
8th
9th
10th
11th

1988 YEAR OF THE DRAGON 戊辰 *wu chen*

	JAN	FEB	MAR	APRIL	MAY	JUNE	JULY	AUG	SEPT	OCT	NOV	DEC
1	yi mao	bing shu	yi mao	bing shu	bing chen	ding hai	ding si	wu zi	ji wei	ji chou	geng shen	geng yin
2	bing chen	ding hai	bing chen	ding hai	ding si	wu zi	wu wu	ji chou	geng shen	geng yin	xin you	xin mao
3	ding si	wu zi	ding si	wu zi	wu wu	ji chou	ji wei	geng yin	xin you	xin mao	ren shu	ren chen
4	wu wu	ji chou	wu wu	ji chou	ji wei	geng yin	geng shen	xin mao	ren shu	ren chen	kui hai	kui si
5	ji wei	geng yin	ji wei	geng yin	geng shen	xin mao	xin you	ren chen	kui hai	kui si	jia zi	jia wu
6	geng shen	xin mao	geng shen	xin mao	xin you	ren chen	ren shu	kui si	jia zi	jia wu	yi chou	yi wei
7	xin you	ren chen	xin you	ren chen	ren shu	kui si	kui hai	jia wu	yi chou	yi wei	bing yin	bing shen
8	ren shu	kui si	ren shu	kui si	kui hai	jia wu	jia zi	yi wei	bing yin	bing shen	ding mao	ding you
9	kui hai	jia wu	kui hai	jia wu	jia zi	yi wei	yi chou	bing shen	ding mao	ding you	wu chen [10th]	wu shu [11th]
10	jia zi	yi wei	jia zi	yi wei	yi chou	bing shen	bing yin	ding you	wu chen	wu shu	ji si	ji hai
11	yi chou	bing shen	yi chou	bing shen	bing yin	ding you	ding mao	wu shu	ji si [8th]	ji hai [9th]	geng wu	geng zi
12	bing yin	ding you	bing yin	ding you	ding mao	wu shu	wu chen	ji hai [7th]	geng wu	geng zi	xin wei	xin chou
13	ding mao	wu shu	ding mao	wu shu	wu chen	ji hai	ji si	geng zi	xin wei	xin chou	ren shen	ren yin
14	wu chen	ji hai	wu chen	ji hai	ji si	geng zi [5th]	geng wu [6th]	xin chou	ren shen	ren yin	kui you	kui mao
15	ji si	geng zi	ji si	geng zi	geng wu [4th]	xin chou	xin wei	ren yin	kui you	kui mao	jia shu	jia chen
16	geng wu	xin chou	geng wu	xin chou [3rd]	xin wei	ren yin	ren shen	kui mao	jia shu	jia chen	yi hai	yi si
17	xin wei	ren yin [1st month of Dragon year]	xin wei	ren yin	ren shen	kui mao	kui you	jia chen	yi hai	yi si	bing zi	bing wu
18	ren shen [11th]	kui mao	ren shen [2nd]	kui mao	kui you	jia chen	jia shu	yi si	bing zi	bing wu	ding chou	ding wei
19	kui you [12th month of Rabbit year]	jia chen	kui you	jia chen	jia shu	yi si	yi hai	bing wu	ding chou	ding wei	wu yin	wu shen
20	jia shu	yi si	jia shu	yi si	yi hai	bing wu	bing zi	ding wei	wu yin	wu shen	ji mao	ji you
21	yi hai	bing wu	yi hai	bing wu	bing zi	ding wei	ding chou	wu shen	ji mao	ji you	geng chen	geng shu
22	bing zi	ding wei	bing zi	ding wei	ding chou	wu shen	wu yin	ji you	geng chen	geng shu	xin si	xin hai
23	ding chou	wu shen	ding chou	wu shen	wu yin	ji you	ji mao	geng shu	xin si	xin hai	ren wu	ren zi
24	wu yin	ji you	wu yin	ji you	ji mao	geng shu	geng chen	xin hai	ren wu	ren zi	kui wei	kui chou
25	ji mao	geng shu	ji mao	geng shu	geng chen	xin hai	xin si	ren zi	kui wei	kui chou	jia shen	jia yin
26	geng chen	xin hai	geng chen	xin hai	xin si	ren zi	ren wu	kui chou	jia shen	jia yin	yi you	yi mao
27	xin si	ren zi	xin si	ren zi	ren wu	kui chou	kui wei	jia yin	yi you	yi mao	bing shu	bing chen
28	ren wu	kui chou	ren wu	kui chou	kui wei	jia yin	jia shen	yi mao	bing shu	bing chen	ding hai	ding si
29	kui wei	jia yin	kui wei	jia yin	jia shen	yi mao	yi you	bing chen	ding hai	ding si	wu zi	wu wu
30	jia shen		jia shen	yi mao	yi you	bing chen	bing shu	ding si	wu zi	wu wu	ji chou	ji wei
31	yi you		yi you		bing shu		ding hai	wu wu		ji wei		geng shen

1989 YEAR OF THE SNAKE 己巳 *ji si*

	JAN	FEB	MAR	APRIL	MAY	JUNE	JULY	AUG	SEPT	OCT	NOV	DEC
1	xin you	ren chen	geng shen	xin mao	xin you	ren chen	ren shu	kui si [7th]	jia zi	jia wu	yi chou	yi wei
2	ren shu	kui si	xin you	ren chen	ren shu	kui si	kui hai	jia wu	yi chou	yi wei	bing yin	bing shen
3	kui hai	jia wu	ren shu	kui si	kui hai	jia wu	jia zi [6th]	yi wei	bing yin	bing shen	ding mao	ding you
4	jia zi	yi wei	kui hai	jia wu	jia zi	yi wei [5th]	yi chou	bing shen	ding mao	ding you	wu chen	wu shu
5	yi chou	bing shen	jia zi	yi wei	yi chou [4th]	bing shen	bing yin	ding you	wu chen	wu shu	ji si	ji hai
6	bing yin	ding you [1st month of Snake year]	yi chou	bing shen [3rd]	bing yin	ding you	ding mao	wu shu	ji si	ji hai	geng wu	geng zi
7	ding mao [11th]	wu shu	bing yin	ding you	ding mao	wu shu	wu chen	ji hai	geng wu	geng zi	xin wei	xin chou
8	wu chen [12th month of Dragon year]	ji hai	ding mao [2nd]	wu shu	wu chen	ji hai	ji si	geng zi	xin wei	xin chou	ren shen	ren yin
9	ji si	geng zi	wu chen	ji hai	ji si	geng zi	geng wu	xin chou	ren shen	ren yin	kui you	kui mao
10	geng wu	xin chou	ji si	geng zi	geng wu	xin chou	xin wei	ren yin	kui you	kui mao	jia shu	jia chen
11	xin wei	ren yin	geng wu	xin chou	xin wei	ren yin	ren shen	kui mao	jia shu	jia chen	yi hai	yi si
12	ren shen	kui mao	xin wei	ren yin	ren shen	kui mao	kui you	jia chen	yi hai	yi si	bing zi	bing wu
13	kui you	jia chen	ren shen	kui mao	kui you	jia chen	jia shu	yi si	bing zi	bing wu	ding chou	ding wei
14	jia shu	yi si	kui you	jia chen	jia shu	yi si	yi hai	bing wu	ding chou	ding wei	wu yin	wu shen
15	yi hai	bing wu	jia shu	yi si	yi hai	bing wu	bing zi	ding wei	wu yin	wu shen	ji mao	ji you
16	bing zi	ding wei	yi hai	bing wu	bing zi	ding wei	ding chou	wu shen	ji mao	ji you	geng chen	geng shu
17	ding chou	wu shen	bing zi	ding wei	ding chou	wu shen	wu yin	ji you	geng chen	geng shu	xin si	xin hai
18	wu yin	ji you	ding chou	wu shen	wu yin	ji you	ji mao	geng shu	xin si	xin hai	ren wu	ren zi
19	ji mao	geng shu	wu yin	ji you	ji mao	geng shu	geng chen	xin hai	ren wu	ren zi	kui wei	kui chou
20	geng chen	xin hai	ji mao	geng shu	geng chen	xin hai	xin si	ren zi	kui wei	kui chou	jia shen	jia yin
21	xin si	ren zi	geng chen	xin hai	xin si	ren zi	ren wu	kui chou	jia shen	jia yin	yi you	yi mao
22	ren wu	kui chou	xin si	ren zi	ren wu	kui chou	kui wei	jia yin	yi you	yi mao	bing shu	bing chen
23	kui wei	jia yin	ren wu	kui chou	kui wei	jia yin	jia shen	yi mao	bing shu	bing chen	ding hai	ding si
24	jia shen	yi mao	kui wei	jia yin	jia shen	yi mao	yi you	bing chen	ding hai	ding si	wu zi	wu wu
25	yi you	bing chen	jia shen	yi mao	yi you	bing chen	bing shu	ding si	wu zi	wu wu	ji chou	ji wei
26	bing shu	ding si	yi you	bing chen	bing shu	ding si	ding hai	wu wu	ji chou	ji wei	geng yin	geng shen
27	ding hai	wu wu	bing shu	ding si	ding hai	wu wu	wu zi	ji wei	geng yin	geng shen	xin mao	xin you
28	wu zi	ji wei	ding hai	wu wu	wu zi	ji wei	ji chou	geng shen	xin mao	xin you	ren chen [11th]	ren shu [12th]
29	ji chou		wu zi	ji wei	ji chou	geng shen	geng yin	xin you	ren chen	ren shu [10th]	kui si	kui hai
30	geng yin		ji chou	geng shen	geng yin	xin you	xin mao	ren shu	kui si [9th]	kui hai	jia wu	jia zi
31	xin mao		geng yin		xin mao		ren chen	kui hai [8th]		jia zi		yi chou

1990 YEAR OF THE HORSE 庚午 *geng wu*

	JAN	FEB	MAR	APRIL	MAY	JUNE	JULY	AUG	SEPT	OCT	NOV	DEC
1	bing yin [12th month of Snake year]	ding you [1st month of Horse year]	yi chou	bing shen	bing yin	ding you	ding mao	wu shu	ji si	ji hai	geng wu	geng zi
2	ding mao	wu shu	bing yin	ding you	ding mao	wu shu	wu chen	ji hai	geng wu	geng zi	xin wei	xin chou
3	wu chen	ji hai	ding mao	wu shu	wu chen	ji hai	ji si	geng zi	xin wei	xin chou	ren shen	ren yin
4	ji si	geng zi	wu chen	ji hai	ji si	geng zi	geng wu	xin chou	ren shen	ren yin	kui you	kui mao
5	geng wu	xin chou	ji si	geng zi	geng wu	xin chou	xin wei	ren yin	kui you	kui mao	jia shu	jia chen
6	xin wei	ren yin	geng wu	xin chou	xin wei	ren yin	ren shen	kui mao	jia shu	jia chen	yi hai	yi si
7	ren shen	kui mao	xin wei	ren yin	ren shen	kui mao	kui you	jia chen	yi hai	yi si	bing zi	bing wu
8	kui you	jia chen	ren shen	kui mao	kui you	jia chen	jia shu	yi si	bing zi	bing wu	ding chou	ding wei
9	jia shu	yi si	kui you	jia chen	jia shu	yi si	yi hai	bing wu	ding chou	ding wei	wu yin	wu shen
10	yi hai	bing wu	jia shu	yi si	yi hai	bing wu	bing zi	ding wei	wu yin	wu shen	ji mao	ji you
11	bing zi	ding wei	yi hai	bing wu	bing zi	ding wei	ding chou	wu shen	ji mao	ji you	geng chen	geng shu
12	ding chou	wu shen	bing zi	ding wei	ding chou	wu shen	wu yin	ji you	geng chen	geng shu	xin si	xin hai
13	wu yin	ji you	ding chou	wu shen	wu yin	ji you	ji mao	geng shu	xin si	xin hai	ren wu	ren zi
14	ji mao	geng shu	wu yin	ji you	ji mao	geng shu	geng chen	xin hai	ren wu	ren zi	kui wei	kui chou
15	geng chen	xin hai	ji mao	geng shu	geng chen	xin hai	xin si	ren zi	kui wei	kui chou	jia shen	jia yin
16	xin si	ren zi	geng chen	xin hai	xin si	ren zi	ren wu	kui chou	jia shen	jia yin	yi you	yi mao
17	ren wu	kui chou	xin si	ren zi	ren wu	kui chou	kui wei	jia yin	yi you	yi mao	[10th] bing shu	[11th] bing chen
18	kui wei	jia yin	ren wu	kui chou	kui wei	jia yin	jia shen	yi mao	bing shu	[9th] bing chen	ding hai	ding si
19	jia shen	yi mao	kui wei	jia yin	jia shen	yi mao	yi you	bing chen	[8th] ding hai	ding si	wu zi	wu wu
20	yi you	bing chen	jia shen	yi mao	yi you	bing chen	bing shu	[7th] ding si	wu zi	wu wu	ji chou	ji wei
21	bing shu	ding si	yi you	bing chen	bing shu	ding si	ding hai	wu wu	ji chou	ji wei	geng yin	geng shen
22	ding hai	wu wu	bing shu	ding si	ding hai	wu wu	[6th] wu zi	ji wei	geng yin	geng shen	xin mao	xin you
23	wu zi	ji wei	ding hai	wu wu	wu zi	[intercalary 5th] ji wei	ji chou	geng shen	xin mao	xin you	ren chen	ren shu
24	ji chou	geng shen	wu zi	ji wei	[5th] ji chou	geng shen	geng yin	xin you	ren chen	ren shu	kui si	kui hai
25	geng yin	[2nd] xin you	ji chou	[4th] geng shen	geng yin	xin you	xin mao	ren shu	kui si	kui hai	jia wu	jia zi
26	xin mao	ren shu	geng yin	xin you	xin mao	ren shu	ren chen	kui hai	jia wu	jia zi	yi wei	yi chou
27	[1st] ren chen	kui hai	[3rd] xin mao	ren shu	ren chen	kui hai	kui si	jia zi	yi wei	yi chou	bing shen	bing yin
28	kui si	jia zi	ren chen	kui hai	kui si	jia zi	jia wu	yi chou	bing shen	bing yin	ding you	ding mao
29	jia wu		kui si	jia zi	jia wu	yi chou	yi wei	bing yin	ding you	ding mao	wu shu	wu chen
30	yi wei		jia wu	yi chou	yi wei	bing yin	bing shen	ding mao	wu shu	wu chen	ji hai	ji si
31	bing shen		yi wei		bing shen		ding you	wu chen		ji si		geng wu

1991 YEAR OF THE GOAT 辛未 *xin wei*

	JAN	FEB	MAR	APRIL	MAY	JUNE	JULY	AUG	SEPT	OCT	NOV	DEC
1	xin wei [11th]	ren yin	geng wu	xin chou	xin wei	ren yin	ren shen	kui mao	jia shu	jia chen	yi hai	yi si
2	ren shen	kui mao	xin wei	ren yin	ren shen	kui mao	kui you	jia chen	yi hai	yi si	bing zi	bing wu
3	kui you	jia chen	ren shen	kui mao	kui you	jia chen	jia shu	yi si	bing zi	bing wu	ding chou	ding wei
4	jia shu	yi si	kui you	jia chen	jia shu	yi si	yi hai	bing wu	ding chou	ding wei	wu yin	wu shen
5	yi hai	bing wu	jia shu	yi si	yi hai	bing wu	bing zi	ding wei	wu yin	wu shen	ji mao	ji you
6	bing zi	ding wei	yi hai	bing wu	bing zi	ding wei	ding chou	wu shen	ji mao	ji you	[10th] geng chen	[11th] geng shu
7	ding chou	wu shen	bing zi	ding wei	ding chou	wu shen	wu yin	ji you	geng chen	geng shu	xin si	xin hai
8	wu yin	ji you	ding chou	wu shen	wu yin	ji you	ji mao	geng shu	[8th] xin si	[9th] xin hai	ren wu	ren zi
9	ji mao	geng shu	wu yin	ji you	ji mao	geng shu	geng chen	xin hai	ren wu	ren zi	kui wei	kui chou
10	geng chen	xin hai	ji mao	geng shu	geng chen	xin hai	xin si	[7th] ren zi	kui wei	kui chou	jia shen	jia yin
11	xin si	ren zi	geng chen	xin hai	xin si	ren zi	ren wu	kui chou	jia shen	jia yin	yi you	yi mao
12	ren wu	kui chou	xin si	ren zi	ren wu	[5th] kui chou	[6th] kui wei	jia yin	yi you	yi mao	bing shu	bing chen
13	kui wei	jia yin	ren wu	kui chou	kui wei	jia yin	jia shen	yi mao	bing shu	bing chen	ding hai	ding si
14	jia shen	yi mao	kui wei	jia yin	[4th] jia shen	yi mao	yi you	bing chen	ding hai	ding si	wu zi	wu wu
15	yi you	[1st month of Goat year] bing chen	jia shen	[3rd] yi mao	yi you	bing chen	bing shu	ding si	wu zi	wu wu	ji chou	ji wei
16	[12th month of Horse year] bing shu	ding si	[2nd] yi you	bing chen	bing shu	ding si	ding hai	wu wu	ji chou	ji wei	geng yin	geng shen
17	ding hai	wu wu	bing shu	ding si	ding hai	wu wu	wu zi	ji wei	geng yin	geng shen	xin mao	xin you
18	wu zi	ji wei	ding hai	wu wu	wu zi	ji wei	ji chou	geng shen	xin mao	xin you	ren chen	ren shu
19	ji chou	geng shen	wu zi	ji wei	ji chou	geng shen	geng yin	xin you	ren chen	ren shu	kui si	kui hai
20	geng yin	xin you	ji chou	geng shen	geng yin	xin you	xin mao	ren shu	kui si	kui hai	jia wu	jia zi
21	xin mao	ren shu	geng yin	xin you	xin mao	ren shu	ren chen	kui hai	jia wu	jia zi	yi wei	yi chou
22	ren chen	kui hai	xin mao	ren shu	ren chen	kui hai	kui si	jia zi	yi wei	yi chou	bing shen	bing yin
23	kui si	jia zi	ren chen	kui hai	kui si	jia zi	jia wu	yi chou	bing shen	bing yin	ding you	ding mao
24	jia wu	yi chou	kui si	jia zi	jia wu	yi chou	yi wei	bing yin	ding you	ding mao	wu shu	wu chen
25	yi wei	bing yin	jia wu	yi chou	yi wei	bing yin	bing shen	ding mao	wu shu	wu chen	ji hai	ji si
26	bing shen	ding mao	yi wei	bing yin	bing shen	ding mao	ding you	wu chen	ji hai	ji si	geng zi	geng wu
27	ding you	wu chen	bing shen	ding mao	ding you	wu chen	wu shu	ji si	geng zi	geng wu	xin chou	xin wei
28	wu shu	ji si	ding you	wu chen	wu shu	ji si	ji hai	geng wu	xin chou	xin wei	ren yin	ren shen
29	ji hai		wu shu	ji si	ji hai	geng wu	geng zi	xin wei	ren yin	ren shen	kui mao	kui you
30	geng zi		ji hai	geng wu	geng zi	xin wei	xin chou	ren shen	kui mao	kui you	jia chen	jia shu
31	xin chou		geng zi		xin chou		ren yin	kui you		jia shu		yi hai

1992 YEAR OF THE MONKEY 壬申 *ren shen*

	JAN	FEB	MAR	APRIL	MAY	JUNE	JULY	AUG	SEPT	OCT	NOV	DEC
1	[11th] bing zi	ding wei	bing zi	ding wei	ding chou	[5th] wu shen	wu yin	ji you	geng chen	geng shu	xin si	xin hai
2	ding chou	wu shen	ding chou	wu shen	wu yin	ji you	ji mao	geng shu	xin si	xin hai	ren wu	ren zi
3	wu yin	ji you	wu yin	[3rd] ji you	[4th] ji mao	geng shu	geng chen	xin hai	ren wu	ren zi	kui wei	kui chou
4	ji mao	[1st month of Monkey year] geng shu	[2nd] ji mao	geng shu	geng chen	xin hai	xin si	ren zi	kui wei	kui chou	jia shen	jia yin
5	[12th month of Goat year] geng chen	xin hai	geng chen	xin hai	xin si	ren zi	ren wu	kui chou	jia shen	jia yin	yi you	yi mao
6	xin si	ren zi	xin si	ren zi	ren wu	kui chou	kui wei	jia yin	yi you	yi mao	bing shu	bing chen
7	ren wu	kui chou	ren wu	kui chou	kui wei	jia yin	jia shen	yi mao	bing shu	bing chen	ding hai	ding si
8	kui wei	jia yin	kui wei	jia yin	jia shen	yi mao	yi you	bing chen	ding hai	ding si	wu zi	wu wu
9	jia shen	yi mao	jia shen	yi mao	yi you	bing chen	bing shu	ding si	wu zi	wu wu	ji chou	ji wei
10	yi you	bing chen	yi you	bing chen	bing shu	ding si	ding hai	wu wu	ji chou	ji wei	geng yin	geng shen
11	bing shu	ding si	bing shu	ding si	ding hai	wu wu	wu zi	ji wei	geng yin	geng shen	xin mao	xin you
12	ding hai	wu wu	ding hai	wu wu	wu zi	ji wei	ji chou	geng shen	xin mao	xin you	ren chen	ren shu
13	wu zi	ji wei	wu zi	ji wei	ji chou	geng shen	geng yin	xin you	ren chen	ren shu	kui si	kui hai
14	ji chou	geng shen	ji chou	geng shen	geng yin	xin you	xin mao	ren shu	kui si	kui hai	jia wu	jia zi
15	geng yin	xin you	geng yin	xin you	xin mao	ren shu	ren chen	kui hai	jia wu	jia zi	yi wei	yi chou
16	xin mao	ren shu	xin mao	ren shu	ren chen	kui hai	kui si	jia zi	yi wei	yi chou	bing shen	bing yin
17	ren chen	kui hai	ren chen	kui hai	kui si	jia zi	jia wu	yi chou	bing shen	bing yin	ding you	ding mao
18	kui si	jia zi	kui si	jia zi	jia wu	yi chou	yi wei	bing yin	ding you	ding mao	wu shu	wu chen
19	jia wu	yi chou	jia wu	yi chou	yi wei	bing yin	bing shen	ding mao	wu shu	wu chen	ji hai	ji si
20	yi wei	bing yin	yi wei	bing yin	bing shen	ding mao	ding you	wu chen	ji hai	ji si	geng zi	geng wu
21	bing shen	ding mao	bing shen	ding mao	ding you	wu chen	wu shu	ji si	geng zi	geng wu	xin chou	xin wei
22	ding you	wu chen	ding you	wu chen	wu shu	ji si	ji hai	geng wu	xin chou	xin wei	ren yin	ren shen
23	wu shu	ji si	wu shu	ji si	ji hai	geng wu	geng zi	xin wei	ren yin	ren shen	kui mao	kui you
24	ji hai	geng wu	ji hai	geng wu	geng zi	xin wei	xin chou	ren shen	kui mao	kui you	[11th] jia chen	[12th] jia shu
25	geng zi	xin wei	geng zi	xin wei	xin chou	ren shen	ren yin	kui you	jia chen	jia shu	yi si	yi hai
26	xin chou	ren shen	xin chou	ren shen	ren yin	kui you	kui mao	jia shu	[9th] yi si	[10th] yi hai	bing wu	bing zi
27	ren yin	kui you	ren yin	kui you	kui mao	jia shu	jia chen	yi hai	bing wu	bing zi	ding wei	ding chou
28	kui mao	jia shu	kui mao	jia shu	jia chen	yi hai	yi si	[8th] bing zi	ding wei	ding chou	wu shen	wu yin
29	jia chen	yi hai	jia chen	yi hai	yi si	bing zi	bing wu	ding chou	wu shen	wu yin	ji you	ji mao
30	yi si		yi si	bing zi	bing wu	[6th] ding chou	[7th] ding wei	wu yin	ji you	ji mao	geng shu	geng chen
31	bing wu		bing wu		ding wei		wu shen	ji mao		geng chen		xin si

1993 YEAR OF THE ROOSTER 癸酉 *kui you*

	JAN	FEB	MAR	APRIL	MAY	JUNE	JULY	AUG	SEPT	OCT	NOV	DEC
1	[12th month of Monkey year] ren wu	kui chou	xin si	ren zi	ren wu	kui chou	kui wei	jia yin	yi you	yi mao	bing shu	bing chen
2	kui wei	jia yin	ren wu	kui chou	kui wei	jia yin	jia shen	yi mao	bing shu	bing chen	ding hai	ding si
3	jia shen	yi mao	kui wei	jia yin	jia shen	yi mao	yi you	bing chen	ding hai	ding si	wu zi	wu wu
4	yi you	bing chen	jia shen	yi mao	yi you	bing chen	bing shu	ding si	wu zi	wu wu	ji chou	ji wei
5	bing shu	ding si	yi you	bing chen	bing shu	ding si	ding hai	wu wu	ji chou	ji wei	geng yin	geng shen
6	ding hai	wu wu	bing shu	ding si	ding hai	wu wu	wu zi	ji wei	geng yin	geng shen	xin mao	xin you
7	wu zi	ji wei	ding hai	wu wu	wu zi	ji wei	ji chou	geng shen	xin mao	xin you	ren chen	ren shu
8	ji chou	geng shen	wu zi	ji wei	ji chou	geng shen	geng yin	xin you	ren chen	ren shu	kui si	kui hai
9	geng yin	xin you	ji chou	geng shen	geng yin	xin you	xin mao	ren shu	kui si	kui hai	jia wu	jia zi
10	xin mao	ren shu	geng yin	xin you	xin mao	ren shu	ren chen	kui hai	jia wu	jia zi	yi wei	yi chou
11	ren chen	kui hai	xin mao	ren shu	ren chen	kui hai	kui si	jia zi	yi wei	yi chou	bing shen	bing yin
12	kui si	jia zi	ren chen	kui hai	kui si	jia zi	jia wu	yi chou	bing shen	bing yin	ding you	ding mao
13	jia wu	yi chou	kui si	jia zi	jia wu	yi chou	yi wei	bing yin	ding you	ding mao	wu shu	[11th] wu chen
14	yi wei	bing yin	jia wu	yi chou	yi wei	bing yin	bing shen	ding mao	wu shu	wu chen	[10th] ji hai	ji si
15	bing shen	ding mao	yi wei	bing yin	bing shen	ding mao	ding you	wu chen	ji hai	[9th] ji si	geng zi	geng wu
16	ding you	wu chen	bing shen	ding mao	ding you	wu chen	wu shu	ji si	[8th] geng zi	geng wu	xin chou	xin wei
17	wu shu	ji si	ding you	wu chen	wu shu	ji si	ji hai	geng wu	xin chou	xin wei	ren yin	ren shen
18	ji hai	geng wu	wu shu	ji si	ji hai	geng wu	geng zi	[7th] xin wei	ren yin	ren shen	kui mao	kui you
19	geng zi	xin wei	ji hai	geng wu	geng zi	xin wei	[6th] xin chou	ren shen	kui mao	kui you	jia chen	jia shu
20	xin chou	ren shen	geng zi	xin wei	xin chou	[5th] ren shen	ren yin	kui you	jia chen	jia shu	yi si	yi hai
21	ren yin	[2nd] kui you	xin chou	ren shen	[4th] ren yin	kui you	kui mao	jia shu	yi si	yi hai	bing wu	bing zi
22	kui mao	jia shu	ren yin	[intercalary 3rd] kui you	kui mao	jia shu	jia chen	yi hai	bing wu	bing zi	ding wei	ding chou
23	[1st month of Rooster year] jia chen	yi hai	[3rd] kui mao	jia shu	jia chen	yi hai	yi si	bing zi	ding wei	ding chou	wu shen	wu yin
24	yi si	bing zi	jia chen	yi hai	yi si	bing zi	bing wu	ding chou	wu shen	wu yin	ji you	ji mao
25	bing wu	ding chou	yi si	bing zi	bing wu	ding chou	ding wei	wu yin	ji you	ji mao	geng shu	geng chen
26	ding wei	wu yin	bing wu	ding chou	ding wei	wu yin	wu shen	ji mao	geng shu	geng chen	xin hai	xin si
27	wu shen	ji mao	ding wei	wu yin	wu shen	ji mao	ji you	geng chen	xin hai	xin si	ren zi	ren wu
28	ji you	geng chen	wu shen	ji mao	ji you	geng chen	geng shu	xin si	ren zi	ren wu	kui chou	kui wei
29	geng shu		ji you	geng chen	geng shu	xin si	xin hai	ren wu	kui chou	kui wei	jia yin	jia shen
30	xin hai		geng shu	xin si	xin hai	ren wu	ren zi	kui wei	jia yin	jia shen	yi mao	yi you
31	ren zi		xin hai		ren zi		kui chou	jia shen		yi you		bing shu

1994 YEAR OF THE DOG 甲戌 *jia shu*

	JAN	FEB	MAR	APRIL	MAY	JUNE	JULY	AUG	SEPT	OCT	NOV	DEC
1	ding hai (11th)	wu wu	bing shu	ding si	ding hai	wu wu	wu zi	ji wei	geng yin	geng shen	xin mao	xin you
2	wu zi	ji wei	ding hai	wu wu	wu zi	ji wei	ji chou	geng shen	xin mao	xin you	ren chen	ren shu
3	ji chou	geng shen	wu zi	ji wei	ji chou	geng shen	geng yin	xin you	ren chen	ren shu	kui si (10th)	kui hai (11th)
4	geng yin	xin you	ji chou	geng shen	geng yin	xin you	xin mao	ren shu	kui si	kui hai	jia wu	jia zi
5	xin mao	ren shu	geng yin	xin you	xin mao	ren shu	ren chen	kui hai	jia wu	jia zi (9th)	yi wei	yi chou
6	ren chen	kui hai	xin mao	ren shu	ren chen	kui hai	kui si	jia zi	yi wei (8th)	yi chou	bing shen	bing yin
7	kui si	jia zi	ren chen	kui hai	kui si	jia zi	jia wu	yi chou (7th)	bing shen	bing yin	ding you	ding mao
8	jia wu	yi chou	kui si	jia zi	jia wu	yi chou	yi wei	bing yin	ding you	ding mao	wu shu	wu chen
9	yi wei	bing yin	jia wu	yi chou	yi wei	bing yin (5th)	bing shen (6th)	ding mao	wu shu	wu chen	ji hai	ji si
10	bing shen	ding mao (1st month of Dog year)	yi wei	bing yin	bing shen	ding mao	ding you	wu chen	ji hai	ji si	geng zi	geng wu
11	ding you (12th month of Rooster year)	wu chen	bing shen	ding mao (3rd)	ding you (4th)	wu chen	wu shu	ji si	geng zi	geng wu	xin chou	xin wei
12	wu shu	ji si	ding you (2nd)	wu chen	wu shu	ji si	ji hai	geng wu	xin chou	xin wei	ren yin	ren shen
13	ji hai	geng wu	wu shu	ji si	ji hai	geng wu	geng zi	xin wei	ren yin	ren shen	kui mao	kui you
14	geng zi	xin wei	ji hai	geng wu	geng zi	xin wei	xin chou	ren shen	kui mao	kui you	jia chen	jia shu
15	xin chou	ren shen	geng zi	xin wei	xin chou	ren shen	ren yin	kui you	jia chen	jia shu	yi si	yi hai
16	ren yin	kui you	xin chou	ren shen	ren yin	kui you	kui mao	jia shu	yi si	yi hai	bing wu	bing zi
17	kui mao	jia shu	ren yin	kui you	kui mao	jia shu	jia chen	yi hai	bing wu	bing zi	ding wei	ding chou
18	jia chen	yi hai	kui mao	jia shu	jia chen	yi hai	yi si	bing zi	ding wei	ding chou	wu shen	wu yin
19	yi si	bing zi	jia chen	yi hai	yi si	bing zi	bing wu	ding chou	wu shen	wu yin	ji you	ji mao
20	bing wu	ding chou	yi si	bing zi	bing wu	ding chou	ding wei	wu yin	ji you	ji mao	geng shu	geng chen
21	ding wei	wu yin	bing wu	ding chou	ding wei	wu yin	wu shen	ji mao	geng shu	geng chen	xin hai	xin si
22	wu shen	ji mao	ding wei	wu yin	wu shen	ji mao	ji you	geng chen	xin hai	xin si	ren zi	ren wu
23	ji you	geng chen	wu shen	ji mao	ji you	geng chen	geng shu	xin si	ren zi	ren wu	kui chou	kui wei
24	geng shu	xin si	ji you	geng chen	geng shu	xin si	xin hai	ren wu	kui chou	kui wei	jia yin	jia shen
25	xin hai	ren wu	geng shu	xin si	xin hai	ren wu	ren zi	kui wei	jia yin	jia shen	yi mao	yi you
26	ren zi	kui wei	xin hai	ren wu	ren zi	kui wei	kui chou	jia shen	yi mao	yi you	bing chen	bing shu
27	kui chou	jia shen	ren zi	kui wei	kui chou	jia shen	jia yin	yi you	bing chen	bing shu	ding si	ding hai
28	jia yin	yi you	kui chou	jia shen	jia yin	yi you	yi mao	bing shu	ding si	ding hai	wu wu	wu zi
29	yi mao		jia yin	yi you	yi mao	bing shu	bing chen	ding hai	wu wu	wu zi	ji wei	ji chou
30	bing chen		yi mao	bing shu	bing chen	ding hai	ding si	wu zi	ji wei	ji chou	geng shen	geng yin
31	ding si		bing chen		ding si		wu wu	ji chou		geng yin		xin mao

1995 YEAR OF THE PIG 乙亥 *yi hai*

	JAN	FEB	MAR	APRIL	MAY	JUNE	JULY	AUG	SEPT	OCT	NOV	DEC
1	ren chen (12th month of Dog year)	kui hai (1st month of Pig year)	xin mao (2nd)	ren shu	ren chen	kui hai	kui si	jia zi	yi wei	yi chou	bing shen	bing yin
2	kui si	jia zi	ren chen	kui hai	kui si	jia zi	jia wu	yi chou	bing shen	bing yin	ding you	ding mao
3	jia wu	yi chou	kui si	jia zi	jia wu	yi chou	yi wei	bing yin	ding you	ding mao	wu shu	wu chen
4	yi wei	bing yin	jia wu	yi chou	yi wei	bing yin	bing shen	ding mao	wu shu	wu chen	ji hai	ji si
5	bing shen	ding mao	yi wei	bing yin	bing shen	ding mao	ding you	wu chen	ji hai	ji si	geng zi	geng wu
6	ding you	wu chen	bing shen	ding mao	ding you	wu chen	wu shu	ji si	geng zi	geng wu	xin chou	xin wei
7	wu shu	ji si	ding you	wu chen	wu shu	ji si	ji hai	geng wu	xin chou	xin wei	ren yin	ren shen
8	ji hai	geng wu	wu shu	ji si	ji hai	geng wu	geng zi	xin wei	ren yin	ren shen	kui mao	kui you
9	geng zi	xin wei	ji hai	geng wu	geng zi	xin wei	xin chou	ren shen	kui mao	kui you	jia chen	jia shu
10	xin chou	ren shen	geng zi	xin wei	xin chou	ren shen	ren yin	kui you	jia chen	jia shu	yi si	yi hai
11	ren yin	kui you	xin chou	ren shen	ren yin	kui you	kui mao	jia shu	yi si	yi hai	bing wu	bing zi
12	kui mao	jia shu	ren yin	kui you	kui mao	jia shu	jia chen	yi hai	bing wu	bing zi	ding wei	ding chou
13	jia chen	yi hai	kui mao	jia shu	jia chen	yi hai	yi si	bing zi	ding wei	ding chou	wu shen	wu yin
14	yi si	bing zi	jia chen	yi hai	yi si	bing zi	bing wu	ding chou	wu shen	wu yin	ji you	ji mao
15	bing wu	ding chou	yi si	bing zi	bing wu	ding chou	ding wei	wu yin	ji you	ji mao	geng shu	geng chen
16	ding wei	wu yin	bing wu	ding chou	ding wei	wu yin	wu shen	ji mao	geng shu	geng chen	xin hai	xin si
17	wu shen	ji mao	ding wei	wu yin	wu shen	ji mao	ji you	geng chen	xin hai	xin si	ren zi	ren wu
18	ji you	geng chen	wu shen	ji mao	ji you	geng chen	geng shu	xin si	ren zi	ren wu	kui chou	kui wei
19	geng shu	xin si	ji you	geng chen	geng shu	xin si	xin hai	ren wu	kui chou	kui wei	jia yin	jia shen
20	xin hai	ren wu	geng shu	xin si	xin hai	ren wu	ren zi	kui wei	jia yin	jia shen	yi mao	yi you
21	ren zi	kui wei	xin hai	ren wu	ren zi	kui wei	kui chou	jia shen	yi mao	yi you	bing chen	bing shu
22	kui chou	jia shen	ren zi	kui wei	kui chou	jia shen	jia yin	yi you	bing chen	bing shu	ding si (10th)	ding hai (11th)
23	jia yin	yi you	kui chou	jia shen	jia yin	yi you	yi mao	bing shu	ding si	ding hai	wu wu	wu zi
24	yi mao	bing shu	jia yin	yi you	yi mao	bing shu	bing chen	ding hai	wu wu	wu zi (9th)	ji wei	ji chou
25	bing chen	ding hai	yi mao	bing shu	bing chen	ding hai	ding si	wu zi	ji wei (intercalary 8th)	ji chou	geng shen	geng yin
26	ding si	wu zi	bing chen	ding hai	ding si	wu zi	wu wu	ji chou (8th)	geng shen	geng yin	xin you	xin mao
27	wu wu	ji chou	ding si	wu zi	wu wu	ji chou	ji wei (7th)	geng yin	xin you	xin mao	ren shu	ren chen
28	ji wei	geng yin	wu wu	ji chou	ji wei	geng yin (6th)	geng shen	xin mao	ren shu	ren chen	kui hai	kui si
29	geng shen		ji wei	geng yin	geng shen (5th)	xin mao	xin you	ren chen	kui hai	kui si	jia zi	jia wu
30	xin you		geng shen	xin mao (4th)	xin you	ren chen	ren shu	kui si	jia zi	jia wu	yi chou	yi wei
31	ren shu (1st)		xin you (3rd)		ren shu		kui hai	jia wu		yi wei		bing shen

1996 YEAR OF THE RAT 丙子 *bing zi*

	JAN	FEB	MAR	APRIL	MAY	JUNE	JULY	AUG	SEPT	OCT	NOV	DEC
1	ding you [11th month of Pig year]	wu chen	ding you	wu chen	wu shu	ji si	ji hai	geng wu	xin chou	xin wei	ren yin	ren shen
2	wu shu	ji si	wu shu	ji si	ji hai	geng wu	geng zi	xin wei	ren yin	ren shen	kui mao	kui you
3	ji hai	geng wu	ji hai	geng wu	geng zi	xin wei	xin chou	ren shen	kui mao	kui you	jia chen	jia shu
4	geng zi	xin wei	geng zi	xin wei	xin chou	ren shen	ren yin	kui you	jia chen	jia shu	yi si	yi hai
5	xin chou	ren shen	xin chou	ren shen	ren yin	kui you	kui mao	jia shu	yi si	yi hai	bing wu	bing zi
6	ren yin	kui you	ren yin	kui you	kui mao	jia shu	jia chen	yi hai	bing wu	bing zi	ding wei	ding chou
7	kui mao	jia shu	kui mao	jia shu	jia chen	yi hai	yi si	bing zi	ding wei	ding chou	wu shen	wu yin
8	jia chen	yi hai	jia chen	yi hai	yi si	bing zi	bing wu	ding chou	wu shen	wu yin	ji you	ji mao
9	yi si	bing zi	yi si	bing zi	bing wu	ding chou	ding wei	wu yin	ji you	ji mao	geng shu	geng chen
10	bing wu	ding chou	bing wu	ding chou	ding wei	wu yin	wu shen	ji mao	geng shu	geng chen	xin hai	xin si
11	ding wei	wu yin	ding wei	wu yin	wu shen	ji mao	ji you	geng chen	xin hai	xin si	ren zi [10th]	ren wu [11th]
12	wu shen	ji mao	wu shen	ji mao	ji you	geng chen	geng shu	xin si	ren zi	ren wu [9th]	kui chou	kui wei
13	ji you	geng chen	ji you	geng chen	geng shu	xin si	xin hai	ren wu	kui chou [8th]	kui wei	jia yin	jia shen
14	geng shu	xin si	geng shu	xin si	xin hai	ren wu	ren zi	kui wei [7th]	jia yin	jia shen	yi mao	yi you
15	xin hai	ren wu	xin hai	ren wu	ren zi	kui wei	kui chou	jia shen	yi mao	yi you	bing chen	bing shu
16	ren zi	kui wei	ren zi	kui wei	kui chou	jia shen [5th]	jia yin [6th]	yi you	bing chen	bing shu	ding si	ding hai
17	kui chou	jia shen	kui chou	jia shen	jia yin [4th]	yi you	yi mao	bing shu	ding si	ding hai	wu wu	wu zi
18	jia yin	yi you	jia yin	yi you [3rd]	yi mao	bing shu	bing chen	ding hai	wu wu	wu zi	ji wei	ji chou
19	yi mao	bing shu [1st month of Rat year]	yi mao [2nd]	bing shu	bing chen	ding hai	ding si	wu zi	ji wei	ji chou	geng shen	geng yin
20	bing chen [12th]	ding hai	bing chen	ding hai	ding si	wu zi	wu wu	ji chou	geng shen	geng yin	xin you	xin mao
21	ding si	wu zi	ding si	wu zi	wu wu	ji chou	ji wei	geng yin	xin you	xin mao	ren shu	ren chen
22	wu wu	ji chou	wu wu	ji chou	ji wei	geng yin	geng shen	xin mao	ren shu	ren chen	kui hai	kui si
23	ji wei	geng yin	ji wei	geng yin	geng shen	xin mao	xin you	ren chen	kui hai	kui si	jia zi	jia wu
24	geng shen	xin mao	geng shen	xin mao	xin you	ren chen	ren shu	kui si	jia zi	jia wu	yi chou	yi wei
25	xin you	ren chen	xin you	ren chen	ren shu	kui si	kui hai	jia wu	yi chou	yi wei	bing yin	bing shen
26	ren shu	kui si	ren shu	kui si	kui hai	jia wu	jia zi	yi wei	bing yin	bing shen	ding mao	ding you
27	kui hai	jia wu	kui hai	jia wu	jia zi	yi wei	yi chou	bing shen	ding mao	ding you	wu chen	wu shu
28	jia zi	yi wei	jia zi	yi wei	yi chou	bing shen	bing yin	ding you	wu chen	wu shu	ji si	ji hai
29	yi chou	bing shen	yi chou	bing shen	bing yin	ding you	ding mao	wu shu	ji si	ji hai	geng wu	geng zi
30	bing yin		bing yin	ding you	ding mao	wu shu	wu chen	ji hai	geng wu	geng zi	xin wei	xin chou
31	ding mao		ding mao		wu chen		ji si	geng zi		xin chou		ren yin

1997 YEAR OF THE OX 丁丑 *ding chou*

	JAN	FEB	MAR	APRIL	MAY	JUNE	JULY	AUG	SEPT	OCT	NOV	DEC
1	kui mao [12th month of Rat year]	jia shu	ren yin	kui you	kui mao	jia shu	jia chen	yi hai	bing wu	bing zi	ding wei	ding chou
2	jia chen	yi hai	kui mao	jia shu	jia chen	yi hai	yi si	bing zi	ding wei [8th]	ding chou [9th]	wu shen	wu yin
3	yi si	bing zi	jia chen	yi hai	yi si	bing zi	bing wu	ding chou [7th]	wu shen	wu yin	ji you	ji mao
4	bing wu	ding chou	yi si	bing zi	bing wu	ding chou	ding wei	wu yin	ji you	ji mao	geng shu	geng chen
5	ding wei	wu yin	bing wu	ding chou	ding wei	wu yin [5th]	wu shen [6th]	ji mao	geng shu	geng chen	xin hai	xin si
6	wu shen	ji mao	ding wei	wu yin	wu shen	ji mao	ji you	geng chen	xin hai	xin si	ren zi	ren wu
7	ji you	geng chen [1st month of Ox year]	wu shen	ji mao [3rd]	ji you [4th]	geng chen	geng shu	xin si	ren zi	ren wu	kui chou	kui wei
8	geng shu	xin si	ji you	geng chen	geng shu	xin si	xin hai	ren wu	kui chou	kui wei	jia yin	jia shen
9	xin hai	ren wu	geng shu [2nd]	xin si	xin hai	ren wu	ren zi	kui wei	jia yin	jia shen	yi mao	yi you
10	ren zi	kui wei	xin hai	ren wu	ren zi	kui wei	kui chou	jia shen	yi mao	yi you	bing chen	bing shu
11	kui chou	jia shen	ren zi	kui wei	kui chou	jia shen	jia yin	yi you	bing chen	bing shu	ding si	ding hai
12	jia yin	yi you	kui chou	jia shen	jia yin	yi you	yi mao	bing shu	ding si	ding hai	wu wu	wu zi
13	yi mao	bing shu	jia yin	yi you	yi mao	bing shu	bing chen	ding hai	wu wu	wu zi	ji wei	ji chou
14	bing chen	ding hai	yi mao	bing shu	bing chen	ding hai	ding si	wu zi	ji wei	ji chou	geng shen	geng yin
15	ding si	wu zi	bing chen	ding hai	ding si	wu zi	wu wu	ji chou	geng shen	geng yin	xin you	xin mao
16	wu wu	ji chou	ding si	wu zi	wu wu	ji chou	ji wei	geng yin	xin you	xin mao	ren shu	ren chen
17	ji wei	geng yin	wu wu	ji chou	ji wei	geng yin	geng shen	xin mao	ren shu	ren chen	kui hai	kui si
18	geng shen	xin mao	ji wei	geng yin	geng shen	xin mao	xin you	ren chen	kui hai	kui si	jia zi	jia wu
19	xin you	ren chen	geng shen	xin mao	xin you	ren chen	ren shu	kui si	jia zi	jia wu	yi chou	yi wei
20	ren shu	kui si	xin you	ren chen	ren shu	kui si	kui hai	jia wu	yi chou	yi wei	bing yin	bing shen
21	kui hai	jia wu	ren shu	kui si	kui hai	jia wu	jia zi	yi wei	bing yin	bing shen	ding mao	ding you
22	jia zi	yi wei	kui hai	jia wu	jia zi	yi wei	yi chou	bing shen	ding mao	ding you	wu chen	wu shu
23	yi chou	bing shen	jia zi	yi wei	yi chou	bing shen	bing yin	ding you	wu chen	wu shu	ji si	ji hai
24	bing yin	ding you	yi chou	bing shen	bing yin	ding you	ding mao	wu shu	ji si	ji hai	geng wu	geng zi
25	ding mao	wu shu	bing yin	ding you	ding mao	wu shu	wu chen	ji hai	geng wu	geng zi	xin wei	xin chou
26	wu chen	ji hai	ding mao	wu shu	wu chen	ji hai	ji si	geng zi	xin wei	xin chou	ren shen	ren yin
27	ji si	geng zi	wu chen	ji hai	ji si	geng zi	geng wu	xin chou	ren shen	ren yin	kui you	kui mao
28	geng wu	xin chou	ji si	geng zi	geng wu	xin chou	xin wei	ren yin	kui you	kui mao	jia shu	jia chen
29	xin wei		geng wu	xin chou	xin wei	ren yin	ren shen	kui mao	jia shu	jia chen	yi hai	yi si
30	ren shen		xin wei	ren yin	ren shen	kui mao	kui you	jia chen	yi hai	yi si	bing zi [11th]	bing wu [12th]
31	kui you		ren shen		kui you		jia shu	yi si		bing wu [10th]		ding wei

1998 YEAR OF THE TIGER 戊寅 *wu yin*

	JAN	FEB	MAR	APRIL	MAY	JUNE	JULY	AUG	SEPT	OCT	NOV	DEC
1	wu shen (12th month of Ox year)	ji mao (1st month of Tiger year)	ding wei	wu yin	wu shen	ji mao	ji you	geng chen	xin hai	xin si	ren zi	ren wu
2	ji you	geng chen	wu shen	ji mao	ji you	geng chen	geng shu	xin si	ren zi	ren wu	kui chou	kui wei
3	geng shu	xin si	ji you	geng chen	geng shu	xin si	xin hai	ren wu	kui chou	kui wei	jia yin	jia shen
4	xin hai	ren wu	geng shu	xin si	xin hai	ren wu	ren zi	kui wei	jia yin	jia shen	yi mao	yi you
5	ren zi	kui wei	xin hai	ren wu	ren zi	kui wei	kui chou	jia shen	yi mao	yi you	bing chen	bing shu
6	kui chou	jia shen	ren zi	kui wei	kui chou	jia shen	jia yin	yi you	bing chen	bing shu	ding si	ding hai
7	jia yin	yi you	kui chou	jia shen	jia yin	yi you	yi mao	bing shu	ding si	ding hai	wu wu	wu zi
8	yi mao	bing shu	jia yin	yi you	yi mao	bing shu	bing chen	ding hai	wu wu	wu zi	ji wei	ji chou
9	bing chen	ding hai	yi mao	bing shu	bing chen	ding hai	ding si	wu zi	ji wei	ji chou	geng shen	geng yin
10	ding si	wu zi	bing chen	ding hai	ding si	wu zi	wu wu	ji chou	geng shen	geng yin	xin you	xin mao
11	wu wu	ji chou	ding si	wu zi	wu wu	ji chou	ji wei	geng yin	xin you	xin mao	ren shu	ren chen
12	ji wei	geng yin	wu wu	ji chou	ji wei	geng yin	geng shen	xin mao	ren shu	ren chen	kui hai	kui si
13	geng shen	xin mao	ji wei	geng yin	geng shen	xin mao	xin you	ren chen	kui hai	kui si	jia zi	jia wu
14	xin you	ren chen	geng shen	xin mao	xin you	ren chen	ren shu	kui si	jia zi	jia wu	yi chou	yi wei
15	ren shu	kui si	xin you	ren chen	ren shu	kui si	kui hai	jia wu	yi chou	yi wei	bing yin	bing shen
16	kui hai	jia wu	ren shu	kui si	kui hai	jia wu	jia zi	yi wei	bing yin	bing shen	ding mao	ding you
17	jia zi	yi wei	kui hai	jia wu	jia zi	yi wei	yi chou	bing shen	ding mao	ding you	wu chen	wu shu
18	yi chou	bing shen	jia zi	yi wei	yi chou	bing shen	bing yin	ding you	wu chen	wu shu	ji si	ji hai
19	bing yin	ding you	yi chou	bing shen	bing yin	ding you	ding mao	wu shu	ji si	ji hai	geng wu (10th)	geng zi (11th)
20	ding mao	wu shu	bing yin	ding you	ding mao	wu shu	wu chen	ji hai	geng wu	geng zi (9th)	xin wei	xin chou
21	wu chen	ji hai	ding mao	wu shu	wu chen	ji hai	ji si	geng zi	xin wei (8th)	xin chou	ren shen	ren yin
22	ji si	geng zi	wu chen	ji hai	ji si	geng zi	geng wu	xin chou (7th)	ren shen	ren yin	kui you	kui mao
23	geng wu	xin chou	ji si	geng zi	geng wu	xin chou	xin wei (6th)	ren yin	kui you	kui mao	jia shu	jia chen
24	xin wei	ren yin	geng wu	xin chou	xin wei	ren yin (intercalary 5th)	ren shen	kui mao	jia shu	jia chen	yi hai	yi si
25	ren shen	kui mao	xin wei	ren yin	ren shen	kui mao	kui you	jia chen	yi hai	yi si	bing zi	bing wu
26	kui you	jia chen	ren shen	kui mao (4th)	kui you (5th)	jia chen	jia shu	yi si	bing zi	bing wu	ding chou	ding wei
27	jia shu	yi si (2nd)	kui you	jia chen	jia shu	yi si	yi hai	bing wu	ding chou	ding wei	wu yin	wu shen
28	yi hai	bing wu	jia shu (3rd)	yi si	yi hai	bing wu	bing zi	ding wei	wu yin	wu shen	ji mao	ji you
29	bing zi (1st)		yi hai	bing wu	bing zi	ding wei	ding chou	wu shen	ji mao	ji you	geng chen	geng shu
30	ding chou		bing zi	ding wei	ding chou	wu shen	wu yin	ji you	geng chen	geng shu	xin si	xin hai
31	wu yin		ding chou		wu yin		ji mao	geng shu		xin hai		ren zi

1999 YEAR OF THE RABBIT 己卯 *ji mao*

	JAN	FEB	MAR	APRIL	MAY	JUNE	JULY	AUG	SEPT	OCT	NOV	DEC
1	kui chou (11th month of Tiger year)	jia shen	ren zi	kui wei	kui chou	jia shen	jia yin	yi you	bing chen	bing shu	ding si	ding hai
2	jia yin	yi you	kui chou	jia shen	jia yin	yi you	yi mao	bing shu	ding si	ding hai	wu wu	wu zi
3	yi mao	bing shu	jia yin	yi you	yi mao	bing shu	bing chen	ding hai	wu wu	wu zi	ji wei	ji chou
4	bing chen	ding hai	yi mao	bing shu	bing chen	ding hai	ding si	wu zi	ji wei	ji chou	geng shen	geng yin
5	ding si	wu zi	bing chen	ding hai	ding si	wu zi	wu wu	ji chou	geng shen	geng yin	xin you	xin mao
6	wu wu	ji chou	ding si	wu zi	wu wu	ji chou	ji wei	geng yin	xin you	xin mao	ren shu	ren chen
7	ji wei	geng yin	wu wu	ji chou	ji wei	geng yin	geng shen	xin mao	ren shu	ren chen	kui hai	kui si
8	geng shen	xin mao	ji wei	geng yin	geng shen	xin mao	xin you	ren chen	kui hai	kui si	jia zi (10th)	jia wu (11th)
9	xin you	ren chen	geng shen	xin mao	xin you	ren chen	ren shu	kui si	jia zi	jia wu (9th)	yi chou	yi wei
10	ren shu	kui si	xin you	ren chen	ren shu	kui si	kui hai	jia wu	yi chou (8th)	yi wei	bing yin	bing shen
11	kui hai	jia wu	ren shu	kui si	kui hai	jia wu	jia zi	yi wei (7th)	bing yin	bing shen	ding mao	ding you
12	jia zi	yi wei	kui hai	jia wu	jia zi	yi wei	yi chou	bing shen	ding mao	ding you	wu chen	wu shu
13	yi chou	bing shen	jia zi	yi wei	yi chou	bing shen	bing yin (6th)	ding you	wu chen	wu shu	ji si	ji hai
14	bing yin	ding you	yi chou	bing shen	bing yin	ding you (5th)	ding mao	wu shu	ji si	ji hai	geng wu	geng zi
15	ding mao	wu shu	bing yin	ding you	ding mao (4th)	wu shu	wu chen	ji hai	geng wu	geng zi	xin wei	xin chou
16	wu chen	ji hai (1st month of Rabbit year)	ding mao	wu shu (3rd)	wu chen	ji hai	ji si	geng zi	xin wei	xin chou	ren shen	ren yin
17	ji si (12th)	geng zi	wu chen	ji hai	ji si	geng zi	geng wu	xin chou	ren shen	ren yin	kui you	kui mao
18	geng wu	xin chou	ji si (2nd)	geng zi	geng wu	xin chou	xin wei	ren yin	kui you	kui mao	jia shu	jia chen
19	xin wei	ren yin	geng wu	xin chou	xin wei	ren yin	ren shen	kui mao	jia shu	jia chen	yi hai	yi si
20	ren shen	kui mao	xin wei	ren yin	ren shen	kui mao	kui you	jia chen	yi hai	yi si	bing zi	bing wu
21	kui you	jia chen	ren shen	kui mao	kui you	jia chen	jia shu	yi si	bing zi	bing wu	ding chou	ding wei
22	jia shu	yi si	kui you	jia chen	jia shu	yi si	yi hai	bing wu	ding chou	ding wei	wu yin	wu shen
23	yi hai	bing wu	jia shu	yi si	yi hai	bing wu	bing zi	ding wei	wu yin	wu shen	ji mao	ji you
24	bing zi	ding wei	yi hai	bing wu	bing zi	ding wei	ding chou	wu shen	ji mao	ji you	geng chen	geng shu
25	ding chou	wu shen	bing zi	ding wei	ding chou	wu shen	wu yin	ji you	geng chen	geng shu	xin si	xin hai
26	wu yin	ji you	ding chou	wu shen	wu yin	ji you	ji mao	geng shu	xin si	xin hai	ren wu	ren zi
27	ji mao	geng shu	wu yin	ji you	ji mao	geng shu	geng chen	xin hai	ren wu	ren zi	kui wei	kui chou
28	geng chen	xin hai	ji mao	geng shu	geng chen	xin hai	xin si	ren zi	kui wei	kui chou	jia shen	jia yin
29	xin si		geng chen	xin hai	xin si	ren zi	ren wu	kui chou	jia shen	jia yin	yi you	yi mao
30	ren wu		xin si	ren zi	ren wu	kui chou	kui wei	jia yin	yi you	yi mao	bing shu	bing chen
31	kui wei		ren wu		kui wei		jia shen	yi mao		bing chen		ding si

Chart 4 – Hour of Birth

TIME OF BIRTH		CHARACTER OF DAY OF BIRTH				
		甲 *jia* 己 *ji*	乙 *yi* 庚 *geng*	丙 *bing* 辛 *xin*	丁 *ding* 壬 *ren*	午 *wu* 癸 *kui*
子 *zi*	from 11 p.m. to 1 a.m.	甲子 *jia zi*	丙子 *bing zi*	戊子 *wu zi*	庚子 *geng zi*	壬子 *ren zi*
丑 *chou*	from 1 a.m. to 3 a.m.	乙丑 *yi chou*	丁丑 *ding chou*	己丑 *ji chou*	辛丑 *xin chou*	癸丑 *kui chou*
寅 *yin*	from 3 a.m. to 5 a.m.	丙寅 *bing yin*	戊寅 *wu yin*	庚寅 *geng yin*	壬寅 *ren yin*	甲寅 *jia yin*
卯 *mao*	from 5 a.m. to 7 a.m.	丁卯 *ding mao*	己卯 *ji mao*	辛卯 *xin mao*	癸卯 *kui mao*	乙卯 *yi mao*
辰 *chen*	from 7 a.m. to 9 a.m.	戊辰 *wu chen*	庚辰 *geng chen*	壬辰 *ren chen*	甲辰 *jia chen*	丙辰 *bing chen*
巳 *si*	from 9 a.m. to 11 a.m.	己巳 *ji si*	辛巳 *xin si*	癸巳 *kui si*	乙巳 *yi si*	丁巳 *ding si*
午 *wu*	from 11 a.m. to 1 p.m.	庚午 *geng wu*	壬午 *ren wu*	甲午 *jia wu*	丙午 *bing wu*	戊午 *wu wu*
未 *wei*	from 1 p.m. to 3 p.m.	辛未 *xin wei*	癸未 *kui wei*	乙未 *yi wei*	丁未 *ding wei*	己未 *ji wei*
申 *shen*	from 3 p.m. to 5 p.m.	壬申 *ren shen*	甲申 *jia shen*	丙申 *bing shen*	戊申 *wu shen*	庚申 *geng shen*
酉 *you*	from 5 p.m. to 7 p.m.	癸酉 *kui you*	乙酉 *yi you*	丁酉 *ding you*	己酉 *ji you*	辛酉 *xin you*
戌 *shu*	from 7 p.m. to 9 p.m.	甲戌 *jia shu*	丙戌 *bing shu*	戊戌 *wu shu*	庚戌 *geng shu*	壬戌 *ren shu*
亥 *hai*	from 9 p.m. to 11 p.m.	乙亥 *yi hai*	丁亥 *ding hai*	己亥 *ji hai*	辛亥 *xin hai*	癸亥 *kui hai*

Chart 5 – Essence of the Binomials

ESSENCE	BINOMIALS					
GOLD	甲子 *jia zi*	壬申 *ren shen*	庚辰 *geng chen*	甲午 *jia wu*	壬寅 *ren yin*	庚戌 *geng shu*
	乙丑 *yi chou*	癸酉 *kui you*	辛巳 *xin si*	乙未 *yi wei*	癸卯 *kui mao*	辛亥 *xin hai*
WOOD	戊辰 *wu chen*	壬午 *ren wu*	庚寅 *geng yin*	戊戌 *wu shu*	壬子 *ren zi*	庚申 *geng shen*
	己巳 *ji si*	癸未 *kui wei*	辛卯 *xin mao*	己亥 *ji hai*	癸丑 *kui chou*	辛酉 *xin you*
WATER	丙子 *bing zi*	甲申 *jia shen*	壬辰 *ren chen*	丙午 *bing wu*	甲寅 *jia yin*	壬戌 *ren shu*
	丁丑 *ding chou*	乙酉 *yi you*	癸巳 *kui si*	丁未 *ding wei*	乙卯 *yi mao*	癸亥 *kui hai*
FIRE	丙寅 *bing yin*	甲戌 *jia shu*	戊子 *wu zi*	甲辰 *jia chen*	丙申 *bing shen*	戊午 *wu wu*
	丁卯 *ding mao*	乙亥 *yi hai*	己丑 *ji chou*	乙巳 *yi si*	丁酉 *ding you*	己未 *ji wei*
EARTH	庚午 *geng wu*	戊寅 *wu yin*	丙戌 *bing shu*	庚子 *geng zi*	戊申 *wu shen*	丙辰 *bing chen*
	辛未 *xin wei*	己卯 *ji mao*	丁亥 *ding hai*	辛丑 *xin chou*	己酉 *ji you*	丁巳 *ding si*

Chart 6 – Magic Numbers

BINOMIAL	MAGIC NUMBERS
甲 子 *jia zi*	5
乙 丑 *yi chou*	4
丙 酉 *bing yin*	4
丁 卯 *ding mao*	5
戊 辰 *wu chen*	5
己 巳 *ji si*	6
庚 午 *geng wu*	6
辛 未 *xin wei*	7
壬 申 *ren shen*	7
癸 酉 *kui you*	7
甲 戌 *jia shu*	7
乙 亥 *yi hai*	6
丙 子 *bing zi*	5
丁 丑 *ding chou*	3
戊 寅 *wu yin*	5
己 卯 *ji mao*	5
庚 辰 *geng chen*	5
辛 巳 *xin si*	5
壬 午 *ren wu*	6
癸 未 *kui wei*	7
甲 申 *jia shen*	7
乙 寅 *yi you*	8
丙 戌 *bing shu*	7
丁 亥 *ding hai*	6
戊 子 *wu zi*	5
己 丑 *ji chou*	3
庚 寅 *geng yin*	5
辛 卯 *xin mao*	4
壬 辰 *ren chen*	5
癸 巳 *kui si*	5

BINOMIAL	MAGIC NUMBERS
甲午 *jia wu*	7
乙未 *yi wei*	7
丙申 *bing shen*	7
丁酉 *ding you*	8
戊戌 *wu shu*	7
己亥 *ji hai*	6
庚子 *geng zi*	5
辛丑 *xin chou*	4
壬寅 *ren yin*	5
癸卯 *kui mao*	4
甲辰 *jia chen*	5
乙巳 *yi si*	5
丙午 *bing wu*	7
丁未 *ding wei*	6
戊申 *wu shen*	7
己酉 *ji you*	8
庚戌 *geng shu*	7
辛亥 *xin hai*	7
壬子 *ren zi*	5
癸丑 *kui chou*	4
甲寅 *jia yin*	5
乙卯 *yi mao*	4
丙辰 *bing chen*	4
丁巳 *ding si*	5
戊午 *wu wu*	6
己未 *ji wei*	7
庚申 *geng shen*	7
辛酉 *xin you*	7
壬戌 *ren shu*	6
癸亥 *kui hai*	6

Chart 7 – Sequence

COLUMN A	COLUMN B
甲子 *jia zi*	癸亥 *kui hai*
乙丑 *yi chou*	壬戌 *ren shu*
丙寅 *bing yin*	辛酉 *xin you*
丁卯 *ding mao*	庚申 *geng shen*
戊辰 *wu chen*	己未 *ji wei*
己巳 *ji si*	戊午 *wu wu*
庚午 *geng wu*	丁巳 *ding si*
辛未 *xin wei*	丙辰 *bing chen*
壬申 *ren shen*	乙卯 *yi mao*
癸酉 *kui you*	甲寅 *jia yin*
甲戌 *jia shu*	癸丑 *kui chou*
乙亥 *yi hai*	壬子 *ren zi*
丙子 *bing zi*	辛亥 *xin hai*
丁丑 *ding chou*	庚戌 *geng shu*
戊寅 *wu yin*	己酉 *ji you*
己卯 *ji mao*	戊申 *wu shen*
庚辰 *geng chen*	丁未 *ding wei*
辛巳 *xin si*	丙午 *bing wu*
壬午 *ren wu*	乙巳 *yi si*
癸未 *kui wei*	甲辰 *jia chen*
甲申 *jia shen*	癸卯 *kui mao*
乙酉 *yi you*	壬寅 *ren yin*
丙戌 *bing shu*	辛丑 *xin chou*
丁亥 *ding hai*	庚子 *geng zi*
戊子 *wu zi*	己亥 *ji hai*
己丑 *ji chou*	戊戌 *wu shu*
庚寅 *geng yin*	丁酉 *ding you*
辛卯 *xin mao*	丙申 *bing shen*
壬辰 *ren chen*	乙未 *yi wei*
癸巳 *kui si*	甲午 *jia wu*

COLUMN A	COLUMN B
甲午 *jia wu*	癸巳 *kui si*
乙未 *yi wei*	壬辰 *ren chen*
丙申 *bing shen*	辛卯 *xin mao*
丁酉 *ding you*	庚寅 *geng yin*
戊戌 *wu shu*	己丑 *ji chou*
己亥 *ji hai*	戊子 *wu zi*
庚子 *geng zi*	丁亥 *ding hai*
辛丑 *xin chou*	丙戌 *bing shu*
壬寅 *ren yin*	乙酉 *yi you*
癸卯 *kui mao*	甲申 *jia shen*
甲辰 *jia chen*	癸未 *kui wei*
乙巳 *yi si*	壬午 *ren wu*
丙午 *bing wu*	辛巳 *xin si*
丁未 *ding wei*	庚辰 *geng chen*
戊申 *wu shen*	己卯 *ji mao*
己酉 *ji you*	戊寅 *wu yin*
庚戌 *geng shu*	丁丑 *ding chou*
辛亥 *xin hai*	丙子 *bing zi*
壬子 *ren zi*	乙亥 *yi hai*
癸丑 *kui chou*	甲戌 *jia shu*
甲寅 *jia yin*	癸酉 *kui you*
乙卯 *yi mao*	壬申 *ren shen*
丙辰 *bing chen*	辛未 *xin wei*
丁巳 *ding si*	庚午 *geng wu*
戊午 *wu wu*	己巳 *ji si*
己未 *ji wei*	戊辰 *wu chen*
庚申 *geng shen*	丁卯 *ding mao*
辛酉 *xin you*	丙寅 *bing yin*
壬戌 *ren shu*	乙丑 *yi chou*
癸亥 *kui hai*	甲子 *jia zi*